WOLFGANG F. FISCHER

DAS HAUS AM FJORD

Inselleben in Schweden

MALIK NATIONAL GEOGRAPHIC

Mehr über unsere Autoren und Bücher:
www.malik.de

Bibliografische Information der Deutschen Bibliothek
Die Deutsche Nationalbibliothek verzeichnet diese Publikation in der
Deutschen Nationalbibliografie; detaillierte bibliografische Daten
sind im Internet über http://dnb.d-nb.de abrufbar.

NATIONAL GEOGRAPHIC ADVENTURE PRESS
Reisen · Menschen · Abenteuer
Die Taschenbuch-Reihe von
Malik und National Geographic

Originalausgabe
6. Auflage Juni 2009
© Piper Verlag GmbH, München 1998
Umschlaggestaltung: Dorkenwald Grafik-Design, München
Fotos: Wolfgang F. Fischer, Henan, Schweden
Foto Seite 108: Kamera Reportage AB, John Sawer, Göteborg
Kartografie: Astrid Fischer-Leitl, München
Satz: Sieveking GmbH, München
Papier: Naturoffset ECF
Druck und Bindung: CPI – Clausen & Bosse, Leck
Printed in Germany   ISBN 978-3-492-40078-7

Das Papier wurde aus chlorfrei gebleichtem Zellstoff hergestellt.

Widmung

Für Alex, Hilma und Luca, die Seehunde.
Ich danke allen meinen neuen Freunden: Mats I., Mats II.,
Mats III., Lennart, Sven, Bo, Armin und seiner Eva und ganz be-
sonders Dinah, Mäuschen und Angela, die alles mit Geduld und
Geld mitgetragen hat.

Die Personen dieser Inselgeschichte sind nicht frei erfunden, sie
leben wirklich auf unserer Insel, und doch werde ich viele von
ihnen nicht mit ihrem wirklichen Namen nennen. Warum, wer-
den Sie wissen, wenn Sie das Buch gelesen haben.

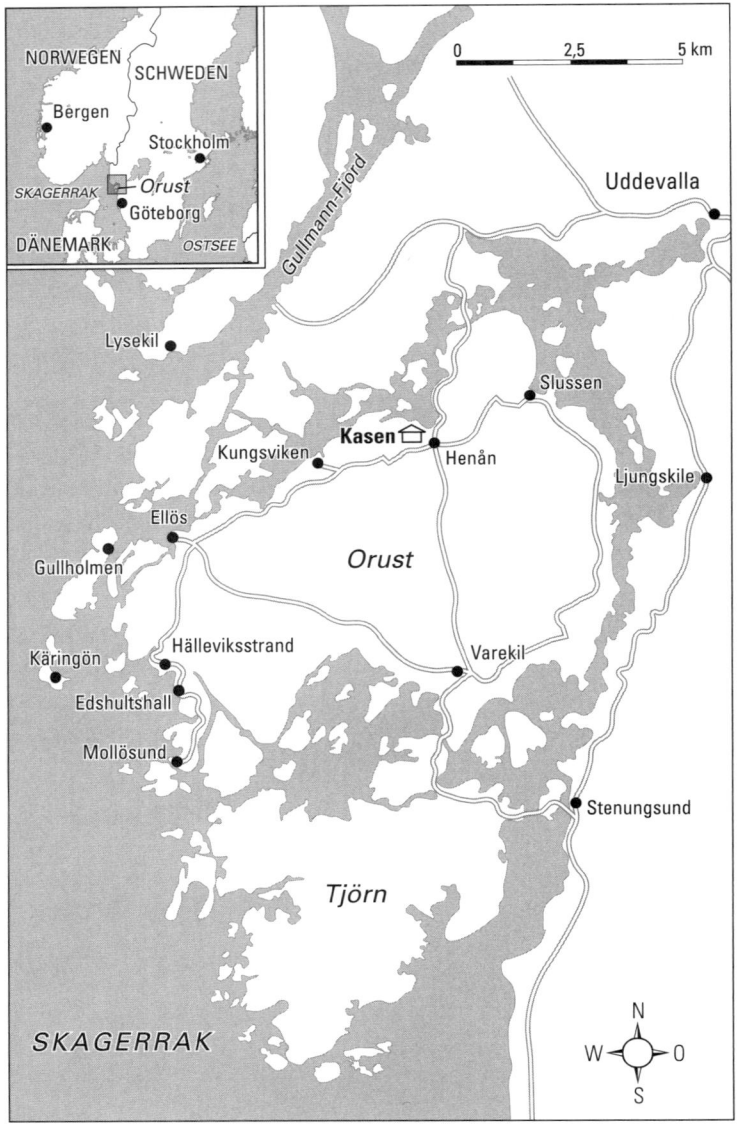

Inhalt

Auf der Insel

Nein, so hatten wir uns das nun wirklich nicht vorgestellt: Kalter Regen fegte über das aufgewühlte Meer, und ein mittelschwerer Herbststurm jagte Nebelfetzen durch die uralten Baumkronen.

In der Dunkelheit war unser neues Heim kaum zu erkennen: Der Charme des gelben Hauses, das uns im vergangenen, sonnigen Jahrhundertsommer verführt hatte, ließ sich nicht einmal erahnen. Alles war grau, naß und trostlos. Wir hatten das unangenehme Gefühl, allein auf der Welt zu sein, denn außer dem Geklapper der lockeren Dachziegel und dem Sturmgeheul war nichts zu hören und zu sehen. Bestimmt nicht das ideale Wetter, um ein neues Heim zu beziehen. Doch drinnen in dem alten Bauernhaus war es still, trocken und mollig warm. Gemütlich! So als hätte das »Haus in der Sonne«, wie wir es schon nannten, die Wärme des letzten warmen Sommers für uns gespeichert.

Unsere Hovawart-Hündin Dinah machte es sich sofort am alten Ofen bequem und sah uns mit ihren schönen braunen Augen erstaunt zu, wie wir nasse Kartons und ein paar tropfende Möbel über das Haus verteilten. Eigentlich hatten wir an diesem Abend nur das Notwendigste auspacken wollen, doch die Flasche mit dem Einweihungssekt war nicht aufzufinden.

»Hast du eine Ahnung, wo die Pulle mit dem Sekt ist?« brüllte ich durchs Haus. Ich hatte den Kopf tief in einen Umzugskarton gesteckt und warf ein wenig genervt Socken, ein paar Muscheln – eine Erinnerung aus der Südsee – und einen einsamen Skistiefel auf den Boden.

»Keine Ahnung. Ich such auch schon im Küchenkarton!« rief Angela aus dem unteren Stockwerk zurück.

Spät am Abend wurden wir fündig. Die Flasche hatte sich ausgerechnet in der allerletzten Schachtel unter einem Stapel von Küchenhandtüchern versteckt.

»Prost! Skål! Auf Kasen und auf uns!«

Wir stießen an. Kaum saßen wir und ließen das prickelnde Getränk durch die Kehle rinnen, übermannte uns eine bleierne Müdigkeit. Nur mit Mühe erreichten wir die obere Etage und unsere Luftmatratzen. Betten hatten wir noch nicht.

Die halbvollen Gläser mit dem Sekt und die angebrochene Flasche standen vergessen auf dem großen Küchentisch. Wir hatten nur wenig getrunken. Die lange Fahrt mit dem Transporter und all die Packerei der letzten Tage hatten uns den Rest gegeben.

Ein Sonnenstrahl vom gegenüberliegenden Berg kitzelte unsere Gesichter wach. Der obligatorische Blick auf die Armbanduhr jagte mir einen ordentlichen Schrecken ein: Die Zeiger näherten sich bereits der Neun. Doch was sollte die Eile? Wir waren doch ausgestiegen, ausgewandert, ausgeflippt, wie auch immer. Alles sollte anders werden. Erst einmal für mich, später auch für Angela.

Aus den Schlafsäcken beobachteten wir durch das Giebelfenster in aller Ruhe einen feuerroten Sonnenaufgang. Keine Spur von Schlechtwetter, Regen und Sturmgeheul. Die Stille war so beeindruckend, daß wir uns kaum zu bewegen wagten. Welch ein Unterschied zu unserer Hamburger Stadtrandbehausung! Hatten wir manchmal gezweifelt, daß unsere Entscheidung richtig gewesen war, jetzt wußten wir es genau. Wir waren Besitzer eines kleinen Paradieses geworden.

Wir machten uns ein einfaches Frühstück und setzten uns auf die verglaste Veranda. Unten auf dem Fjord tuckerte ein verspätetes Segelboot über die spiegelglatte Wasserfläche und verschwand

Eingebettet in Fels, Wald und viel Grün – unser Hof Kasen

hinter dem Berg mit den herbstlich rostfarbenen Eichen und gold-
gelben Birken. Der Blick war überwältigend. Wir freuten uns
schon auf den kommenden Sommer, wenn wir auf dem Balkon
frühstücken konnten und dabei die Schiffchen zählen, die unten
durch die Bucht fuhren.

Es klingelte an der Haustür. Draußen stand eine recht korpu-
lente junge Frau mit einem etwa dreijährigen Jungen an der Hand.
»*Hej! I am Lotta! Nice to meet you.*« Ihr Englisch klang hervorragend. »Ich wohne im nächsten Haus dort oben am Weg. Ich
wollte mich bei euch vorstellen und einmal sehen, wer unsere
neuen Nachbarn sind!«

Ihre unverhohlene Neugier war umwerfend. Sie hatte es offensichtlich nicht mehr ausgehalten und sich auf den Weg gemacht,
um ihren Wissensdurst zu befriedigen.

Wenig später klingelte die rothaarige Eugenie. Auch ihr Eng-

11

lisch war perfekt: »Ich bin in Kapstadt geboren und wohne jetzt da oben! Das ist Klein-Sven!« Sie deutete auf das Haus am Berg, aus dem schon Lotta gekommen war, und auf einen kleinen Jungen, der aussah, als hätte er es faustdick hinter den Ohren.

Auch sie hatte es offensichtlich nicht mehr ausgehalten. Eigentlich wollten wir erst in ein paar Tagen die Vorstellungsrunde in der näheren Nachbarschaft mit einer Flasche Schnaps, ein paar Gläsern und ein paar Laugenbrezeln machen. Nun blieben nur noch der alte Kalle, Mats und Hanna und die Familie Overfjord auf unserer Liste übrig.

So saßen wir also mit den Frauen beim Kaffee, der schon in einer Thermoskanne bereitstand, denn Peter hatte uns gewarnt: »Kaffee muß man in Schweden immer fertig haben und wenn er schon seit Stunden auf der Kaffeemaschine eindickt oder in der Thermoskanne altert.« Die Sprößlinge unserer Besucherinnen machten mit unseren leeren Kartons einen Höllenlärm, der Hund bellte wie besessen, doch die beiden Mütter schien der Krach nicht im geringsten zu beunruhigen.

Nachdem die Nachbarinnen gegangen waren, erinnerten wir uns an die wichtigen Dinge des Lebens, wie etwa den Übergabetermin für das Haus, der in der kleinen Sparkasse in dem noch kleineren Verwaltungszentrum der Insel stattfinden sollte. Und Dinah machte schon Männchen, denn wir hatten schlicht und einfach ihr Futter vergessen. So begann für den Hund das Leben auf Kasen wie ein Festtag. Statt der gewohnten gefrorenen Pansen gab's nun Käsebrote, die von der Reise übriggeblieben waren. Sie verschlang die ungewohnten Leckereien mit großem Appetit. Wir dagegen hatten vor lauter Aufregung und durch den unerwarteten Besuch kaum einen Bissen hinuntergekriegt. Wir konnten auch später essen, wenn wir im Ort neben den Einkäufen für Hund, Katze und Küche unser Haus legitim gemacht hatten. Das konnte ja keine Ewigkeit dauern.

Zum ersten Mal in unserer neuen Welt sollten wir uns schwer irren. Bis zu dem Termin im Ort hatten wir noch ein wenig Luft und beschäftigten uns damit, unser Territorium zu erkunden und anhand der Begrenzungsstäbe mit den roten Kappen, die Voreigentümer Gert extra für uns an die Ecken des Geländes gesteckt hatte, die tatsächliche Größe des Grundstücks abzugehen. Es war wie an Ostern. Nur suchten wir diesmal keine Eier, sondern Stöckchen mit roten Kappen.

»Da ist einer!« rief ich nach längerem Stöbern.

»Nein, bist du blind! Das ist ein Fliegenpilz!« Es war tatsächlich nur ein Fliegenpilz, dessen rote Kappe durch das herbstliche Gebüsch leuchtete. »Aber da ist wirklich einer!«

Angela hatte ihn entdeckt. Wir orientierten uns an dem Stock und versuchten dann die übrigen Grenzpfosten zu finden. So schwierig konnte das ja nicht sein, denn wir wußten, daß das Grundstück 30 000 Quadratmeter hatte. Doch wie groß sind eigentlich 30 000 Quadratmeter? In solchen Dimensionen hatten wir bislang noch nicht einmal zu träumen gewagt.

»Das sind rund...« Ich rechnete nach. »... äh...na so rund 175 mal 175 Meter, denk ich.«

Doch auch diese Berechnungen brachten uns nicht weiter. Wir kämpften uns 175 große Schritte von dem Grenzpfahl durch Gebüsch, Brombeerhecken und einen kleinen Wald und entdeckten dennoch keine Grenze. Erst als wir unsere Suchkreise immer weiter ausdehnten, stießen wir allmählich auf die anderen Bambusstecken mit den roten Kappen. Wir konnten es kaum fassen, daß wir Besitzer eines Berghangs geworden waren, der die Größe unserer ganzen kleinen Wohnsiedlung in Hamburg hatte. Dinah geriet allmählich in eine Art Rausch. Sie schnüffelte aufgeregt und schwanzwedelnd in Erdlöchern und an glattpolierten Felsblöcken herum und hinterließ überall ihre Markierung. Der Hund wußte offensichtlich, daß all das sein neues Revier war.

Unser Hof war wesentlich größer, als wir jemals zu träumen gewagt hatten. Bei zahllosen Besichtigungen im letzten Sommer, die der endgültigen Entscheidung vorausgegangen waren, hatte uns dieser Punkt nur am Rande interessiert. Das Haus, die Aussicht und die Umgebung waren weit wichtiger. Doch jetzt, da wir uns als Eigentümer fühlten, interessierte uns die wahre Größe unseres Anwesens schon. Und 30 000 Quadratmeter Land, über Berg und Tal verteilt, sind für einen Stadtmenschen ein Riesengelände. Wir hatten schlicht nicht bedacht, daß das Grundstück für ein theoretisches flaches Gelände auf dem Papier berechnet worden war. Berg und Tal, eine Schlucht und ein Bach, Hänge und von der Eiszeit glattpolierte Granitbuckel vergrößerten unseren Besitz mit ihrer komplizierten Struktur noch weiter.

Wir liefen bergauf und bergab, erkletterten schwitzend Felsen, stolperten über uralte Wacholderverhaue und über zerfallene Mauern aus Findlingen, rissen uns die Hände an Schlehenbüschen und Brombeerhecken auf.

Vom höchsten Punkt unseres Besitzes, einem Granitbuckel 90 Meter über dem Meeresspiegel, rund und blank wie eine Männerglatze, blickten wir stolz über das Tal und den Fjord bis hinüber ins kleine Örtchen. Diese Aussicht war unglaublich! Unverbaubar und ohne Autostraßen und Lärm, und all diese Herrlichkeit war unser! Da standen wir als neugeborene »Großgrundbesitzer« und konnten uns nicht satt sehen. Außer dem behäbigen Tuckern eines alten Fischkutters in der Bucht und bellenden Hunden war nichts zu hören. Nur unser Atem ging keuchend von der ungewohnten Anstrengung einer Geländewanderung auf eigenem Grund und Boden.

Der Fjord täuschte mit seinem tiefen Blau an diesem Herbsttag südliche Gefilde vor. Doch es war kalt. Minus zwei Grad, es roch nach Schnee und würzigem Herbstlaub. Ein kleiner Nadelwald, durchmischt mit Wacholderbüschen, verdeckte das Sommerhäus-

An unserem Fjord am Abend

chen unseres nächsten Nachbarn. Und an einem sonnigen Hang
unter uns leuchteten unser eidottergelbes Haus, eine große rote
Scheune, oben am Berg ein kleines verfallenes, weinrotes Gästehaus, daneben ein großer Stall und etwas entfernt auf einer Klippe
das Gästehaus für sommerliche Besucher. Ein typisch schwedi-
sches Paradies.

Gert, der ehemalige Besitzer von Kasen, hatte das alte Bauernhaus in jahrelanger, beinahe übermenschlicher Anstrengung in-
stand gesetzt. Er hatte eine neue Heizung installiert und zusätz-
lich zu dem alten Brunnen eine 90 m tiefe Bohrung machen lassen.
Als gelernter Wasserbauingenieur hatte er ein verwirrendes
System aus Rohrleitungen und Pumpen entwickelt, das die Was-
serversorgung des Hauses unabhängig von kaputten Pumpen,
Dürreperioden und anderen unliebsamen Zwischenfällen sichern
sollte. Selbst eine Wasseruhr gab es, auch wenn das köstliche Naß

15

aus dem eigenen Brunnen kam und nichts kostete. »Ich wollte den Wasserverbrauch immer im Blick behalten«, meinte Gert.

Was da aus dem Wasserhahn kam, war reinstes Mineralwasser aus einer eiszeitlichen Wasserader tief unten im Tal mit einem leichten Anflug von Kohlensäure und einem Radongehalt, der hart an der Grenze des Zulässigen lag. Doch das radioaktive Radon gilt anderswo als Heilgas, und in Badgastein fahren in einen radonhaltigen Stollen Kranke ein, die auf Heilung hoffen. Hier war Radon ein alltägliches Gesprächsthema, denn bei einem Radongehalt von über 200 Bq/m^3 gab es Steuerermäßigung für Haus und Hof.

Gert hatte vor dem Haus den Kartoffelacker der Bauern planiert und einen langweiligen Kulturrasen angesät. Den Schrott, der überall auf dem Gelände herumgelegen haben soll, hatte er offensichtlich einfach in die Schlucht geworfen. Ich war noch nicht bis zu der Stelle durchgedrungen, doch von oben konnte ich einen halben Trecker, einen Rasenmäher und einen verrosteten Mähdrescher erkennen. Noch immer lagen in vielen Ecken des Grundstücks die Überbleibsel eines landwirtschaftlichen Betriebs herum. Die *återvinningscentral*, die Recyclingzentrale, auf der Insel würde sich über so manche Fuhre Schrott freuen, die ich herankarren sollte.

Im Haus ringelte sich bereits das erste Fax aus dem Gerät. Ute und Ulli schickten an diesem Morgen aus der Gascogne ein paar weise Zeilen. Die beiden hatten gut ein Jahr Vorlauf mit dem Aussteigen und eine Reihe von Erfahrungen mehr. Ulli traf den Nagel auf den Kopf: »Machen wir uns nichts vor: Wir haben nun Tiere, für die wir sorgen müssen, ein großes Haus, viel Land und diverse andere Verpflichtungen. Mit dem Reisen ist es nun vorbei, denn es gibt immer etwas zu tun im Wechsel der Jahreszeiten. Wir haben es so gewollt und sind glücklich damit. Einsam sind wir deshalb keineswegs. Auch ihr werdet es nicht sein!« Ich nahm mir vor, ihnen zu

Malerische Leuchttürme stehen auf den winzigen Inseln

beweisen, daß man auch noch Zeit für alte Freunde haben konnte, und die beiden bald, und sei es nur für eine kurze Woche, in Frankreich heimzusuchen.

Es war für uns als Ausländer gar nicht so selbstverständlich gewesen, die Genehmigung für den Kauf zu erhalten. Der ehemalige Bauernhof Kasen liegt in einem sogenannten Vorzugsgebiet, einem landschaftlich und touristisch besonders attraktiven Bereich, der auch für Immobilienhaie und Spekulanten aus dem In- und Ausland interessant ist. Die Westküste Schwedens gilt, auch wenn man es kaum glauben mag, als Sonnenküste. Das dänische Festland und die Südspitze Norwegens fangen viele Wolken ab, bevor sie den Landstrich Bohuslän erreichen können. Der Golfstrom ist nicht weit, es herrscht hier mildes Meeresklima, und unsere In-

17

sel freut sich über behagliche sommerliche Durchschnittstemperaturen von 18 bis 22 Grad. Alle Rekorde schlug der Jahrhundertsommer 1997 mit Spitzentemperaturen von 34 Grad an Land und 25 Grad im Meer.

Die landschaftliche Vielfalt hat dafür gesorgt, daß die Westküste im Königreich so populär ist und viele Schweden ihre Sommerhäuser hier haben. In der Strandzone kann ein Ausländer besondere Lagen mit Meeresblick nur kaufen, wenn er nachweist, daß er berechtigte enge Verbindungen zu Schweden hat und kein wirtschaftliches Interesse im Vordergrund steht. Das Gesetz aber, das den Ausverkauf des Landes an Ausländer und Spekulanten verhindern soll, ist ein Gummiparagraph, den skrupellose Makler sicher zu umschiffen wissen.

Wir brauchten allerdings keinen schwedischen Strohmann zu bezahlen, der uns bescheinigte, daß wir harmlose Schwedenfans sind. Angelas Bruder lebt und arbeitet schon seit 30 Jahren in Stockholm und ist mit einer Schwedin verheiratet. Beide stellten uns das vorgeschriebene Papier aus, das bestätigte, daß wir ununterbrochen acht Jahre lang unsere Ferien in Pippi Langstrumpfs Heimat verbracht hatten. Korrekt war das nicht, aber strenggenommen sind unsere Verbindungen nach Schweden wesentlich stabiler. Bei mir sind sie über 30 Jahre alt, und die Anzahl der Reisen nach Schweden übersteigt die geforderte Zahl bei weitem. Nur die offiziell erwünschte Kontinuität fehlte, weil ich einige Jahre im Ausland verbracht hatte. Wir zitterten nach Unterzeichnung des Vorvertrages sechs Wochen lang in Ungewißheit, denn wie wir hörten, ist es durchaus keine Selbstverständlichkeit, daß ein Hauskauf auch wirklich genehmigt wird. Ab und an zeigen die zuständigen Behörden in Göteborg ihre Krallen und lehnen Anträge einfach ab.

Doch eines schönen Herbstmorgens spuckte unser Telefax in Hamburg zwei beeindruckende DIN-A4-Bögen aus. Gekrönt von einem königlichen Siegel, bescheinigte uns das mehrseitige Dokument »endgültig und unwiderruflich die Genehmigung zum Kauf eines Hauses im Königreich Schweden auf der Insel Orust, Bezirk Bohuslän.« Wir hatten es geschafft!

Peter in Stockholm erinnert sich noch heute an den Originalton des Telefongesprächs, das wir an jenem denkwürdigen Abend führten: »Hej, Peter!« schrie Angela in den Hörer. »Wir trinken Sekt. Rate mal, warum?«

»Weil Sekt gerade billiger geworden ist«, war seine beeindruckende Antwort auf die Frage seiner Schwester.

»Wir haben's! Kasen gehört uns!« sagte Angela schon ein wenig ruhiger.

»Tatsächlich!?« rief er überrascht. »Glückwunsch!« Seine Stimme klang ehrlich erfreut. Kein Wunder, denn Peter war ein großer Fan der Westküste und hätte auch gern hier gelebt. »Wann kommt ihr zur Übernahme? Ich nehme mir natürlich Urlaub und helfe euch. Ihr braucht sicher einen Dolmetscher. Auch die Schweden sind schreckliche Bürokraten!« Die fröhliche, näselnde Stimme am Ende der Leitung klang ein wenig hämisch. Er sollte recht behalten!

Wie kommt man eigentlich darauf, ein Haus im kalten Schweden zu suchen? In einem Land, das man nur als Feriengast kennt und dessen offensichtliche Probleme genausowenig zu übersehen waren wie die Entwicklung in Deutschland. Ganz einfach! Schweden hat viel Platz, eine wunderbare Natur, wenig Menschen, deren Mentalität sich von der unseren kaum unterscheidet, und zum damaligen Zeitpunkt unglaublich niedrige Immobilienpreise. Inzwischen hat sich die Sache mit den billigen Häuschen durch den erneuten stürmischen Aufwärtstrend der Schwedenkrone ein wenig geändert.

Doch Schweden hat noch mehr für uns Menschen, die sehen,

Ein Traumhaus mitten im Wald

hören und fühlen können: der weite Himmel über Kasen, das Spiel der Wolken und die Möglichkeit, schon Stunden vorher zu sehen, welche Wetterfront über den Berg heraufzieht und welcher Besucher im Tal mit dem Auto kommt, der weite Blick über das Meer, und ein »Lärm«-Pegel, den ich einmal richtig professionell gemessen habe. Er liegt bei einem Jahreswert, den wir im Außenbereich unserer Hamburger Stadtrandbehausung an einem einzigen Tag erreichen.

Doch so einfach liegen die Dinge nicht: Es gab, wenn ich ehrlich war, genug andere Gründe für das Experiment. Ich hatte meine Heimat schon oft für lange Zeit verlassen. Freiwillig und unfreiwillig. Da lernt man schnell, daß Deutschland nicht der Nabel der Welt ist. Mangelnder Nationalstolz und viele Jahre im Ausland bereits im Kindesalter mögen einige der Ursachen gewesen sein, den Schritt zu wagen. Die Lust auf ein neues Abenteuer in meinem Leben und die Herausforderung, die solch ein Schritt mit sich bringt, ein weiterer. Auch war ich ganz einfach stadtmüde. Entschieden aber hat etwas anderes: Ein Besitz in vergleichbarer Lage und Größe hätte daheim das Konto eines Millionärs überfordert. Hier war so etwas auch für einen Normalverbraucher machbar. Die EG-Mitgliedschaft des Königreiches Schweden hatte einen alten Traum endlich zur Realität werden lassen.

Dabei war Hamburg einmal *meine* Stadt gewesen. Ich hatte hier Arbeit gefunden und die Großstadt in vollen Zügen genossen mit all ihren faszinierenden Möglichkeiten und ihrem nicht so recht faßbaren, aber zweifellos vorhandenen Flair. Ich ging jeden Mittwoch zum Jazz in die »Seglerbörse« und am Wochenende in die »Fabrik«. Ich beobachtete gerne all die Typen, die Ausgeflippten und die Freaks. Ich ging in Theater, viele Museen und Kirchen, ich liebte Konzerte am Sonntagmorgen in der Musikhalle mit ihren hustenden und papierraschelnden Damen aus Blankenese. Meine vielbeneidete Junggesellenwohnung im Künstler- und Kapitänsviertel am Elbstrand von Övelgönne hatte eine wundervolle Loggia mit Elbblick und »nur« ein Zimmer von gut 80 Quadratmeter. Eine typische »Jungfernfalle«, wie Angela kurz nach unserem Kennenlernen vor zehn Jahren feststellte. In der Sicherheit eines Angestellten bei der Bundesforschungsanstalt für Fischerei hatte ich am Monatsende nicht allzuviel Geld auf dem Konto und mußte mich ganz schön krummlegen, um die Miete bezahlen zu können. Meine Urlaubsreisen finanzierte ich mit Übersetzungen aus dem Russischen und Zeitschriftenartikeln. Dafür hatte ich einen abwechslungsreichen Job als Meeresforscher und einen totalitären Chef, der mir an so manchem Morgen den Schlüssel zu meiner Denkkabine vom Schlüsselbrett klaubte, wo er einsam und verlassen hing. Der Grund : Ich war wieder einmal zu spät gekommen.

»Herr Fischer, wissen Sie, wie spät es ist?« sagte er dann vorwurfsvoll, wenn ich in seinem von Gauloises verqualmten Büro auftauchte, um meinen Schlüssel abzuholen.

»Jawohl, Herr Professor«, stotterte ich schuldbewußt, »zehn nach acht.«

»Wissen Sie, wann unsere Arbeitszeit beginnt?«

»Ja, sicher – um acht.«

»Haben Sie nicht die Absicht, sich daran zu halten?« brummte er drohend.

»Aber … ich habe doch gestern abend zwei Stunden länger gemacht.«

»Dafür brauchen Sie aber meine Sondergenehmigung.«

Es war nur eine logische Entwicklung – ich ging. Die Beamtenlaufbahn blieb mir verschlossen. Den Schlüssel dazu hat mein damaliger Chef wohl noch immer in seiner Hosentasche. Neben einer zerknautschten Packung »Gauloises Bleu« und meinem Büroschlüssel.

Ich roch plötzlich den Duft dieser würzigen Zigaretten, als wir auf Kasen herumliefen und versuchten, unseren neuen Lebensraum zu erforschen. Unten im Tal verbrannte der Bauer Kartoffelkraut und Stroh. Es war der Rauch, der die Erinnerung hatte auferstehen lassen.

Der heutige Freitagmorgen sollte endlich unsere große Liebe offiziell besiegeln. Wir fühlten uns tatsächlich wie vor dem Schritt zum Standesamt. Doch der Akt war eher profan: Die offizielle Übergabe der Kaufurkunden, ein paar Unterschriften, die Übergabe des Schecks und Händeschütteln. Ein Telefonat mit dem Makler der Bank hatte beruhigend geklungen, als ich mich von Deutschland aus sorgte, in welcher Form denn der Kaufpreis entrichtet werden sollte: »Any way you like.« Ich war erleichtert, denn wer schleppt schon gern den Preis für ein Haus in Scheinen in der Tasche herum. So würde ein Scheck mit der Bestätigung der Bank über das Vorhandensein der Summe reichen. Dachten wir! Nach der Unterschrift ging der Makler mit uns an einen Bankschalter. Die Frage der freundlichen Dame hinter dem Tresen hätte uns beinahe umgeworfen: »Haben Sie einen Beleg, woher Sie das Geld haben?«

»Wie bitte?« Ich glaubte mich verhört zu haben.

Wir waren so überrascht, daß wir eine Weile völlig ratlos dastanden. Die Euphorie, die uns den ganzen sonnigen Herbstmorgen lang begleitet hatte, war schlagartig verflogen. Ich stotterte und wurde rot. Als Mafiosi oder Geldwäscher verdächtigt zu werden, war das Letzte, was wir erwartet hatten.

Die nette Dame lächelte unentwegt weiter und schob unseren Scheck über den Tresen zurück. »Das können wir so nicht akzeptieren! Sorry! Ich muß erst einmal die Zentrale in Stockholm anrufen!«

Das tat sie. Und es kam noch schlimmer: Die Zentrale in der fernen Hauptstadt war entrüstet. Ein einfacher Scheck mit Bankgarantie für einen so hohen Betrag. Unmöglich!

Dann hatten die Chefs einen glorreichen Einfall: »Das ist ganz einfach: Sie wohnen erst einmal als Mieter in Ihrem Haus und zahlen die Miete an die alten Besitzer, die bei uns das Geld zu sechzehn Prozent geliehen haben.«

Ich hatte inzwischen meine Sprache wiedergefunden. »Wir zahlen keine Miete! Nie! Schließlich haben wir von Ihrem Makler die Auskunft erhalten, daß Sie alles akzeptieren würden. Die Verträge sind bereits unterschrieben. Nun zahlen *Sie* an Gert die Miete, bis das Geld da ist!«

Wir schickten auf Kosten der Bank ein Fax an unser deutsches Geldinstitut mit der Bitte, so schnell wie möglich den erforderlichen Betrag zu überweisen. Mit einem Anruf, ebenfalls auf Kosten der schwedischen Bank, machten wir noch etwas mehr Druck. Der Bankangestellte am anderen Ende der Leitung klang echt belustigt, und ich sah förmlich, wie er ungläubig grinsend den Kopf schüttelte.

Nach so viel muffiger Obrigkeitshörigkeit und Bürokratie brauchten wir sofort frische Luft und mußten uns abreagieren. Wir gingen einkaufen. Der fast leere Supermarkt in dem kleinen Städtchen war eine eher erfreuliche Angelegenheit. Wir stopften Hundefutter, gefrorenes Rentierfleisch, Joghurt und den berühmten, in hauchdünne Scheiben geschnittenen geräucherten Schinken in unseren Einkaufswagen. Dann stellten wir uns an die Fleisch- und Käsetheke. Vorher hatten wir brav einen *lap*, eine Wartenummer, gezogen und eine bronzene Glocke geläutet, die auf der Theke stand. Die Verkäuferin kam herbei, startete das Display mit den großen, roten Wartenummern mit einem Knopfdruck und rief dann: »*Fyrtiosex* – sechsundvierzig!«

Das hatten wir schon früher gelernt – einen dummen Ausländer erkennt man nämlich sofort daran, daß er keine Disziplin hat. Er ignoriert die Automaten mit den Wartenummern, die in jeder Bank, in der Post und auch in den meisten Lebensmittelläden hängen. Die Leuchtanzeige mit den roten Nummern übersieht der Tourist aus *Tyskland* genauso, wie er das Signal überhört, wenn er an der Reihe ist. Wir tappten dennoch in ein Fettnäpfchen, das zweite an diesem Tag. Ich weiß nicht mehr, wer von uns auf die Idee kam, auch den Käse in schöne, dünne Scheiben schneiden lassen zu wollen.

Die Verkäuferin schaute uns erstaunt an. »Das können wir nicht machen«, sagte sie energisch.

»Aber den Schinken hast du doch auch gerade fein geschnitten«, argumentierten wir ein wenig naiv.

Das überzeugte sie. »Ich frag mal die Chefin!« sagte sie ein wenig freundlicher und verschwand nach hinten. Es dauerte eine Weile, und hinter der Türe hörten wir eine aufgeregte Debatte, die wir leider nicht verstanden.

Die Verkäuferin kam strahlend wieder heraus, lächelte uns an und sagte freundlich, aber bestimmt: »Ich habe es euch ja gesagt, Käse kann man nicht schneiden!«

Wir nickten verstehend und benutzten zum ersten Mal das langgezogene »Jaasooo!«, das wir schon so oft gehört hatten.

In den nächsten Tagen lebten wir also als Mieter in einem Haus, das wir per Kaufvertrag längst besaßen. Wir schnitten den Käse, den man nicht schneiden kann, in dünne Scheiben und tranken den preiswerten geschmuggelten Rum aus Deutschland, den man hier nur für viel Geld im staatlichen Schnapsladen kaufen kann. Wir hatten unsere ersten Lektionen in einem fremden Land gelernt.

Es dauerte tatsächlich zwei Wochen, bis das Geld da, die Zentrale in Stockholm zufrieden und wir vom üblen Verdacht der Geldwäscherei frei waren. Die Verzögerung der Angelegenheit durch die Bank hatte uns dennoch etliche Tausender gekostet: Die Schwedenkrone befand sich just in diesem Zeitraum in einem schwindelerregenden Aufschwung, und der Währungsverlust beim Umtausch war für uns beträchtlich. Also legte ich mich erneut mit den Herren in Stockholm an und erreichte schließlich, daß sie den am Tage der Vertragsunterschrift gültigen Umtauschkurs berechneten.

Erst zwei Jahre später gestand uns Gert bei einem gemütlichen Umtrunk: » Das Theater ist uns nicht weiter an die Nieren gegangen, denn unsere jetzige Wohnung haben wir durch einen Zufall so gut wie umsonst bekommen. Nach der ersten Anzahlung ist der Vorbesitzer spurlos verschwunden.«

Unser Ausstieg sollte in Schritten erfolgen, als »Teilzeitschweden«. Zunächst würde nur ich überwiegend in Kasen leben. Angela mochte noch nicht daran denken, ganz von Hamburg wegzugehen. So wollten wir die Dinge auf uns zukommen lassen und sehen, wie es sich mit der neuen Situation leben ließ.

Die rote Mühle von Mollösund wurde mit viel Liebe restauriert

Nach ein paar Wochen fuhr Angela also wieder nach Hamburg zurück, und ich machte mich mit der Hilfe einiger Freunde aus Deutschland, die gerade nichts Besseres zu tun hatten, an die Arbeit.

Da waren jede Menge Bäume zu fällen, Winterholz zum Heizen zu sägen, dichtes Gestrüpp auszulichten, denn der Blick auf den Fjord drohte zuzuwachsen. Für jeden gefällten Baum wollte ich an anderer Stelle zwei neue Bäume pflanzen. Das hatte ich mir fest vorgenommen.

Im November fuhr ich nach Deutschland. Es galt viele Dinge zu organisieren und dafür zu sorgen, daß auch weiterhin Arbeit auf meinem schwedischen Schreibtisch mit dem schönen Blick über das Meer liegen würde. Im Zeitalter von PC, Modem, Mailbox und Internet kein Problem, so hatte ich gemeint. Die Kollegen in den Verlagen hatten zustimmend genickt und lässig gesagt: »Das ist doch kein Thema!« und ... hatten mich vergessen. Denn ich war ja ins Ausland ausgewandert. So reiste ich in Deutschland umher und versuchte meine Kontaktleute davon zu überzeugen, daß Schweden »gleich um die Ecke« liegt und die Telefongebühren sich auch nicht wesentlich höher belaufen.

Unendlich viel Zeit verbrachte ich in Hamburgs Baumärkten, denn Werkzeug war in Deutschland weit billiger und das Angebot umfangreicher als in Schweden. Unser Hof liegt immerhin auf einer Insel, die allerdings über mehrere kühne Brücken mit dem Festland und der vorgelagerten Insel Tjörn verbunden ist. Wir sind also nicht ganz von der übrigen Welt abgeschnitten, doch unser kleines Städtchen Henån, das nur wenige Kilometer von Kasen entfernt ist, bietet lediglich zwei Supermärkte, sechs Restaurants, einen Blumenladen und eine Apotheke. Auf der gesamten Insel gibt es nur einen Baumarkt, und dementsprechend sind die Preise: Konkurrenzlos! Göteborg liegt rund 70 Kilometer weiter südlich und damit außerhalb der Reichweite der wöchentlichen Einkaufsfahrten.

Ich brütete also über Versandhaus-Katalogen und las Literatur mit Titeln wie »Holzbearbeitung leicht gemacht« oder »Wie brenne ich selbst« (Schnaps natürlich!). Auch andere Schwarten erschienen mir zunächst sehr lehrreich, wie »Der Biogärtner« und ein Buch mit dem vielversprechenden Titel »Blockhaus-Leben. Ein Jahr in der Wildnis von Kanada«. Ein Buch mit dem Titel »Wie lebe ich in Schweden« wäre sicher hilfreicher gewesen, doch das gab es nicht, und ich nahm mir vor, so etwas Ähnliches zu schreiben. Viele Dinge im Königreich, das war uns längst klar, würden uns überraschen und vor Probleme stellen, auf die wir nicht vorbereitet waren.

Wintersorgen

In Hamburg verfolgten wir interessiert die Neuigkeiten aus Schweden, die uns noch vor einem Jahr nur wenig angingen. Jetzt war besonders das Wetter wichtig. Kasen war verwaist, und niemand kümmerte sich um das Haus. Da konnten Stürme das Dach abdecken, die Leitungen einfrieren, und wenn es wieder wärmer wurde, konnte ein Rohrbruch das Haus überschwemmen. Auch hatte ich davon gehört, daß Blitzschlag auf der Insel ein durchaus übliches Ereignis sei. Es nützte meinem Seelenfrieden nur wenig, daß das Haus ordentlich versichert war. Es sollte zwei Jahre dauern, bis ich mich mit gewisser Gelassenheit für längere Zeit von Kasen entfernen konnte. Allmählich lernte ich, daß es im Land der Holzhäuser auch nicht häufiger brennt als anderswo.

Es passierte schon Mitte November. Die Meldung im Fernsehen klang bedrohlich: »Schneekatastrophe in Schweden. Göteborg ertrinkt im Schnee! 150 000 Haushalte ohne Strom!« Wir hatten schon im Sommer davon gehört, daß zuweilen die Stromleitungen unter dem Gewicht von Schnee und Eis zerreißen. Nun war genau das in großen Teilen Schwedens eingetreten. Die Winterbeheizung unseres Hauses hatte ich vor meiner Abfahrt im November auf Elektrizität umgestellt.

El, wie die Schweden sagen, ist nur halb so teuer wie in Deutschland, und viele Haushalte heizen auch damit. Ein ökologisch vorbildliches Land ist Schweden entgegen seinem Ruf keineswegs. Es sind nicht nur die vielen umweltfreundlichen Wasserkraftwerke, die den billigen Strom produzieren – Schweden erzeugt 50 Prozent seines Energiebedarfs in fünf umstrittenen Atomkraftwerken mit zwölf Reaktoren. Das Land mit dem Öko-Image ist Weltmeister im Pro-Kopf-Stromverbrauch. Nachdem die Stromgesellschaften wegen der Proteste der benachbarten Dänen ein Atomkraftwerk abschalten mußten, haben sie eine neue Stromsteuer erfunden, und nun heizen wieder die meisten Höfe mit Holz.

Was, so sorgten wir uns, was würde geschehen, wenn der Strom tagelang ausfiel und das Wasser in den Leitungen sich allmählich in Eis verwandelte? Ich rief Mats, den Journalisten, an, der nebenan ein Sommerhäuschen hat. Auch er konnte keine verbindliche Entwarnung geben, denn er kam seit Tagen nicht mehr aus Göteborg heraus, um auf unserer Insel nach dem Rechten zu sehen. Der Schnee hatte alle Verbindungen abgeschnitten.

Mats versuchte uns zu beruhigen: »Macht euch keine Sorgen. Es ist noch nicht kalt genug, daß die Leitungen einfrieren! Außerdem hat Gert damals sicher Frostschutzmittel in den Heizungskreislauf getan.«

Doch ich wollte Gewißheit haben. So schloß ich meine Besorgungen vorzeitig ab und füllte einen geräumigen Transporter mit Möbeln, Fahrrädern, Werkzeug, Baumaterial, Bier und Wein. Für mich und Dinah blieb nur wenig Platz. Unsere Katze Mäuschen machte es sich auf dem Armaturenbrett bequem.

Schon während der Fahrt durch Dänemark stieg mit der Schneehöhe auch mein Sorgenbarometer. Je weiter wir nach Norden vordrangen, um so höher türmten sich am Straßenrand die Schneewehen.

In Göteborg zeigten alle Ampeln am Fährhafen Dauergrün. Freie Fahrt für freie EU-Bürger. Schön! Doch ich brauchte einen Zöllner, der die Einreise von Dinah und Mäuschen mit einem Stempel legalisieren mußte. So lautete die Vorschrift. Es war erst 15 Uhr 45, doch das gesamte Zollamt war bereits verwaist. Also fuhr ich einfach weiter. EU in Action! Die Widersprüche einer modernen Zeit und überholter Vorschriften, deren Einhaltung niemanden mehr interessiert, die aber auf dem Papier weiter existieren. Ich ärgerte mich insgeheim, daß ich nicht noch mehr »geistige Getränke« eingepackt hatte. Die Chance, unseren Weinkeller zu füllen, wäre einmalig gewesen. Doch wer hätte das wissen können! Als Schweden im Jahr zuvor der EU beigetreten war, hatten sich die militanten Antialkoholiker in der Regierung durchgesetzt. Die Einfuhr von Spirituosen wurde bis auf weiteres immer noch streng limitiert.

Am Stadtrand von Göteborg begannen vereinzelte Schneeflocken im Licht der Scheinwerfer ihren Tanz über die Autobahn nach Oslo. Ich fuhr ungefährliche 120 km/h – zehn Prozent über dem Limit von 110 km/h auf Autobahnen. Für die meisten Polizisten eine gerade noch akzeptable Überschreitung des Limits. Ein äußerst streßfreies und angenehmes Fahren übrigens, weil sich (fast) alle daran halten.

Als wir eine Stunde später unsere Insel erreichten, schneite es heftig und ausdauernd. Ich hoffte, daß ich die Schneeketten, die ich vorsorglich beschafft, aber deren Montage zu üben ich vergessen hatte, nicht jetzt in der Dunkelheit und in beißender Kälte aufziehen mußte. Die berüchtigte Brücke zur der unserem Eiland vorgelagerten Insel Tjörn nahm ich im Schrittempo. In meiner Phantasie entstand überdeutlich das Bild, das die acht Autofahrer vor Augen gehabt haben mußten, bevor sie am 18. Januar 1980 in den eisigen Fluten des Fjordes versanken. Ein großes Schiff hatte das Wunder moderner Technik gerammt, und ein Teil der Brücke war zusammengebrochen. Die Fahrzeuge stürzten 30 Meter tief ins eiskalte Wasser, weil niemand in der dunklen Nacht ahnte, daß sich hinter dem Buckel der gewölbten Hängebrücke unerwartet ein Abgrund auftat. Bis ein aufmerksamer Taxifahrer die Lichter seines Vordermannes verschwinden sah und im letzten Augenblick auf die Bremse trat.

Im Winter hüllen Nebel die kleinen Fischerorte ein

Heute waren auf der Brücke schon Schneepflüge unterwegs und hielten die vereiste Fahrbahn frei. Der Elch, der zehn Minuten später auf der Insel Tjörn kurz hinter einem der berühmten Warnschilder für Elche aus der Dunkelheit ins Scheinwerferlicht spazierte, hatte sein (Über)Leben und wir die Unversehrtheit des Wagens nur dem Umstand zu verdanken, daß ich wegen des Schnees besonders langsam fuhr. Ein Zusammenstoß mit dem rund eine Tonne schweren Tier ist bei hoher Geschwindigkeit das sichere Ende. Für den Elch und häufig genug auch für den Fahrer. Ein in Schweden durchaus üblicher Unfall übrigens. Fünf Prozent aller Autounfälle gehen hier auf das Konto des *älg*. Ich merkte mir diese Lektion und nehme fortan Elchwarnschilder ernst und halte sie nicht mehr für einen Touristengag.

Auch auf Kasen schneite es bereits heftig. Unser Paradies lag im Dunkeln. Keine Spur von Licht. Dabei war ich auf die Montage des Beleuchtungssystems, das mit Dämmerungsschaltern, Zeitschaltuhren und einem verwickelten Schaltsystem von Lampen ein bewohntes Haus vorzutäuschen hatte, so stolz gewesen. Sollte tatsächlich der Strom ausgefallen sein? Das wäre fatal und hätte bei dieser Kälte das Ende unserer Warmwasserheizung bedeuten können. Ich beleuchtete mit einer Taschenlampe das Außenthermometer an der Eingangstür. Minus 10 Grad Celsius!

Mit zitternden Fingern öffnete ich die Haustür und atmete erleichtert lauwarme Luft ein. Der Strom war nicht ausgefallen, und die Heizkörper waren so überschlagen, wie ich sie eingestellt hatte. Nur meine ausgeklügelte Lichtorgel hatte ihren Geist aufgegeben.

Rasch ein paar Holzscheite in den hundert Jahre alten Küchenofen und eine handfeste Mugg voll Grog, mit viel Rum, wenig Zucker und noch weniger Tee. Ich setzte mich mit den Tieren in die alte Veranda und ruhte mich aus.

Diese Stille! Unten im Tal glitzerten vereinzelte Gehöfte mit allen ihnen zur Verfügung stehenden Lichtern. Die Häuschen waren selbst an einem normalen Werktag festlich beleuchtet. Und in allen Fenstern standen elektrische Kerzenleuchter. Doch nicht genug damit, auch auf den Auffahrten zu den Höfen waren alle Lampen eingeschaltet. In der dunklen, kalten Jahreszeit ist das Bedürfnis nach Licht und Geborgenheit sehr groß, und die niedrigen Strompreise verführen die Menschen dazu, wenigstens in ihrer Behausung ein wenig sommerliche Helligkeit und Wärme zu zaubern.

Wie immer, wenn ich aus Hamburg kam, wurde mir bewußt, wie einfach doch unser Haus mit seinen niedrigen Decken, der Holztäfelung und den alten Türen war. Doch es strahlte eine ungeheure Geborgenheit aus, die den fehlenden Luxus mehr als wettmachte. Es roch nach würzigem Wacholderholz aus dem Ofen, und ab und zu knackten geheimnisvoll die alten Balken in der Decke. Was haben sie wohl schon alles erlebt? Manchmal kamen wir uns wie Eindringlinge vor in dem kleinen Fischer- und Bauernhaus, auch wenn wir uns darin vom ersten Augenblick an zu Hause gefühlt hatten. Katja, Angelas schwedische Nichte, hatte den Nagel auf den Kopf getroffen, als sie sagte: »Das ist kein langweiliges modernes Haus. Kasen ist wie eine gebrechliche alte Dame mit viel Charme!«

Das karge, steinige Land der Insel hatte früher oft nicht genug Kartoffeln und Getreide hergegeben, um die Familie, das Schwein und die Kuh ausreichend zu ernähren, und so waren die meisten Landwirte Fischer und Bauern zugleich gewesen. Und weil das Meer besonders im Winter ein ungemütlicher Arbeitsplatz war, hatte auch der Erbauer von Kasen die große Scheune einfach in den Meeresblick gestellt und damit sein Haus geschickt vor den kalten Nordwestwinden abgeschirmt. Wer will schon dauernd seinen Arbeitsplatz vor Augen haben! Ich ging lange mit dem Gedanken schwanger, die Scheune um zwei Meter zu kürzen, um unseren ohnehin schon schönen Seeblick noch zu erweitern. Wir brachten es dann doch nicht über uns, an der alten Substanz etwas zu verändern. So wie er war, hatte der Hof seinen Charme. So sollte er auch bleiben!

Die Fischerei war auf der Insel lange Zeit ein guter und sicherer Lebensunterhalt gewesen. Vom 16. bis Ende des 18. Jahrhunderts kamen in Abständen riesige *sill*-Schwärme, Heringsschwärme, an die Küste und lösten immer wieder einen »Sillrausch« aus. Die Küstenorte auf den Inseln entwickelten sich zu wichtigen Handelszentren, und viele Fischereischiffe aus Europa versuchten hier ihr Glück. Es war die Zeit eines ungebrochenen Glaubens an das »Silber aus dem Meer«. In den kleinen, malerischen Fischerorten Mollösund, Hälleviksstrand und auf den kahlen Inseln Gullholmen und Käringön wurde es eng. Es gab so viel Hering vor der

Winterstimmung in der Schärenlandschaft

Küste, daß man »ihn einfach aus dem Meer in die Boote schöpfen konnte«. An Land entstanden Fabriken, die nichts anderes taten, als Fässer herzustellen, andere Unternehmen salzten und verpackten den Fisch. Handelshäuser, die den Segen aus dem Meer nach Europa verkauften, wuchsen aus dem felsigen Boden. Die Küste von Bohuslän verströmte damals einen unverkennbaren Mief nach Tran und vergammeltem Fisch. Seeleute berichteten, daß der Mann am Ruder die Küste auch im dichtesten Nebel nicht verfehlen konnte. Mit einer einigermaßen funktionierenden Nase war sie immer zu erschnuppern, wenn nur der Wind günstig stand.

Und dann war der Markt gesättigt. Hering war out – keiner mochte den tranigen, salzigen Fisch mehr sehen, geschweige denn essen. Findige Geschäftsleute leiteten die Flut aus silbernen Fischleibern in Ölpressen um. Das Fischöl wurde noch im 19. und 20. Jahrhundert zum Schmieren der Maschinen verwendet, die das neue Zeitalter der Industrialisierung auch nach Schweden brachte. Ironie der Geschichte: Billiges Fischöl von Bohuslän versorgte jahrelang die Straßenlaternen von Paris mit Brennstoff. Die Reste der entölten Heringe verstopften die engen Passagen zwischen den Inseln derart, daß die Schiffahrt dort zeitweise zum Erliegen kam. Die stinkenden Kadaver sorgten für die ersten Umweltskandale des Königreichs. Nun endlich entdeckten auch die Bauern die Kraft des Herings und schütteten den ausgekochten Brei aus toten Fischleibern auf ihre Felder. An dem Gestank, der unsere Insel damals umgab, änderte das nichts.

Mancher Acker zehrt auch heute noch von dem Fischsegen. Lennart, der Bauer unten im Tal, macht eine weit ausholende Geste, zeigt über seine Felder und sagt im Brustton der Überzeugung: »Das hier ist alles Fischdünger. Sieh dir doch die Erde an, wie fruchtbar sie ist. Da haben meine Vorfahren ganze Arbeit geleistet.« Vielleicht ist das der Grund dafür, daß er keine Chemie braucht und seine Produkte so gut und kräftig schmecken. Mein

Freund Rolf Reinicke vom Meeresmuseum Stralsund hat als Geologe da eine andere Theorie: »Das ist alter Meeresboden mit Schlick. Bei euch hebt sich das Land seit Jahrtausenden allmählich aus dem Meer, und so manches Tal auf der Insel war einmal ein Fjord.« Aber vielleicht haben ja beide recht. Die Scholle im Tal ist tatsächlich fruchtbar, und Lennarts schmackhafte Kartoffeln Sorte »King Edward« dampfen längst auf unserem täglichen Mittagstisch.

Bis in die 50er Jahre unseres Jahrhunderts hinein verließen immer mehr Familien unsere Insel. Die Menschen auf Orust hatten jahrhundertelang auf einfachste Art ihren Lebensunterhalt verdient und dabei jedes Maß verloren. Sie hatten die Fischschwärme ausgerottet, die grünen Wälder in Bootsplanken verwandelt und zuletzt auch noch die Steine verscherbelt. Alle auf der Insel, Mensch und Natur, haben bitter dafür bezahlt. Nicht nur auf unserer Insel. Zwischen 1846 und 1930 verließen im gesamten Königreich allein 1,5 Millionen Menschen ihre arme Heimat, gut ein Viertel der Gesamtbevölkerung. Der Grund: Mißernten und bittere wirtschaftliche Not. Nach dem zweiten Weltkrieg wanderten die Insulaner kaum noch nach Amerika aus. Sie gingen statt dessen in die Industriezentren auf dem Festland, verdingten sich auf der Werft in Uddevalla oder bei Saab in Trollhättan. Auf dem Tiefpunkt dieser Entwicklung lebten nur noch 5 000 Bauern und Fischer auf der Insel, welche immerhin die Größe von Fehmarn hat.

Es wurde still in den malerischen Fischerorten, und viele der alten, dichtgedrängten Fischerhäuser auf den kahlen Felsen standen leer. Die schnell errichteten Fabriken aus Holz verfielen innerhalb weniger Jahre, und heute erinnert außer den Wohnhäusern der Fischer nichts mehr an die große Zeit des »Sillrush«.

Auch eine andere Industrie ist längst Geschichte: die Steinhauerei. Um 1830 herum begann auf Orust und auf den umlie-

Fischerschuppen, die häufig als teure Ferienwohnungen genutzt werden

genden Inseln der Abbau der Granitfelsen in großem Maße. Viele
Reedereien verdienten sich mit den Steinen eine goldene Nase. Sie
kauften die ältesten Seelenverkäufer auf, deren sie habhaft werden konnten, und verschifften mit Segelschonern den Granit nach
Lübeck. Viele norddeutsche Straßen wurden mit den Steinen aus
Bohuslän gepflastert. Heute berichtet der Volksmund auf der Insel, daß der Seeweg von Bohuslän nach Lübeck auf dem Meeres-
grund genauso gepflastert sei wie die damaligen norddeutschen
Straßen. Viele der überladenen und klapprigen Seelenverkäufer
sind gekentert oder bei Schlechtwetter untergegangen. Der letzte
Steinbruch wurde 1960 geschlossen.

Die wenigen, die nach dem wirtschaftlichen Niedergang, der
1929 begann, auf der Insel blieben, gehörten zu einer besonders
seßhaften Spezies der Schweden. Sie schworen sich, die Insel nie
zu verlassen. Und sie meinten das durchaus wörtlich. Åke, der

junge Bootsbauer, der in der weltweit erfolgreichen »Najadwerft« arbeitet, sagt über diese Alteingesessenen verächtlich: »Das sind die schlimmsten Betonköpfe hier. Die haben zeitlebens die Insel tatsächlich nie verlassen. Denen ist alles Fremde und Neue ein Graus, auch ihr Deutschen. Die sind schuld daran, daß es hier noch immer keine einzige Disko gibt! Zum Glück haben wir mit einer Stimme Mehrheit wenigstens das *System*, den staatlichen Schnapsladen, auf die Insel gekriegt. Doch nun saufen die Jugendlichen nur noch und klauen zum Spaß Autos. Stinklangweilig hier!« Åke gehört zu einer neuen Generation.

In den 50er Jahren kamen gestreßte Großstädter aus Göteborg, Uddevalla und Trollhättan auf die Insel. Die empfanden es hier keineswegs als stinklangweilig. Hier fanden sie das, was sie suchten: Ruhe und Erholung. Mehr noch, bald entdeckten sie auch die leeren Fischerhäuser und abgelegenen Bauernhöfe, die für 'nen Appel und 'n Ei zu haben waren, denn deren Besitzer lebten längst als gutverdienende Arbeiter oder Geschäftsleute weit weg von ihrer alten Heimat. Sie hatten den *american way of life* entdeckt und wollten nichts mehr von ihrer alten Heimat wissen. Ein neuer Boom überrollte die Insel. Die klapprigen Fähren wurden durch zwei Brücken ersetzt, Bagger und Bauunternehmen kamen. In Henån und Ellös wurden auf Kosten des schwedischen Sozialstaates kommunale Einrichtungen gebaut. Bald waren Fischerhäuser mit Meeresblick ausverkauft, und die neuen Fans der Insel machten sich daran, Sommerhäuschen zu bauen. *En röd liten stuga med vita knutar* – ein kleines, rotes Sommerhaus mit weißen Kanten, der Traum eines jeden Schweden. Die Häuschen waren aus praktischen Gründen bald nicht mehr rot, sondern grau und kamen aus der Fabrik für Fertighäuser. Es dauerte nicht lange, da wurde in besonders schönen Ecken das Trinkwasser knapp und die Entsorgung der menschlichen Notdurft ein Problem. Die Kommune zog die Notbremse und richtete Sperrzonen für Neubauten ein.

En liten röd stuga med vita knutar – ein kleines, rotes Sommerhaus mit weißen Kanten

Manche Feriengäste blieben für immer. Heute hat die Insel fast 14 000 Bewohner, und viele gebürtige Oruster sind zurückgekommen von ihrem Ausflug in die große, weite Welt. Ohne ersichtliche Schwierigkeiten haben manche von ihnen den *american way of life* in einen typisch schwedischen Lebensstil zurückverwandelt. Ihre Heimat hatten sie nie ganz vergessen.

Auf der Insel entstand eine neue Infrastruktur. Der traditionelle Tischler starb allmählich aus. Das Bauhandwerk hatte die Technisierung weitgehend revolutioniert, und neue energiesparende Materialien erforderten neue Technologien. Manch alter Familienbetrieb, der sich seit Generationen mit dem Bootsbau für Fischer und Handelsleute beschäftigt hatte, erkannte die Zeichen der Zeit: Sportboote. Heute produzieren die Bootsbauer auf der Insel zwei Drittel der schwedischen Segelboote für den Export. Weltweit bekannte Firmen wie »Najad« und »Roland Persson« schreiben schwarze Zahlen und expandieren. Berühmt ist die Erfolgsgeschichte der Werft »Hallberg-Rassy«. Rassy aus Bayern hatte sich in den 50er Jahren hier niedergelassen. Er kaufte sich bei dem schwedischen Bootsbauer Hallberg ein und heuerte einen bekannten argentinischen Bootsingenieur an. Die internationale Crew führte das Unternehmen alsbald zum Weltruhm. Heute exportiert »Hallberg-Rassy« die meisten Jachten in Schweden.

Im gleichen Maße, wie sich die Insel entwickelte, schlossen auf dem Festland Unternehmen ihre Pforten. Die Werft in Uddevalla, spezialisiert auf Großschiffe, konnte gegen den internationalen Markt nicht mehr konkurrieren und setzte 2 500 Mitarbeiter vor die Tür. Orust zählt heute zu den Gewinnern in der Region, doch die Zeiten der großen Pläne und der Bauwut sind vorbei.

Auch unsere Inselgemeinde hatte Großes vor und wollte am gegenüberliegenden Berg im großen Stil Wohnungen schaffen. Von unserer Veranda aus konnte ich die Lichter von ein paar Neubauten sehen, die man im Wald versteckt hatte. Die anderen, bereits erschlossenen Grundstücke blieben unbebaut. In den Kassen der Kommune herrscht Ebbe. Gott sei Dank! Die Insel hat im letzten Moment ihren Charakter und ihren Charme bewahren können.

Während ich meinen Gedanken nachgehangen war, hatte es sich Mäuschen auf meinem Schoß bequem gemacht. Ihr gemütliches Schnurren hatte mich eingeschläfert. Dinah stupste ihre kalte, feuchte Schnauze in mein Gesicht und weckte mich. Sie wollte Gassi gehen. Wir machten einen kleinen Spaziergang hinunter zu unserem Gästehaus. Unten im Tal schwammen die kleinen beleuchteten Gehöfte wie festliche Schiffe auf dem Meer der Dunkelheit. Darüber spannte sich ein unglaublich klarer Sternenhimmel, den nur im Osten der Lichtschimmer der Inselhauptstadt ein wenig bleichte. Wie schön es hier doch war!

Jul – Weihnachten

Es schneite auch in den folgenden Tagen. Die Wochen vor Weihnachten verbrachte ich mit Schneeschippen, Holzhacken und Lesen. Doch eines Tages stieg ich mit Dinah ins Auto und ging auf Entdeckungsreise der winterlichen Küste entlang. Mit den kleinen Fähren setzte ich auf manche Insel über, die ich noch nicht kannte. Die Atmosphäre der leeren, verschneiten Inseln war sicher nichts für gesellige Naturen. Nur wenige Menschen lebten auch im Winter dort, und die Ruhe war total. Die kleinen roten Häuschen waren verlassen. Erst in drei, vier Monaten würde sich wieder Leben in ihnen regen.

Schon am frühen Nachmittag färbte sich der Himmel blutrot, und die Sonne versank in einem Gemisch aus Eis, Wasser und Nebel. Alles zerfloß zu einem kitschigen rosa Dunst, in dem kaum noch Konturen und Grenzen erkennbar waren. Seenebel zogen in wilden, gespenstisch wallenden, pastellfarbenen Wänden über das stille Meer. Ein Zeichen dafür, daß auch der Skagerrak zuzufrieren begann. Der Kirchturm von Gullholmen steckte seine Spitze aus dem rosa Dunst und wirkte, als würde er auf einem Schiff stehen, das vor der Küste driftete. Ich verknipste fast alle meine Filme, denn jeden Tag gab's eine neue Überraschung, eine neue Farbvariante auf der Palette der winterlichen Dämmerstunde.

Am Ende der Adventszeit öffnete ich die Autotür und sagte zu Dinah: »Wollen wir Frauchen abholen?« Der Hund sprang voller Freude an mir hoch und warf mich beinahe um. Auf dem verschneiten Flugplatz von Göteborg landete die kleine Lufthansamaschine pünktlich in einer großen Schneewolke. Frauchen wurde von ihrem Hund so stürmisch begrüßt, daß die übrigen Fluggäste stehenblieben und lächelnd staunten, zu welcher Freude ein Tier fähig ist. All das Gehüpfe und freudige Gewinsel hinderte Dinah aber nicht daran, zwischendurch die Nase in Frauchens Tasche zu stecken.

»Nein, Dicke«, mußte Frauchen enttäuschen. »Lufthansa gibt keine belegten Brötchen mehr aus.«

Als wir über die Tjörn-Brücke das Festland verließen, begann es wieder kräftiger zu schneien. Alles deutete auf weiße Weihnachten hin. Vor unserem Haus standen bereits zwei Weihnachtsbäume. Ich war am Vorabend mit einer Taschenlampe auf unserem Gelände im tiefen Schnee umhergestapft und hatte zwei Bäume in der Schlucht geschlagen. Sie hatten jetzt eine weiße Mütze aus Neuschnee auf und warteten darauf, daß wir einen von ihnen hereinholten. Einer blieb nach Inselsitte draußen. Für die Tiere auf dem Hof.

Am nächsten Morgen war die Stille über dem Tal noch extremer als sonst. Merkwürdig, es war absolut nichts zu hören, nicht einmal der übliche schrille Schrei einer hungrigen Möwe. Ein Blick aus dem Fenster versetzte mir einen Schock. »Guck dir das mal an! Das ist ja unglaublich!«

Angela wälzte sich verschlafen aus dem Bett. »Was ist denn!« fragte sie unwillig. Sie schlurfte ans Giebelfenster und starrte fasziniert hinaus. »Wahnsinn!« Das war das einzige, was ihr zu dem Anblick da draußen einfiel.

Ein dicker weißer Watteteppich lag über unserem Kasen. Es hatte die ganze Nacht über heftig geschneit. Der Schnee mußte wirklich extrem hoch liegen, denn von unseren Rosensträuchern und den Brombeerbüschen war nichts mehr zu sehen.

Die nach außen sich öffnende Haustür klemmte, und wir konnten sie nur mit viel Kraftaufwand gemeinsam aufdrücken. Jetzt wußten wir, welchen Sinn die *farstu*, der traditionelle Vorbau vieler schwedischer Häuser, hat. Er schützt vor Schneeverwehungen, man kann dort, gemütlich auf einer Bank sitzend, seine Schuhe anziehen und eine Reihe von notwendigen Geräten lagern. Zum Beispiel Schneeschieber. Unser Vorbesitzer hatte in einer modernistischen Anwandlung das traditionsreiche Gebilde abreißen lassen. Wir schworen uns an diesem Morgen, den ursprünglichen Zustand so bald als möglich wiederherzustellen.

Der Gang ums Eck zur Scheune war Schwerstarbeit. Dort befand sich das Zentralheizungssystem, das je nach Bedarf mit Strom, Holz oder Kohle zu betreiben war. Wir waren hier völlig autark und brauchten keinen Kälteeinbruch zu fürchten. Die Anlage hatte jedoch die unangenehme Eigenschaft, über Nacht auszugehen, wenn wir mit Holz heizten. Und das hatten wir aus Gründen der Kostenersparnis in den letzten Tagen getan. Wie alle unsere Nachbarn, die über einen eigenen Wald verfügten.

Natürlich war an diesem Morgen weder eine Schaufel griffbereit, noch eine Schneeschippe in erreichbarer Nähe. Um an die Gerätschaften zu gelangen, mußte ich mit den Händen erst einmal den Schnee vor der Scheunentür wegbuddeln, bis ich sie nach geraumer Zeit einen Spaltbreit öffnen konnte. Zum Glück standen alle fünf Schaufeln gleich um die Ecke, und mit ausgestrecktem Arm gelang es mir, eine davon zu angeln.

Das Frühstück fand heute eine Stunde später statt, denn zuerst mußte ich die Tür zum Heizraum freischaufeln und Feuer im Ofen machen. Ich nahm mir vor, etwas disziplinierter zu organisieren und weitsichtig, der Jahreszeit entsprechend, die notwendigen Gerätschaften in einem neuen Vorbau bereitzuhalten. Bei meinem Nachbarn Mats III. hatte ich die zahllosen Geräte, die neben dem Eingang herumlagen, als Schlamperei empfunden. Nun ging mir allmählich auf, daß es zumindest eine praktische Schlamperei war.

Strahlend sonnige Wintertage sind nicht selten an Schwedens Westküste

Im Verlauf der nächsten Woche schneite es immer wieder, und schon bald sollte ich Mats III. auch um seine motorisierte Schneefräse beneiden, die ich hochmütig als »überflüssigen Spielkram« abgetan hatte. Es waren eben doch andere Dimensionen, mit denen wir es hier zu tun hatten, und allein das Freischieben der Zufahrt zu unserem Grundstück und das Räumen des Fußpfades von der Garage zum Wohnhaus überforderte meine Kräfte gründlich. Zum Glück machte im Auftrage unserer Nachbarn ein Bauer mit einem Schneepflug die Straße zu deren Häusern frei, und so mußte ich für das Auto nur noch hundert Meter mit einem überdimensionalen Schneeschieber bis zu unserer Garage räumen. Schneeketten waren an solchen Tagen ein äußerst nützliches Utensil.

Der Bauer allerdings hatte es im Winter nicht sehr eilig, morgens aus dem Bett zu kommen. Für ihn war die Zeit der Ruhe und der Erholung gekommen, und er zahlte es uns nun heim, daß er im Sommer schon um fünf Uhr früh aufs Feld mußte, während wir bis tief in den Morgen hinein selig schliefen. So dauerte es manchmal ein wenig, bis sein Trecker warmgelaufen war und er sein ausgiebiges und spätes Frühstück beendet hatte. Es wurde oft Mittag, bis der Weg in den Ort frei war und die Autos aus den geheizten Garagen geholt werden konnten. Die Volvos und Saabs, die draußen stehen mußten, hingen über Nacht an einem Kabel, das über eine in den Fahrzeugen fest installierte Art Tauchsieder das Kühlwasser aufheizte. Mats I. konnte jedoch nicht so lange warten. Er hatte inzwischen längst die Skier untergeschnallt und war in den Ort gesaust, wo er rechtzeitig den Bus zur Weiterbildung in der Kreisstadt auf dem Festland erreichte. Mats I. kam ursprünglich aus Norrbotten, neben Lappland der kälteste Teil Schwedens, und war an derlei Dinge gewöhnt. Die Nordländer Schwedens sind immer auf die Launen des Wetters vorbereitet.

Weil wir noch immer keine Langlaufski gekauft hatten, mußten wir durch wohldurchdachte Bevorratung dafür sorgen, daß wir auch mehrtägige Schneekatastrophen klaglos überstehen konnten. Wir hatten zwei Pakete Hefe im Kühlschrank und mehrere Tüten einer fertigen Backmischung für Roggenbrot bereitstehen. Dauerwurst, Fleisch vom Bauern, jede Menge Joghurt und vitaminreiches Tiefgekühltes sollten für eine Woche reichen.

Nun ging auch mir auf, warum auf dem Hof kein Mangel an Tiefkühltruhen herrschte. Erst allmählich sollten wir lernen, daß Bevorratung eine Kunst für sich ist. Nordische Sommer sind kurz und intensiv. Ende August ist die Zeit der Reife. Da kommt alles auf einmal, Gurken, Tomaten, Kohl, die wunderbaren Brombeeren, schwarze Johannisbeeren, Preiselbeeren, Äpfel und Birnen. Der grünen Vitaminflut waren wir dann nicht gewachsen, und langsam erlernten wir wieder die Kunst des Entsaftens, der Herstellung von Marmeladen und Konfitüren, von Sauerkraut und Salzgurken. Auch das Einfrieren von Grünzeug wollte gelernt sein. Da mußten Bohnen blanchiert werden, Erdbeeren gezuckert und Johannisbeeren gewaschen. Im Keller sollten sich die Gläser mit der Aufschrift »Svarta Vinbär Sylt 1996« oder »Brombeer-Gelee 1997« stapeln. Einfrieren war eine elegante, aber auch teure Möglichkeit, dem Erntesegen Herr zu werden. Ich habe bis heute noch keine Wirtschaftlichkeitsrechnung aufgestellt, ob sich das Ganze gegenüber den Produkten aus der Tiefkühltruhe des Supermarktes rechnet. Die kulinarischen Gründe jedenfalls rechtfertigen derlei Aufwand. Unsere Produkte, das war uns bald klar, sollten geschmacklich die besseren sein.

Noch schippten wir Schnee, und Weihnachten stand unmittelbar bevor. Wir holten einen Baum herein, fegten den Schnee herunter und schmückten ihn. Ich hatte über zwanzig Jahre diese »Gefühlsduselei« abgelehnt, doch hier in diesem gemütlichen Haus, in einem Land voller Traditionen und bei diesem herrlichen Schnee erwachten auch bei mir längst verschüttete Erinnerungen. Hier gehörte der Weihnachtsbaum einfach dazu. So wie damals in Rußland, als mein Vater nachts, mit einer Pelzmütze und einem Schaffellmantel als Russe verkleidet, in den Wald schlich und eine junge Fichte klaute, denn richtige Weihnachtsbäume gab es um den 24. Dezember herum dort nicht zu kaufen, weil das russische Weihnachtsfest am 6. Januar stattfindet. Zu Neujahr ist eine geschmückte Fichte üblich.

Etwas allein fühlten wir uns an Weihnachten hier schon. An den Festtagen würden wir in Nils Holgerssons Reich auch gern in Gesellschaft sein. Das Essen schmeckt dann einfach besser, und der Silvesterabend mit Freunden ist lustiger als zu zweit. Doch noch gehörten wir nicht soweit dazu, daß unsere wenigen Nachbarn uns eingeladen hätten, denn natürlich sind diese Tage auch in Schweden für die Familie reserviert. Einige kurze Besuche fanden dann doch statt, zu einem kleinen Schwatz mit ein paar noch kleineren Schnäpschen. Unsere Freunde und Verwandten in Deutschland und Peter aus Stockholm riefen in dieser Zeit besonders oft an. Ganz allein waren wir also doch nicht.

Wir feierten eine Mischung aus schwedischem *jul* und deutschem Weihnachten. Am Heiligabend, dem *julafton*, hatten wir, ganz im Stile der Tradition unserer Gastgeber, dicke Kerzen angezündet und zusammen mit einem großen Topf mit leckerer schwedischer Weihnachtsgrütze vor die Türe gestellt. Das ist ein dicker Reisbrei, der am Heiligabend den Trollen offeriert wird. Diese Grütze wird in Familien mit jungen Töchtern und Söhnen besonders gern serviert. Dann wird in dem Brei eine einzelne Mandel versteckt. Wer sie findet, wird als nächster heiraten – sagt der Volksmund. Wir allerdings hatten die nahrhafte Speise nur für die Waldtrolle gekocht, die im tiefen Schnee draußen sicher ganz fürchterlich froren und hungrig waren. Oben auf unserem Granitberg, zwischen den alten Tannen, wohnen sie.

Wie groß war unser Erstaunen, als wir am nächsten Tag entdeckten, daß unsere Grütze den Trollen tatsächlich geschmeckt hatte. Vielleicht hatte auch der *jultomte*, der Weihnachtsmann, den Topf geleert, denn auch für ihn stellt man den Brei vor die Tür. Der *tomte* soll ja irgendwo im Norden Schwedens oder Finnlands hausen. Sein genauer Aufenthaltsort ist noch nicht geklärt. Vielleicht wohnte er ja auf unserer Insel? Der Topf jedenfalls stand am nächsten Morgen leer und sauber vor der Tür. Nach der ersten Tasse Kaffee stellte sich bei einigem Nachdenken heraus, daß Dinah in der Nacht dringend Gassi wollte. Angela hatte sie schlaftrunken hinausgelassen und den Vorgang vergessen. Der Hund hatte die Gelegenheit genutzt. Nun klärte sich auch ihre ungewöhnliche Appetitlosigkeit. Sonst saß sie immer neben dem Küchentisch und spielte den bedauernswerten verhungerten Hund.

Wir hatten am Abend eine kleine Bescherung gemacht und die Lichter an den beiden Weihnachtsbäumen drinnen und draußen vor dem Haus angezündet. Bei uns gab's ein paar Flaschen deutsches Bier und Thüringer Rostbratwürste aus dem Ökofleischladen der Insel. Dort stellte sie ein türkischer Mitarbeiter her, der in Deutschland das Fleischerhandwerk erlernt hatte. Besser als manches deutsche Original!

Mats II. hatte mich schon im November bei einem Probeabend für meinen frisch importierten Pfälzer Wein über die kulinarischen Besonderheiten unseres Gastlandes zum Fest aufgeklärt. Unsere Nachbarn brachten am *juiafton*, dem Heiligabend, *lutfisk* oder *Janssons frestelse* auf den Tisch. Der *lutfisk*, der gelaugte Fisch, ist der bekannte Stockfisch, der auch heute noch gesalzen in allen Fischerorten der Küste den Winter über im Freien auf großen

Stockfisch, ein traditionelles Produkt, das noch immer viele Liebhaber findet

Holzgestellen trocknet. Der Kabeljau, den man im Winter fängt, hängt dort bis in den Frühling hinein, und wenn im April die Sonne scheint, sitzen ganze Schwärme von blauschillernden Schmeißfliegen darauf. Allein dieser Anblick hatte mir für immer den Appetit verdorben. Sobald es wärmer wird, wandern die getrockneten Fischhälften in kühle Lagerhallen und kommen erst im Herbst wieder zum Vorschein. Die brettharten, dünnen Fischlappen werden am 9. September, am Anna-Tag, in eine Lauge gelegt. Dort verbleiben sie eine Woche. Bis 24. Dezember wässern die Fische in einem Wasserbad und quellen allmählich auf das Zehnfache ihres Volumens auf. Daraus kocht die schwedische Hausfrau dann am Heiligabend das berühmt-berüchtigte Gericht.

Janssons frestelse dagegen ist ein einfaches und billiges Essen, das den armen Familien auf dem Lande früher häufig über den Hunger half. Neben Kartoffeln sind Anchovis, Sahne und Zwiebeln Hauptbestandteil dieser Mahlzeit. Die kleinen Fische sind inzwischen aber so selten und teuer geworden, daß das Ganze heute eher zu einem Essen für traditionsbewußte Gourmets entartet ist. Das Gericht war für einen Opernsänger mit dem Namen Jansson eine echte Versuchung, eben *frestelse*. Ich hatte beide Gerichte kurz vor dem Fest bei Mats II. probiert und mich nach den ersten Happen genauso geschüttelt wie meine schwedischen Gäste, wenn ich ihnen als ganz besondere Delikatesse zum deutschen Bier meinen geliebten Harzer Käse oder einen Limburger auftische.

Am ersten Feiertag, dem *juldagen*, bereiten sechs Millionen schwedische Haushalte ein äußerst aufwendiges Gericht zu: *skinka*. Der kräftig mit Nitritpökelsalz gesalzene Schweinehintern wird roh in den Ofen geschoben und dort bei niedrigen Temperaturen um 80 Grad sechs bis acht lange Stunden ganz langsam gegart. Dann löst der schwedische Hausmann die Schwarte vom Fleisch. Darüber freut sich der Hofhund. Eine Mischung aus Senf, Zucker, Salz, Ei und Semmelbrösel und – endlich! – hohe Temperaturen geben dem Fleischbatzen eine schöne Kruste. Dennoch, tief im Inneren schmeckt das Fleisch recht neutral. Phantasievolle und würzige Soßen machen daraus erst ein Festessen. Dann entfaltet das saftige Fleisch seinen Wohlgeschmack. Beim Einkaufen unten im Supermarkt hatten wir Hausfrauen beobachtet, die Fleischklumpen mit den Ausmaßen eines kleinen Elefantenschenkels nach Hause schleiften. Es war uns schleierhaft, wer diese Fleischberge essen sollte. Über die Verträglichkeit des Nitritpökelsalzes, das heutzutage anstelle eines ordentlichen Pökelverfahrens benutzt wird, hörten wir diverse Klagen. Ich sollte mich in Zukunft an jedem Weihnachtsfest fragen, ob meine neuen Nachbarn nach dem Essen noch in der Lage waren, das landesübliche »*tack för maten* – danke fürs Essen*«* zu murmeln.

Vielleicht waren die Fleischberge ein Grund dafür, daß am zweiten Feiertag, dem *annandag jul*, die Stille auf der Insel noch tiefer war als sonst an Sonn- und Feiertagen. Die ganze Insel war mit Verdauen und Trinken beschäftigt. Zwischen Weihnachten und Neujahr ernähren sich daher viele unserer neuen Freunde von dem traditionellen und mageren *surströmming*. Der »Genuß« dieser Gaumenfreude erfordert allerdings weit geöffnete Fenster und ist wie *lutfisk* und *Janssons frestelse* nur etwas für Leute, die im Königreich aufgewachsen sind. Der halbverrottete Hering in den aufgeblähten Dosen sollte mir allerdings schon im dritten Jahr schmecken. Armin, selbst Deutscher und seit zwanzig Jahren auf der Insel zu Hause, kommentierte später meine neue kulinarische Vorliebe mit den Worten: »Wenn du das Zeug runterkriegst, gehörst du schon beinahe dazu!«

Um gewissen kulinarischen Katastrophen aus dem Weg zu gehen, hatten wir uns angewöhnt, manche lebensnotwendigen Dinge selbst herzustellen: zum Beispiel Brot. Ich hatte im Küstenklatsch gehört, daß Schweden den Zuckerverbrauch subventioniert und es

Vorschriften gibt, Brot mit Zucker anzureichern. Ich weiß nicht, ob das stimmt. Tatsache ist, daß sämtliche Brote geschmacklich eher einem Kuchen als normalem mitteleuropäischem Brot gleichen. Das Gemeine daran: Die Brotlaibe im Supermarkt sehen in den Regalen durchaus verlockend und völlig unverdächtig aus. Wie oft hatten wir in den ersten Monaten hoffnungsvoll wunderbar duftendes Brot nach Hause getragen, nur um es nach den ersten Bissen angewidert zur Seite zu legen. Auf diese Momente freute sich Dinah, denn sie war dann die Nutznießerin unserer mißlungenen Brotverkostungen. Der Rübensirup darin schmeckte denn doch zu vordergründig. Manche Brotsorten enthielten, um das Maß vollzumachen, auch noch Zimt. Die Methode von Versuch und Irrtum ließ uns mit der Zeit einige rare Brote entdecken, die nicht gesüßt waren. Auch verpacktes deutsches Brot fanden wir in einigen Geschäften. Leider sind die ungesüßten Laibe meist alt und teuer.

Die skandinavischen Länder, Finnland, Schweden und Norwegen, sind Knäckebrotländer. In unserer alten Küche auf Kasen gab es ein merkwürdiges Gestell, das aussah wie eine kleine Futterkrippe, die seltsamerweise unter der Decke hing. Der Sinn dieser Vorrichtung blieb uns lange Zeit verschlossen. Erst als wir die »Krippe« entsorgt hatten, weil wir uns daran immer wieder die Köpfe gestoßen hatten, entdeckte ich bei Magnus, dem Antiquitätenhändler unten im Tal, daß darin kuchenblechgroße, hauchdünne Knäckebrotscheiben aufbewahrt wurden. Magnus erzählte uns auch, was es mit dem Brot auf sich hatte:

»*Tunnbröd*«, sagte er in bestem Englisch, »*tunnbröd* kommt von *tunn*, das bedeutet dünn. Es wurde von den Hausfrauen nur zweimal im Jahr auf heißen Steinen gebacken. Der Teig aus Gerstenmehl war ungegoren, ohne Hefe und Sauerteig, und wurde, weil er so zäh war, häufig von Dorfgemeinschaften geknetet. Das Endprodukt war unverwüstlich, gegen Schimmel absolut gefeit und hielt den ganzen Winter über.«

Diese traditionellen Brotfolien gab es seit einigen Jahren wieder in gut sortierten Supermärkten. Wir hatten schlicht und einfach ein Stück Tradition verfeuert und ärgerten uns nun darüber. Magnus wollte für seinen Knäckebrotständer 1 000 Kronen haben, und ich überlege noch immer, ob ich ihm eines der letzten originalen Exemplare der Insel abkaufe. Das schwedische *hart bröd* lagert bei uns noch immer sehr hygienisch und wenig stilecht in einem Küchenschrank.

Natürlich knuspern wir zur Freude von Dinah oft auf Knäckebrotscheiben herum. Da gibt es eine schier unendliche Sortenvielfalt, und wir bevorzugen luftiges Roggenknäcke mit Kümmel. Doch nach einer mehrwöchigen Knäckebrotdiät verlangt uns unwiderstehlich nach frischem, duftendem Graubrot. Eines Tages entdeckte ich bei ICA, der Supermarktkette, eine fertige Backmischung. Dieser Fund war eine Offenbarung, und fortan zogen am Wochenende Duftschwaden von Sauerteig, Hefe und frischgebackenem Brot durch Kasen und Umgebung. Auf dem Küchentisch türmten sich knusprige Brotlaibe, die nicht nur Dinah, sondern auch unsere schwedischen Nachbarn anlockten. Ich servierte ihnen dann stolz eine noch warme Scheibe »echt deutsches« mit einer dicken Schicht des wunderbaren *bregott-extra saltad*, einem köstlichen Brotaufstrich aus vier Fünftel frischer Sahne und ein Fünftel Rapsöl. Meine neuen Freunde loben die Delikatesse aus deutschen Landen und meine Backkunst so lange, bis ich auch noch einen kleinen Korn ausgebe. »Frisches Brot ist schwer verdaulich«, sagt Mats dann zum x-ten Mal.

Ich habe den Liebhabern des deutschen Brotes in unserer Nachbarschaft bis heute noch nicht erzählt, daß »mein« Brot aus dem Regal eines schwedischen Supermarkts stammt und eigentlich *rysk grov bröd*, Russisches Graubrot, heißt.

Flaggentage

Der Winter wollte und wollte kein Ende nehmen, und noch im März lag Eis auf dem Fjord. Ende April ging dann alles Schlag auf Schlag, und plötzlich wurde es so warm, als wollte die Natur alles Versäumte nachholen.

Mit der Wärme kam auch Mats aus Göteborg, um sein Ferienhaus auf Vordermann zu bringen.

Eines schönen Abends im Mai erschien er vor unserer Tür und bat um Einlaß. Wir tranken eine Flasche Pfälzer Spätlese aus meinem eisernen Vorrat und redeten über dieses und jenes, also über unsere Nachbarn, deutsches Bier, das Fischen und den Verbleib der Makrelenschwärme in dieser Saison draußen vor den Inseln. Auch über Bäume redeten wir, welche die Sicht aufs Meer versperrten. Ich glaube, er meinte unserer kapitalen Birken unten im Tal, schöne, alte Bäume, die im Sommer dunkle, Schatten auf sein Häuschen warfen. Aber ich tat so, als würde ich ihn nicht verstehen.

»Ich hasse Nachbarn«, betonte ich, »die rücksichtslos ihre Bäume wachsen lassen, bis man sich in seinem Häuschen wie im Urwald fühlt und nichts mehr von dem schönen Meer sieht.«

Er gab's auf und kam endlich zur Sache: »Hat bei euch jemand Geburtstag, oder feiert ihr ein Jubiläum?« fragte er überraschend.

»Nein, Mats. Wie kommst du darauf?« entgegnete ich verwundert.

»Na, ja, vielleicht habt ihr es einfach nur vergessen – die große Fahne hängt bei euch schon seit Wochen oben am Mast. Die Leute fangen schon an zu reden, weißt du.«

»Zu reden?« echote ich verwirrt.

»Ich hab's mir gleich gedacht. Zu Hanna habe ich schon vorige Woche gesagt, Hanna, die Deutschen da oben wissen sicher nicht, daß man die große Fahne nicht dauernd hängen lassen darf. Ich glaube, ich gehe mal hoch und erkläre es ihnen. Hanna hat mich dann doch nicht gehen lassen. Nun bin ich trotzdem gekommen, ich mußte es euch einfach mal sagen. Sorry!«

»Das ist aber wirklich nett von dir, Mats!« freute ich mich ehrlich. »Damit hilfst du uns, in deinem Land klarzukommen und keine Fehler zu machen!«

»Leute, die hier ihre große Fahne immer oben lassen, sind einfach faul! Eigentlich muß sie nach Sonnenuntergang eingeholt und am Morgen wieder hochgezogen werden. Viele haben aber auch einfach keine Lust, sich um dem Fahnenkalender zu kümmern. Damit geht ein Stück Tradition verloren«, sagte Mats vorwurfsvoll.

Als wir Kasen zum ersten Mal besichtigt hatten, war uns sofort eine riesige Fahnenstange aufgefallen. Das Ding stand gleich an der Einfahrt zum Hof und war kaum zu übersehen. Unser Vorbesitzer mußte für das Monstrum eine horrende Summe ausgegeben haben. Der Mast ist aus Edelstahl und zum Schutz gegen die nordischen Wetterunbilden auch noch mit Kunststoff beschichtet. Meist weht in luftiger Höhe auch ein Wimpel von beachtlichen Ausmaßen. Die lange Leine schlägt im Wind monoton gegen das Rohr. Wie auf einer Segeljacht.

Wir haben den Mast natürlich übernommen, denn der National-Spargel gehört zu einem schwedischen Grundstück wie der Gartenzwerg zu einem deutschen Kleingarten. Wir hatten uns keinerlei Gedanken über die Folgen dieser Verpflichtung gemacht. Nichts ist schlimmer als eine nackte Fahnenstange. Sie ragt vorwurfsvoll und kahl in den blauen oder auch grauen schwedischen Himmel und schreit förmlich nach Schmuck.

»Was machen wir nun?« hatte ich Angela damals ratlos gefragt. »Wir können doch nicht die deutsche Fahne aufziehen. So beliebt sind wir hier nun auch wieder nicht!«

»Natürlich nicht, auf jeden Fall muß die schwedische Fahne nach oben, schon weil sie so schön ist!« hatte Angela bestimmt.

»Vielleicht können wir ja einen kleinen deutschen Wimpel darunter anbringen?« Nationalgefühle sind uns Deutschen noch immer nur mit schlechtem Gewissen möglich. Naziherrschaft und DDR-Kommunismus haben die bunten Lappen zu sehr für ihre zweifelhaften Zwecke mißbraucht.

Wir suchten also in den Schränken und fanden ein ganzes Paket mit schwedischen Nationalflaggen. Die größte und schönste war uns gerade gut genug erschienen und wurde gehißt. Wir hatten uns ein wenig darüber gewundert, daß ausgerechnet dieses betttuchgroße Banner noch so gut erhalten war.

»Es gibt sogenannte Fahnentage, die man in Fahnenkalendern nachlesen kann«, erklärte Mats uns nun ausführlich. »Denn nicht nur an den Feiertagen gilt es, Flagge zu zeigen, wenn man als richtiger Schwede angesehen werden will. Seit 1983 haben wir am 6. Juni sogar einen Nationalfeiertag, den ›Tag der schwedischen Flagge‹. Aber arbeiten müssen wir an diesem Tag trotzdem!« sagte er anklagend. »Ich bring dir mal einen Fahnenkalender vorbei. Dann könnt ihr nichts mehr falsch machen. Oder ihr zieht die EU-Flagge hoch, wenn ihr unsicher seid. Die Spießer unten im Tal werden damit ihre Probleme haben, denn für diese Fahne gibt es keine Regeln! Wie schön! He, he he…« Er schüttelte sich vor Lachen.

Am nächsten Morgen holte ich noch in der Morgendämmerung verstohlen das große Laken vom Mast und hievte statt dessen den kleinen blaugelben Alltagswimpel. Die EU-Flagge, die ich im Baumarkt an diesem Tag holen wollte, kostete 2 000 Kronen, eine

Überall weht die blaugelbe Fahne über den weißen Holzhäusern

Schwedenfahne vergleichbarer Größe und Qualität nur 300 Kronen. Ich legte verschämt das EU-Paket ins Regal zurück. Weltoffenheit war hierzulande wohl ein teurer Spaß.

Die Schweden und Dänen zeigen gern Flagge. Kein anderes Land der Welt kann diesbezüglich mit den Skandinaviern konkurrieren. Als die DDR noch existierte, war sie vielleicht in der Lage, zumindest auf diesem Gebiet mit den Schweden und Dänen mitzuhalten. Möglicherweise war das auch der Grund dafür, daß die Oberkommunisten Schweden als kapitalistischen Staat einigermaßen duldeten und DDR-Bürger auch eine gewisse Sympathie für Schweden straflos und offen zeigen durften.

Das Banner der Erben der Wikinger ist mit Sicherheit eines der schönsten der Welt. Rosa Fitinghoff beschreibt es in ihrem Buch »Das alte Haus in der Heimat« mit schwärmerischem Nationalismus: »Blau wie der Himmel und das Wasser tiefer, klarer Seen;

golden wie die Sonne und die reife Saat – die geliebte schwedische Flagge.« Die schönen Fahnen sind in den skandinavischen Ländern Schweden, Dänemark und Norwegen wohl auch so etwas wie Schmuck für Haus und Hof. Und tatsächlich, die blaugoldene Flagge machte sich auch bei uns vor dem Hintergrund der grünen Wiese und der Meeresbucht als Farbtupfer ganz hervorragend. Und so besehen ist der Fahnenkult unserer Gastgeber eine Mischung aus Nationalstolz und Gartenschmuck. Besser als Gartenzwerge sind sie allemal, die bunten Wimpel und Banner. Auch ist die Farbkomposition von blauem Grund und goldenem Kreuz in seiner Schlichtheit ein Wurf, wie er manchem Werbedesigner ein Leben lang nicht gelingt. Fotofreaks und Wochenendknipser wissen das zu schätzen.

Immer wenn ich nun auf dem kleinen Felsplateau mit unserem großen Mast stehe und brav nach den Vorgaben des Fahnenkalenders die schöne Fahne in den blauen Himmel schweben lasse, holt mich mein Vorleben ein. Ich sehe mich dann in Reih und Glied in einem Block stehen, beim Fahnenappell meiner ostdeutschen Oberschule.

»Treten Sie vor, Schüler Fischer. Sie werden wegen dekadenter Umtriebe bis auf weiteres vom Unterricht suspendiert. Ebenso die Schüler Corilla und Heidinger!«

Unser Verbrechen: Wir hatten in den Ferien an der Ostsee eine eigene Phantasieflagge aufgezogen und uns mit einem schütteren Vollbart ins beginnende zwölfte und letzte Schuljahr gewagt. Nur die Intervention unserer einflußreichen Väter ermöglichte uns den mehr oder weniger erfolgreichen Abschluß der Abiturklasse. Es folgten ständige Bevormundungen im Studium und Maßregelungen wegen Mitgliedschaft in einer Jazzband. Der Sprung über die Mauer war dann nur noch ein logischer, wenn auch gefährlicher Schritt.

Doch derlei seelischen Ballast kennen die Schweden nicht. Sie haben ein ungebrochenes Verhältnis zu ihrer Fahne und hissen sie, wie sie wollen, mit und ohne Bart, in der Badehose oder im Schlafanzug. Besonders beliebt ist bei den Ferienhausbesitzern unten im Tal der Fahnenappell im Unterhemd, zwischen der morgendlichen Rasur und dem Gang auf das ein kleines Stück vom Ferienhaus entfernte Humusklo.

Zu den wirklich großen Anlässen werden die kleinen, bescheidenen Wimpel eingeholt und riesige viereckige Banner gehißt. Ich werde nie den sonnigen Pfingstsonntag vergessen, an dem wir auf dem Berg vor unserem Gästehaus standen und erstaunt ins Tal blickten. Überall wehten die großen blaugelben Stander im Wind. Das frühlingsgrüne Tal sah aus wie eine Wiese, auf der man lauter bunte Ostereier in den Nationalfarben versteckt hatte. Ein 50. Geburtstag, eine einfache oder eine Goldene Hochzeit, wichtige Familienfeste also, sind schon Grund genug, das große Laken aufzuziehen. Geizige Schweden, so hört man gelegentlich, lassen den großen Fetzen lieber unten, denn wo die große Fahne weht, ist auch der *brännvin*, der Schnaps, nicht weit. Eine beliebte Gelegenheit für ungebetene Gäste, sich selbst einzuladen.

Auch die Schweden haben ihren Gartenzwerg. Eine Art Sonnenuhr. Sie steht in jedem zweiten Garten, ist aus Blech und wie eine Erdkugel geformt. Ein martialischer Pfeil durchbohrt das Innere unserer Mutter Erde. Vielleicht ist diese merkwürdige Konstruktion so eine Art Sonnensymbol in den langen, dunklen Wintern. Auf mich wirkte dieses aufgespießte Gerippe der Erde eher wie das Symbol des Weltuntergangs. Heute weiß ich, daß das ganze verchromte Blech aus den USA kam und erst vor wenigen Jahren seinen unaufhaltsamen Siegeszug durch Schweden angetreten hat, wie alles, was aus den USA kommt: Bingo, Coca-Cola, McDonald's und die Vorliebe für einarmige Banditen und Straßenkreuzer. Die zwei merkwürdigen orientalischen Fächer aus Reisstroh, die seit einigen Jahren lässig an jeder zweiten schwedischen Fen-

Dinah wird zum nationalistischen Hund erzogen und findet Gefallen an der Flagge

sterscheibe lehnen, sind allerdings *made in Korea*, deswegen aber kaum schöner als die amerikanischen Sonnenuhren.

Aber zurück zum Fahnenkult. Wie Mats I. bereits bemängelt hatte, macht es sich mancher Nordländer recht einfach mit der schönen Tradition und läßt den bunten Stoffetzen das ganze Jahr über oben. Im Zuge der zunehmenden Kriminalität in Schweden hat das natürlich inzwischen durchaus auch einen praktischen Sinn: Die Flagge täuscht ständige Anwesenheit des Ferienhausbesitzers vor.

Es gibt diverse Fahnenmodelle, und die Preisspannen bewegen sich in weiten Grenzen. Billigwimpel für Kinder gibt's schon für fünf Mark, wetterfeste Nylonausführungen mit echter Goldauflage oder Fahnen aus Fallschirmstoff für das Hundertfache. Der letzte Schrei sind die kleinen Holzzahnstocher mit einem winzigen Papierfähnchen, mit denen Kanapees und kleine Leckereien malträtiert werden.

Die Frage der Beflaggung kann sich durchaus zur Weltanschauung entwickeln. Wenn jemand wie wir fünf Gebäude verstreut auf seinem Grundstück stehen hat, sollte er nach landesüblicher Sitte alle mit einem Wimpel schmücken. Nun haben wir noch ein Boot. Auch dieses müßte einen Wimpel mit den schwedischen Nationalfarben am Heck tragen, falls wir einmal auf einem unserer Ausflüge aufs Meer nach England oder Norwegen abgetrieben werden sollten. Doch so viel bunter Nationalismus wurde uns dann doch zu teuer. Das ganze blaugoldene Tuchgewusel hätte uns mal eben soviel wie der dringend benötigte Kleintrecker gekostet. Der Versuchung eines aufkeimenden neuen Nationalismus haben wir widerstanden, und der Traktor verrichtet nun seinen Dienst auf dem weitläufigen Gelände.

Wir haben nun nur noch eine Fahne auf dem Grundstück, eine schwedische natürlich. Die Fahnenstange dient außerdem als Blitzableiter und schützt das Haus vor Einschlägen. Mein Nachbar Mats III. hat auch eine schöne Fahnenstange. Doch er verzieht sich bei Gewitter lieber in sein Auto.

Das System mit dem *System*

Der erste Sommer auf Kasen kam schnell und überraschend. Schon im sonnigen und warmen August vor dem Kauf hatten wir uns darüber gewundert, daß landauf, landab große Schilder am Straßenrand standen, auf denen *svarta vinbär*, schwarze Johannisbeeren, angeboten wurden. Daß ein so kleines Volk so viele Johannisbeeren verspeisen konnte, kam mir schon damals sehr merkwürdig vor. Heute weiß ich es besser. Eigentlich hätte ich schon beim Namen Verdacht schöpfen müssen: *vinbär*, die Weinbeere. Die würzigen Beeren sind die Weintrauben des Nordens und der wichtigste Grundstoff für diverses Gebräu, Weine und Schnaps aller Art. Ich hatte mir vorgenommen, die alkoholischen Getränke weiterhin zu schmuggeln oder im *System* zu kaufen, doch Gott bescherte uns nach dem Kauf des Hauses einen Supersommer, und nicht nur unsere Gemüsebeete machten sich prächtig, auch an vielen Büschen und Bäumen reiften Beeren und Früchte in Hülle und Fülle.

Eines Nachmittags erwischte ich Dinah in einer dicht mit Brombeerhecken und Brennesseln überwucherten Ecke des Grundstücks, die ich mir noch nicht näher angesehen hatte. Der Hund zog genüßlich die Äste eines Busches mit schwarzen Johannisbeeren durch sein Maul und verspeiste laut schmatzend die prallen, süßen Früchte. Die Technik, die Dinah dabei anwendete, erinnerte mich sehr an einen Grauwal. Genauso hatte ich die Riesen in der Baja California Seetang am Meeresboden durchsieben sehen. Mit ähnlich gutem Erfolg offensichtlich.

Dinah entdeckt eine praktische Erntetechnik bei Johannisbeeren

Dinahs Verhalten machte mich stutzig. Wenn schon der Hund…, dachte ich und probierte. Hmmmm! Nicht übel! Tatsächlich, das war eine besondere Ernte. Viel Zucker und Aroma. Sollte man da nicht vielleicht…?

Wenige Tage später stand ein großer Glasballon in der Küche, und aus einem durchsichtigen Glasröhrchen, das dekorativ gebogen und mit Wasser gefüllt in seinem Hals steckte, perlten eifrig Gasblasen. Der tiefrote Saft gärte. Und wie! Es folgten all die notwendigen Arbeiten, die so ein guter Trank erfordert: dekantieren, Flaschen waschen, Korken desinfizieren und endlich das Abfüllen. Im Frühjahr war es dann soweit – der Tropfen war trotz der komplizierten und ungewohnten Maßnahmen gelungen. Er war tiefrot, und mit geschlossenen Augen schmeckte das Produkt tatsächlich wie eine gute Spätlese aus meiner pfälzischen Heimat. Der Jahrgang 1996 lagert nun im kühlen Keller unter dem Haus und soll dort seine letzte Reife bekommen. Wir haben auch schon einen Namen dafür: »Kasener Sonnenberg«.

Vorausgegangen waren beschwerliche Sammelaktionen, an denen außer Dinah niemand so recht Spaß finden konnte. Die Eimer, die Angela und mir um den Hals hingen, wollten und wollten nicht voll werden. Während in Deutschland alles frierend über einen mißlungenen Sommer klagte, steckten wir schwitzend im prallen Sonnenschein in unseren gelben Ostfriesennerzen, die wir zum Schutz gegen die Brombeerstacheln, Brennesseln und Wildbienen angezogen hatten, und sammelten, was das Zeug hielt. Merkwürdigerweise wuchsen Brombeeren und die *vinbär* meist eng zusammen. Weil Dinah mit ihrer Waltechnik wesentlich erfolgreicher war, übernahm ich ihre Methode. Mit Gummihandschuhen begann ich alsbald, die Dolden mit den Beeren einfach in den Eimer zu »melken«. Zermusen und zerstampfen mußten wir das Zeug ja doch irgendwann. Was machte es da, wenn das gleich bei der Ernte geschah? Hatte ich nicht in Frankreich gesehen, daß die Franzosen barfuß die Weintrauben zerstampften?

Die Herstellung des süßen, würzigen Saftes erforderte in Ermangelung von geeigneten Hilfsmitteln in der Küche einen ganzen Kerl. Das Auswringen der Beutel mit den zermanschten Früchten brauchte all meine Kraft. Doch endlich war es soweit: Der Saft war klar und hatte die richtige Konsistenz, die Gärhefe wurde angemischt, und eine der ältesten und angenehmsten Prozeduren, welche die Menschheit je erfunden hat, nahm ihren Lauf. Als Nebenprodukt entstand eine wunderbare Schwarze-Johannisbeer-Marmelade.

Im Frühjahr werde ich eine Hecke an der Einfahrt zum Grundstück pflanzen. Wenn schon eine Hecke her muß, dann können das

Winterspiegelungen – Schweden wie aus dem Bilderbuch

»Kasen« nach dem Umbau – ein »herregard«

Regenbogen über unserer neuen Heimat

Schon im Sommer werden die Holzvorräte für den Winter angelegt

Gefährliches Arbeiten mit dem »Digger«

Abendstimmung am Leuchtturm vor Härmanö

Traditionelle Holzschiffe
stehen hoch im Kurs auf
unserer Insel

Klönschnack während des »Holzbootfestivals« auf der Nachbarinsel Tjörn

Das Kutterrudern ist unter den Jugendlichen der Insel sehr beliebt

Durch diese enge Passage fahren wir aufs offene Meer hinaus

Hummerkörbe brauchen viel Pflege und Wartung

Die Hummersaison ist kurz, die Fangkörbe stehen schon bereit

Stockfisch hat noch immer viele
Anhänger in Schweden

Die Aale sind diesmal gelungen –
schön goldbraun und schmackhaft

Erfinderische Jungen versteigern Krebse zu Wucherpreisen

Rauhe Küstenlandschaft, ein Überbleibsel der Eiszeit

Abendstimmung an der Küste

auch Johannisbeerbüsche sein, dachten wir uns. Und um die Unmengen Schlehen, die ich im Herbst auf dem Grundstück gesehen habe, ist es auch schade. Daraus läßt sich nämlich ein hervorragender Schnaps machen, sagen meine Nachbarn. Kenneth jedenfalls hatte im letzten Herbst mit meiner Erlaubnis alle unsere Schlehen abgeerntet.

Auch ist der soziale Aspekt der Schwarzbrennerei nicht zu verachten. Den Nachfahren der Wikinger wird nachgesagt, daß sie äußerst eigenbrötlerisch seien. Der neue Wein oder der frische Selbstgebrannte sind jedoch ein willkommener Anlaß für soziale Kommunikation, deren Ergebnis nur allzuoft ein gewaltiger Kater ist. Denn das Reinheitsgebot für Bier, Wein und Schnaps ist von Laien nur schwer einzuhalten. Dem staatlichen Verbot der Schwarzbrennerei wird nur selten durch Kontrollen und Stichproben Nachdruck verliehen. Wem allerdings leichtsinnigerweise die Destillationsanlage für den Schlehenschnaps durch eine Explosion um die Ohren fliegt, muß mit einer Untersuchung der Unfallursache und drastischen Strafen rechnen. Und weil die Dinger in der unmittelbaren Umgebung unverkennbare Duftschwaden verbreiten, sollte man es nicht versäumen, seine Nachbarn zu einer Verkostung des neuen Jahrgangs einzuladen. Gemeinsame Sünden verbinden! Anzeigen wegen Schwarzbrennerei gehören hierzulande zu den gemeinsten Racheakter zerstrittener Nachbarn.

Ich habe die Erstausstattung für die Herstellung von Wein aus dem örtlichen Baumarkt. Die Herstellung alkoholischer Getränke für den Eigenbedarf ist nicht generell verboten. All der Kram, den man zur Herstellung von Wein, Bier und harten Sachen braucht, wird frei verkauft. Nur Destillen für Schnaps findet man nirgends. Selbst der Besitz eines Destillierapparates ist strafbar. Aber natürlich darf man sein destilliertes Wasser mit einer eigenen Apparatur herstellen. Bücher, welche die Herstellung von Alkohol im trauten Heim behandeln, erzielen Höchstauflagen. Für die Vergärung von

Trauben, Schlehen, Johannisbeeren und allem anderen, was Aroma und Zucker enthält, gibt es spezielle Essenzen, Hefen und suspekte Geschmackspulver, die einen Beeren-Sud in einen Gewürztraminer oder eine Liebfrauenmilch verwandeln sollen.

Der Schlehenschnaps, den Ole (Name vom Verfasser aus verständlichen Gründen geändert) zu brennen pflegt, hat es in sich: Er ist von vollendeter Reinheit und hat einen Geschmack nach herber Natur und Gesundheit. Unschlagbar ist jedoch der Kräuteraufguß, den ich aus einer Wildkräutermischung herstellte, die ich in einem Blumenladen fand. Auf der Anweisung auf der Rückseite der Tüte stand, daß man das Zeug mit reinem Spiritus versetzen sollte. Ich nahm russischen Wodka. Das Gebräu zog ein paar Wochen, und das Ergebnis ist umwerfend. Man kann damit je nach Bedarf Durst löschen, sich betrinken, Wunden desinfizieren, Magenleiden kurieren und Zahnschmerzen betäuben. Nach dem Genuß dieser gesunden Mischung riecht man, als hätte man einen ganzen Eimer Desinfektionsmittel ausgetrunken. Ich habe es sogar zum Tauchen in die Südsee mitgenommen und damit manche Magenverstimmung geheilt und gierige Moskitos vertrieben.

Manche unserer Freunde haben uns im Verdacht, nur deswegen unser Häuschen in der Nähe des kleinen Inselzentrums gekauft zu haben, weil es hier das einzige *System* von Orust gibt.

Das *systembolaget*, dessen Nennung jedem nur einigermaßen lebenslustigen Schweden ein genüßliches Lächeln abfordert, ist der staatliche Schnapsladen mit dem alleinigen Recht, alkoholhaltige Getränke aller Art zu vertreiben. In 384 Staatsboutiquen und rund 550 Zweigstellen in Supermärkten und 101 Bus- und Landpostlinien (!) gibt es alles, was das Herz eines Trinkers erfreut. Die Sortenvielfalt ist unglaublich, die Preise sind es ebenfalls! Doch mit so viel System haben wir den Hauskauf nicht betrieben.

Mit dem Beitritt zur EU hat sich die Hoffnung vieler Nordländer nicht erfüllt: Der freie und preiswerte Verkauf von Alkohol ist den Nachfahren der Wikinger noch immer versagt. Für einen trinkfesten Mitteleuropäer ist dieser Zustand nur schwer zu ertragen. Leider hatte ich in meiner Erbmasse die Vorliebe für Bier von meinem bayerischen Vater und für Wein von meiner Mutter aus Neustadt an der Weinstraße mitbekommen. Es nützt auch wenig, wenn ich mir einzureden versuche, daß die schwedische Lebensart meiner Leber und meinem Kreislauf zuträglich sein würde. Ich empfinde diese Einschränkung als Bevormundung sondergleichen. Und weil wir uns (zunächst) streng an die Einfuhrmengen hielten, reichte natürlich der Stoff nie lange. Dann fahre ich tatsächlich hinunter ins Dorf und stelle mich brav im *System* an, um ein paar Flaschen Bier zu kaufen. Wenn ich den Laden verlasse, fühle ich mich wie ein Alkoholiker und starre ungläubig auf die Rechnung, die der Computer drinnen gewissenhaft gedruckt hat: 60 Kronen für vier Flaschen Falcon-Bier (ungefähr 14 DM!). Der Durst vergeht mir dann tatsächlich wieder für eine Weile.

Harry Franzen aus dem südschwedischen Roestaanga muß ähnlich empfinden, denn er hat es in Sachen Alk zu einer Art Nationalheld gebracht. Der Einzelhändler bewies eine im Königreich äußerst seltene Zivilcourage gegen die allmächtige Obrigkeit. Nach dem Beitritt seines Landes zur Europäischen Gemeinschaft verkaufte er von 1995 an in seinem Laden auch Wein, denn er hatte den Beitritt zur EU auf seine freiheitliche Weise interpretiert. Wissend ignorierte er das allmächtige Alkoholgesetz und wurde prompt verhaftet. Das Gericht in Karlskrona machte es sich nicht leicht und wandte sich an den Europäischen Gerichtshof. Dieser entschied zum Entsetzen vieler Schweden, daß der Alleingang des trockenen Königreichs in Sachen Sprit nicht gegen das EU-Recht verstoße, und begrub damit die Hoffnungen vieler auf eine schönere, feuchtere Zeit. Beim Eintritt in die EU hatte Schweden eine unbefristete Galgenfrist für seine staatlichen Schnapsläden aus-

Kunstvolle Schiffsmodelle stehen in vielen Fenstern der alten Fischerhäuser

gehandelt. Vielleicht ist der gescheiterte »Putsch« des Harry Franzen ein Grund dafür, daß viele Untertanen von König Carl Gustav
und Königin Silvia bereits nach wenigen Jahren der Zugehörigkeit
EU-müde sind und bei einer erneuten Volksbefragung dagegen
stimmen würden. Das wollen jedenfalls schwedische Meinungs-
forscher herausgefunden haben.

Die rauhen staatlichen Sitten beim Umgang mit Alkohol sind
allerdings ein wenig milder geworden. Dennoch hatten wir nach
einem Einkauf im *System* immer das Gefühl, etwas Unehrenhaf-
tes getan zu haben, auch wenn dort schon lange keine Listen mehr
minutiös geführt werden, die den Spritkonsum der einzelnen Untertanen des Königreiches kontrollieren. Wer genug Geld hat, kann

kaufen und saufen, soviel er will. Und so gehört zumindest zu den Festtagen auch der Schwede zum alltäglichen Bild, der kastenweise Bier aus dem *System* schleppt. Früher hätte man sich geschämt, das öffentlich zu tun. Der Konsum der anregenden Getränke in der Öffentlichkeit ist noch immer verboten, doch in einer Kneipe mit Lizenz für den Alkoholausschank gibt's keine Schwierigkeiten.

Noch immer ist in Schweden die Lobby der Abstinenzler sehr stark, und es konnte uns schon einmal passieren, daß man nach dem Verlassen des feuchten Ladens sich mit Bannern und Plakaten einer trockenen Kleindemonstration konfrontiert sah, die einem einen gedruckten »Wegweiser zur Trockenheit« aufdrängen wollte. Wenn es nach dieser radikalen Minderheit ginge, die auf ca. eine Million Bürger geschätzt wird, wäre das ganze Land eine dürre Wüste, würde der Alkoholkonsum überhaupt unter Strafe gestellt werden. Doch davon ist Schweden weit entfernt: Nach einer offiziellen Statistik konsumieren die Schweden alljährlich 6,5 Liter reinen Alkohol. Schwarzbrennerei, Saufgelage im Ausland und den noch immer weitverbreiteten Schmuggel nicht mitgerechnet. Der Staat, der sich in Schweden mit den besten Absichten in alles einmischt, macht mit der Besteuerung der Alkoholika ein Bombengeschäft. Manche Schmugglerprofis ebenfalls.

Eines allerdings hat man erreicht: Leere Bierdosen in der Landschaft sind eine absolute Rarität. Das hat hauptsächlich mit dem drastischen Dosen- und Flaschenpfand zu tun. Auf eine Getränkedose werden 13 Pfennig Pfand erhoben, auf Cola-Flaschen fast eine Mark. Das hat zur Folge, daß leere Dosen, die wohlhabende Jugendliche in die Gegend werfen, von sozial schwachen Bürgern des Königreichs eingesammelt und in einem der zahlreichen Automaten in klingende Münze verwandelt werden. Die Dosenpressen und Plastikflaschen-Automaten, die gewissenhaft alles abzählen, was man hineinstopft, stehen in allen Supermärkten und natürlich im *System*. Auch diese Vorrichtungen sind streng nationalgetreu programmiert: Geschmuggelte deutsche Getränkedosen machen ihnen Verdauungsbeschwerden. Sie werden wieder ausgespien.

Die Promillegrenze im Straßenverkehr wird streng überprüft. Der schwedischen Obrigkeit ist kein Trick zu faul, seine Bürger zur Einhaltung der 0 Promille am Steuer zu gemahnen. Beliebt sind morgendliche Alkoholkontrollen nach Feiertagen und an Wochenenden, dann nämlich, wenn die meisten Autofahrer sich bereits wieder nüchtern wähnen. Manch eine Einkaufsfahrt in den Supermarkt nimmt wegen Restalkohols am Sonnabendmorgen ein jähes Ende auf dem Polizeirevier. Einer meiner Nachbarn, der lieber ungenannt bleiben möchte, muß ein Jahr lang wöchentlich zur Leberuntersuchung. Die Polizeiärzte können so genau feststellen, ob er ein Jahr lang trocken geblieben ist. Erst dann gibt's den Führerschein wieder.

Auf unserer Insel allerdings, so versichern mir meine neuen Bekannten immer wieder, soll es solche Kontrollen nicht geben. Der Grund: Der Polizeipräsident von ganz Schweden hat sein Ferienhaus auch auf der Insel, und da, so wird gemunkelt, will er im Urlaub keinem Kollegen begegnen. Vor allem nicht, wenn er von einer der zahllosen Feiern nach Hause fährt. Und da in Schweden bekanntlich alle gleich sind, könnte das zu Verwicklungen führen. Ich will es allerdings nicht auf einen Versuch ankommen lassen und werde das Auto nach einem Probeabend für meinen ersten selbstaufgesetzten Schlehenfusel meiden wie der Teufel den Weihrauch.

En banan – två bananerna

Angela mußte wieder nach Hamburg, denn in ihrer Praxis war die Abrechnung fällig, und irgend jemand mußte ja auch das viele Geld verdienen, das uns das alte Haus noch kosten würde. Ich glaube, sie fuhr ganz gern wieder ab und freute sich auf unser warmes Haus in Hamburg. Auf Kasen hatte sie oft gefroren, denn im Winter hatten wir Außentemperaturen von bis zu minus 20 Grad, und ich schaffte es einfach nicht, das Innere des Hauses auf mehr als 18 Grad aufzuheizen. Die Zentralheizung war mir ein Buch mit sieben Siegeln geblieben, und ich wartete sehnsüchtig darauf, daß die Vorbesitzer Gerd und Anita von einer langen Urlaubsreise nach Mallorca zurückkehrten und mir noch einmal etwas Nachhilfeunterricht in Sachen schwedischer Heizsysteme erteilten.

Um mich warm zu halten und als Prophylaxe gegen eventuelle Anfälle von Einsamkeit hatte ich schon im Februar mit Renovierungsarbeiten im Inneren des Hauses begonnen. Es waren sogenannte Winterarbeiten, wie die Schweden sagen, also Reparaturen, die man geschützt vor Wind und Wetter erledigen kann. Da war die Küchendecke zu renovieren, diverse Kabel waren neu zu verlegen, die unser Vorgänger ohne Rücksicht auf Ästhetik kreuz und quer gegen die schönen hölzernen Wände und Decken genagelt hatte. Die Fenster der Veranda stammten wohl noch aus dem vorigen Jahrhundert und mußten dringend erneuert werden, und eine neuzeitliche Isolation war dort auch angebracht, denn wir wollten selbst bei Kälte den wundervollen Ausblick auf das vereiste Meer genießen können.

Eine besonders schlimme Sache stand mir noch bevor: Einer der tragenden Balken im Fundament des Hauses war verrottet. Der schützende Felsen hinter dem Gebäude hatte ganze Sturzbäche von Regenwasser unter das Haus geleitet und dafür gesorgt, daß dort alles Holz verfaulte.

Der Tischler kam am Nachmittag. Sven Johannsson war arbeitslos wie die meisten schwedischen Tischler und sollte billig und natürlich schwarz arbeiten. Ganz Schweden schien von arbeitslosen Tischlern zu wimmeln. Kein Wunder im Land der Holzhäuser und der stagnierenden Wirtschaft. Neubauten waren eine Rarität geworden, und die Arbeitskraft eines gelernten Tischlers war auf dem umfangreichen Schwarzmarkt nur noch 100 Kronen in der Stunde wert, zum damaligen Zeitpunkt rund 20 Mark. Wenn schon gebaut wurde in den Zeiten der Rezession, dann handelte es sich um Fertighäuser, die irgendwo im Lande in einer Fabrik weitgehend vorfabriziert und vor Ort von einer Handvoll Arbeiter im Akkord montiert wurden. In den Ballungsgebieten der Städte wurden ohnehin nur noch Häuser aus Beton und Stahl errichtet, und nur in den ländlichen Gegenden und Ferienhauszentren war alte Bautradition bei der Renovierung gefragt. Moderne Materialien und vorfabrizierte Teile hatten manche Arbeit leichter gemacht, und so renovieren die meisten Hausbesitzer auch hier ihre Häuschen selbst, wobei Nachbarschaftshilfe manch qualifizierte Fachkraft ersetzt. Man unterstützt sich gegenseitig, wo es nur geht. Die Beschäftigung offizieller Firmen ist wegen der hohen Abgaben für viele nicht mehr denkbar. Allein die Mehrwertsteuer mit 25 Prozent ist für die meisten Schweden eine unglaubliche Belastung, und so wird sie eben ignoriert. Gut die Hälfte des Geldes im Lande geht unter Umgehung der *moms*, der Umsatzsteuer und der Sozialabgaben, von Hand zu Hand. Der allmächtige Staat wird einfach ausgeschaltet.

Die alte Holzschnitzkunst ist noch nicht ganz ausgestorben. Noch manches Haus wird im traditionellen Stil renoviert

Sven Johannsson war aus echtem Schrot und Korn. Wettergegerbt und von undefinierbarem Alter. Sein Dreitagebart und seine Frisur wirkten wie ein gepflegter Golfrasen. Ein Tischler, wie ich ihn mir vorgestellt hatte. Wie sich sehr schnell herausstellte, hatte unsere Zusammenarbeit einen großen Nachteil: Er sprach nur Schwedisch und ich damals so gut wie kein Wort! Das Ausmessen der Fenster war, nachdem ich einen Rum gegen die beißende Kälte draußen ausgegeben hatte, noch ein Kinderspiel, die Verhandlung darüber, was in welcher Qualität und zu welcher Zeit geliefert werden sollte, schon reichlich problematisch. Mit Zeichnungen, Händen und Füßen und einigen weiteren Schnäpsen kamen wir irgendwann nicht mehr weiter, und ich hatte den Verdacht, daß die

Verhandlungen sich so lange hinziehen würden, bis der Pegel in der Flasche, die ich leichtsinnigerweise auf dem Tisch hatte stehenlassen, den Boden erreichte. Wir hatten über einen *tryck-impregnerat*-Balken gesprochen, der als Ersatz für den alten, verrotteten beschafft werden sollte. Ich sprach das Wort *tryck*, gleich Druck, wohl nicht richtig aus, und mein Mann verstand offensichtlich immer nur *dryck* für Getränk oder *dricka* für Trinken. Mit besoffenem oder saufendem Holz konnte er wenig anfangen. Ein trinkender Tischler war ihm anscheinend schon eher geläufig. Irgendwie war ich bislang immer mit Englisch und manchmal auch mit Deutsch ganz gut durchgekommen, nun war das passiert, was ich immer befürchtet hatte. Ich verfluchte meine Faulheit, die mich daran gehindert hatte, mich energisch genug mit der Sprache meiner Gastgeber zu befassen.

Eugenie, die südafrikanische Ehefrau des nächsten Nachbarn 300 Meter weiter im Wald, war über Weihnachten in ihre Heimat gereist, und alle anderen Nachbarn, die einigermaßen Englisch verstanden, waren auf dem Festland bei der Arbeit oder zum Einkaufen. Schwager Peter in Stockholm allerdings war hocherfreut, als ich ihn im Büro anrief und händeringend um seinen Beistand bat. Er schätzte jede Abwechslung, die sich ihm bot. Die große Baufirma, bei der er arbeitete, hatte wieder einmal kaum Aufträge, doch da Schweden ein sehr soziales Land ist, wurde niemand entlassen. So hockten die Leute in ihren Büros und surften im Internet. Peter als Bauingenieur regelte das Problem mit dem besoffenen Balken daher gründlich. Das brauchte seine Zeit. Die Flasche auf dem Küchentisch hatte inzwischen ihren niedrigsten Pegelstand erreicht, und der Gebührenzähler am Telefon zeigte einen Betrag, für den ich locker eine neue Flasche im *System* hätte kaufen können.

Die Flasche war eine der vielen Fehlinvestitionen. Als die Arbeiten an dem besoffenen Balken im Frühsommer starten sollten, hatte Sven all seine Zusagen und Termine vergessen und war längst auf einem anderen Schwarzbau beschäftigt. Vielleicht war ja der Rum schuld.

An ausufernde Gespräche und Verhandlungen und an geplatzte Termine gewöhnten wir uns mit der Zeit. Es ist eindeutig ein Vorurteil, daß behauptet wird, die Schweden seien maulfaul. Vielleicht gilt das für die Bewohner der Ostküste. Hier bei uns auf Orust war es jedenfalls nicht möglich, nur mit einem knappen Gruß an einem mehr oder weniger bekannten Gesicht vorbeizugehen. Ein kleines Gespräch war Pflicht, auch wenn der Gesprächspartner kein Wort Englisch oder Deutsch verstand.

Immer wieder hörten wir dann das bedeutungsvolle »Jaaasooo«, ein unendlich langgezogenes Füllwort, das allein schon seine Zeit in Anspruch nahm. Sagen mußte man das Wort schon öfter, wenn man als aufmerksamer Zuhörer gelten wollte. Je nach Betonung des langen A oder des langen O konnte man damit alle Höhen und Tiefen des schwedischen Seelenlebens ausdrücken: Langeweile, Interesse, Ablehnung und tiefstes Verständnis.

Ein typischer Dialog auf unserer Insel konnte sich dann so anhören:

»Hej, Kalle! Wie geht's? Ich war gestern fischen und habe drei Makrelen gefangen!«

»Jaasooo!« singt Kalle langsam und voller Aufmerksamkeit.

»Hast du nicht Lust morgen mitzukommen?«

»Jaaaasooooo!« brummt Kalle nachdenklich.

»Wir können auch mein Boot nehmen, wenn du keine Lust hast, das viele Regenwasser aus deinem Kahn zu schöpfen.«

»Jaso«, ruft Kalle erfreut, »ich komme mit.«

Natürlich hatten wir uns fest vorgenommen, die Sprache unserer neuen Heimat zu erlernen! Es war meist kein Problem, mit Eng-

Das Studium der Tageszeitung gehört zum Lernprogramm für die schwedische Sprache

lisch über die Runden zu kommen, besonders bei Schweden unserer Generation und den jungen Leuten mit guter Ausbildung, die teilweise ein hervorragendes Englisch sprechen. Jedoch als Zeichen der Höflichkeit und Achtung – schließlich waren wir Ausländer und Gäste in einem anderen Land – wollten wir Schwedisch lernen, um uns in der Sprache unserer Gastgeber unterhalten zu können. So schlimm konnte das ja nicht sein.

Auf der Insel hatte ich längst meinen »Privatlehrer«: Holger, der Tischler in Henån. Der alte Herr hatte sich in unseren Hund verguckt und kriegte immer ganz verklärte Augen, wenn ich mit dem Tier in seiner Werkstatt erschien. Seine Zuneigung wurde auch von Dinah erwidert, und sie leckte dem alten Knaben zur Begrüßung immer ausgiebig das Gesicht. Die Freundschaft der beiden färbte auch auf uns ab, und so bekamen wir kostenlosen Schwedisch-Unterricht in der Tischlerwerkstatt.

»*Hur står det till* – wie geht es dir?« skandierte er geduldig und überdeutlich. Es war unmöglich, ihn nicht zu verstehen.

»*Bara bra* – ganz gut«, antwortete ich zu seiner Zufriedenheit.

Und so ging das weiter. Im Hintergrund rumorte im Leerlauf eine der großen Holzverarbeitungsmaschinen, während ihr Besitzer sich mit Inbrunst der Unterrichtung eines Zugereisten aus *Tyskland* widmete.

Holger ist ein wirklich lieber Mensch und ein guter Handwerker. Ich hatte ihn kennengelernt, als wir händeringend jemanden suchten, der in der Lage war, die alten Fenster unserer verrotteten Veranda detailgetreu zu erneuern, ohne dabei auf moderne Isolierverglasung zu verzichten. Der trinkende Sven Johannsson hatte nicht das Know-how zur Herstellung solch nostalgischer Scheiben. Die neuen Fenster sind inzwischen längst eingebaut, und niemand hat etwas gemerkt. Der Unterschied zu der alten Verglasung offenbart sich nur Fachleuten, die genau hinschauen. Auch der Preis war eine Offenbarung, trotz Steuern und Sozialabgaben. In Hamburg hätte ich dafür das Dreifache hinblättern müssen.

In den Ferien fuhr der 70jährige Holger immer ins Ausland, und seine Weltoffenheit war im Vergleich zu manchen seiner Altersgenossen hier richtig erfrischend. Ich hatte öfter bei Holger zu tun, und weil ich auf Kasen schnell jedes Zeitgefühl verlor, erschien ich manchmal auch in der Tischlerei, wenn gerade Frühstücks- oder Mittagspause herrschte. Wenn ich dann die Tür zur Werkstatt öffnete, dröhnte mir aus allen Lautsprechern in der großen Arbeitshalle Musik aus einer Stereoanlage entgegen. Die Akustik in dem großen Raum war umwerfend, und manche Diskothek hätte Holgers Werkstatt darum beneidet. Doch niemand war zu sehen. In den beiden winzigen Büroräumen flimmerten zwei PC-Bildschirme, und die Registrierkasse war ebenfalls in Betrieb. Auch hier keine Menschenseele – Holger und seine beiden Mitarbeiter schienen nicht an die Schlechtigkeiten unserer Zeit glauben zu wollen. Beim ersten Mal dachte ich noch, die Jungs hätten vergessen, abzuschließen, doch war die Situation jedesmal die gleiche, wenn ich wieder einmal während der Pausen in der Werkstatt erschien. Manchmal kamen Kunden, luden ein Fenster oder eine Tür auf oder ab und fuhren wieder weg. Noch nicht einmal einen Zettel hinterließen sie, geschweige denn Geld. Kunden und Werkstatt waren offensichtlich ein guteingespieltes Team.

Eines schönen Morgens – ich war erneut in die Frühstückspause geraten – faßte ich mir ein Herz und probierte die Registrierkasse aus. Tatsächlich sprang die Schublade auf – voller Geldscheine. Schnell schob ich die Kasse wieder zu. War hier die Welt wirklich noch in Ordnung? Hatte ich nicht gehört, daß die Tankstelle im Ort vor einigen Tagen aufgebrochen worden war? Hatten nicht jugendliche *crash kids* sechs Autos gestohlen und in das Hafenbecken gefahren?

Holger sorgte dafür, daß ich nicht vergaß, was ich bei ihm gelernt hatte. Eines Tages gab er Dinah eine Banane. »*En banan*«, sagte er zu mir. Dann kam er mit zwei Krummfrüchten wieder, gab sie Dinah, die sie mit großem Appetit verschlang, und sagte: »*Två bananerna.*«

»*Två bananernanana*«, wiederholte ich und kam ins Stottern.

Es gab Zeiten, da wollte ich meine Sprachübungen entnervt aufgeben. Als ich begann, Übungskassetten abzuhören, kamen da Wörter vor, die z. B. so klangen: »*Minasystrainteresseradansochmusikochhondansaballettvakvällerivekan*«. Das, was sich wie ein einziges gesungenes Monsterwort anhörte, war in Wirklichkeit ein richtiger Satz und hieß im vorliegenden Fall: »Meine Schwester interessiert sich für Tanz und Musik und tanzt Ballett zwei Abende in der Woche.« Wie sollte ich jemals aus diesem Wasserfall von Tönen einzelne Wörter heraushören können? Allmählich zeigten jedoch Holgers nimmermüde Anstrengungen kleine Erfolge.

Es dauerte kein Jahr, da ging ich schon selbstbewußt an die Fleischtheke des Supermarkts und sagte ›*Två hundra gramm rökt skinka var så god!* – Zweihundert Gramm geräucherten Schinken, bitte!« Oft löste ich mit meinen ersten schwedischen Sätzen ein kleines Problem aus. Meine Gastgeber waren glücklich, endlich einmal einen Ausländer vor sich zu haben, der ihre Sprache beherrschte, und plapperten lustig drauflos. Wenn ich dann Schwierigkeiten bei der weiteren Unterhaltung hatte, verlegte ich mich auf einen Kompromiß: »Red du in Schwedisch weiter, das verstehe ich schon ganz gut«, sagte ich dann. »Ich bleib bei Englisch.« Das ging schon ganz gut! Und wenn ich nicht mehr weiter wußte, sagte ich eben bedeutungsvoll: »Jaasooooo!«

Doch an manche Wörter kann ich mich einfach nicht gewöhnen. Viele Sprachen der Welt haben für die schönsten und aufregendsten Gefühle des Lebens so klangvolle Worte wie: *I love you – je t'aime – ti amo.* »*Jag älskar dig!*« haucht in einer solchen Situation Sven. Und »Liebe« heißt kurz und knackig »kärlek« (gesprochen: schärleck). Wir konnten uns die zarte Aussprache dieser Schwüre in einer aufregenden Situation nicht so recht vorstellen!

Nasse Übungen

Zu jedem Haus auf der Insel gehört natürlich auch ein Boot. Manchmal sind es auch zwei oder drei. In einer verkrauteten Ecke unseres weitläufigen Grundstücks lag tatsächlich kieloben ein klassischer Bohuslän-Kahn. Ein schwarzes hölzernes Ungetüm mit einem stumpfen und dennoch elegant geschwungenen Bug. Ein *eka*. Diese Boote wurden früher während der langen dunklen Winter von Fischern und den zahlreichen Bootsbauern der Insel in irgendeiner Scheune zusammengenagelt und im Sommer an die Feriengäste verkauft, die damit zum Angeln hinausruderten. Auf die Idee, Boote zu verleihen, war keiner gekommen. Auch heute hat sich daran nicht viel geändert. Ein Boot zu leihen ist auf der Insel praktisch unmöglich. Zu kaufen gibt es Hunderte.

Unser *eka* war, wie es sich gehörte, reichlich betagt, aber er schien dicht und in Ordnung zu sein. Also hatten wir den Kahn mit dem Trecker aus dem Gebüsch gezogen und noch in unserem ersten Herbst zu Wasser gelassen und ausprobiert. Er lag prima im Wasser, war stabil und ließ sich mit einem kleinen Außenborder und ein wenig Geschick und Kraft auch mit den Rudern behäbig fortbewegen. Es gehörte allerdings eine gehörige Portion trainierter Muskeln und viel gute Ausdauer dazu, das schwere Fahrzeug, das eher einer alten Flunder als einem Boot glich, in Schwung zu bringen. Einmal in Fahrt, ließ sich das schwere Ding kaum noch bremsen. Bei meiner ersten Ausfahrt versuchte ich mich an einer kleinen Insel im Fjord. Der rote Granitfelsen trägt noch heute – nach drei Jahren – die Teerspuren, die der Bootsrumpf nach dem

Zusammenstoß hinterlassen hatte. Doch außer meinem Knie hatte bei diesem kleinen Unfall nichts gelitten. Das Boot war tatsächlich hart in Nehmen, ein typischer Angelkahn. Wellen konnten ihm wenig anhaben, man mußte immer nur darauf achten, die langausgezogene stumpfe Nase in den Wind zu halten. Die Küstenbewohner von Bohuslän hatten jahrhundertelang Zeit gehabt, diesen Bootstyp zu entwickeln, und so simpel die Kähne auch aussahen, in ihre Form, Größe und plumpe Eleganz waren die Erfahrungen ganzer Generationen von Bootsbauern eingeflossen. Unser Nachen hatte nur einen einzigen Nachteil: Er war über und über mit Teer bedeckt, der die Kleidung verschmierte und unsichtbare Lecks versteckte, durch die alsbald Wasser ins Boot sickerte.

Auf der Insel gab es viele wunderbar gepflegte Holzboote mit

Viele Insulaner halten ihre gemütlichen traditionellen Boote auf Hochglanz

einem geruhsam tuckernden Glühkolbendiesel aus grauer Vorzeit. Mit ihnen angelte man angeblich besonders erfolgreich Makrelen. Mit ein wenig Glück und etwas mehr Kleingeld war auch eine gutgepflegte, stilvolle Segeljacht aus den 30er Jahren zu ergattern, deren Besitzer die Nase voll hatten von der alljährlichen Prozedur: Lack abschleifen, kalfatern, imprägnieren, abdichten, Lack drauf, trocknen. In Hamburg redeten wir beim Nachmittagskaffee oft mit seetüchtigen Freunden über dieses Thema. Und da gab's schon einige Puristen, die meinten, zu einem stilvollen Holzhaus gehöre natürlich auch ein traditionelles Holzboot.

»So eine Jacht aus Mahagoni ist schon eine feine Sache«, sagte Holger dann nachdenklich und strich sich mit der Hand zärtlich über den eisgrauen Bart, als würde er die warme Maserung des Tropenholzes streicheln. »Ihr habt doch sicher so ein traditionelles Boot gekauft?«

In solchen Augenblicken war es nicht immer einfach, die billige Wahrheit zuzugeben. Über den Preis einer solchen Antiquität und die jährlich anfallenden kraft- und zeitfressenden Erhaltungsmaßnahmen verschwendeten die Holzbootfreaks keinen Gedanken.

Es war ein alter Kollege aus Greenpeace-Zeiten, der mir dringend riet, von solch nostalgischen Schönheiten die Finger zu lassen. »Kauf dir lieber eine ›Hostalenschüssel‹«, sagte Harald grinsend. »Mit so einem alten Kunststoffboot hast du nicht viel Last. Die haben vor dreißig Jahren ganz schön stabile Sachen gebaut. Paß nur auf, daß das Ding keine Osmose hat.«

Ich ließ mir also auch noch erklären, daß Osmose so eine Art Wassersucht des Materials ist, wie man sie erkennt und was sie bewirkt, und als ich eines schönen Abends völlig durchnäßt und mit vom Teer verdorbenen Hosen und dazu noch ohne Fisch heimkam, hatte ich die Nase voll. Schluß mit Nostalgie, Lecks und traditionellen Teerschichten!

Ich kaufte in der Secondhand-Abteilung der großen Inselmarina unten im Tal ein altes, stabiles Motorboot, das angeblich früher seinen Dienst beim Seenotrettungsdienst geleistet haben soll. Es war von unbestimmbarem Alter, und in seiner Jugend hatte es sicher auch als schick und elegant gegolten. Es war offensichtlich gut gepflegt und wenig benutzt worden. Etwas betagt wirkte der Kahn schon, doch der niedrige Preis und eine erste Probefahrt beim Händler an einem regnerischen Herbsttag überzeugten mich von seiner Stabilität, den Fahreigenschaften und der Brauchbarkeit als Angel-, Bade- und Tauchboot, das nicht jedesmal umkippt, wenn man sich mitsamt der schweren Tauchausrüstung über die Bordwand hievt oder einen zentnerschweren Fisch über die Kante zieht. Platz, das mußte man dem Boot lassen, Platz auch für eine Handvoll Gäste war ausreichend vorhanden. Einen kostenlosen Autoanhänger handelte ich auch noch heraus.

Der gute, alte, ehrwürdige *eka* wurde endgültig aufs Altenteil versetzt und landete als äußerst dekoratives Denkmal auf dem Granitbuckel neben der Fahnenstange. Dort erregte er die Bewunderung meiner Nachbarn, die ihren Sonntagsnachmittagsspaziergang über unser Grundstück machten. Daß ein Deutscher ein klassisches Holzboot von Bohuslän als Denkmal auf ein Podest hob, brachte mir einige Pluspunkte ein.

Das neue Boot überwinterte, sorgfältig in Planen eingewickelt, im Freien. Im Mai wollte ich damit meine erste Ausfahrt machen.

»Hast du schon einen Bootsplatz?« fragte mich Nachbar Kenneth an einem schönen Sonntag im Frühling, als wir beim Bier zusammensaßen.

»In der kommunalen Marina hat man mir schon einen angeboten«, sagte ich ein wenig verzweifelt. »Lieber wäre mir allerdings ein Platz gleich unten an der Bucht. Das sind keine fünf Minuten Fußweg!«

»Vergiß es!« rief er. »Das schaffst du nie! Da mußt du erst einmal zwanzig Jahre hier leben, bevor du in diesen exquisiten Klub hineingelassen wirst. Und als Deutscher? Ich weiß nicht. Außerdem steht da unten oft der Weststurm drauf, und dann siehst du alt aus mit deinem schweren Kahn!« Stirnrunzelnd überlegte er. »Ich besorge dir einen Liegeplatz!« sagte er endlich entschlossen, nahm einen tiefen Schluck, stellte die leere Flasche auf den Tisch und ging.

Noch am selben Tag hatte ich einen preiswerten und nahegelegenen Anleger für das Boot. Der Bootssteg wirkte, als habe er schon viele Stürme und manchen Eisgang erlebt. Ich betrat ihn vorsichtig und achtete ängstlich darauf, wohin ich den Fuß setzte. Doch das schiefe Ding war stabiler, als es aussah. Sein Besitzer hatte an den kritischen Stellen einfach dicke Taue um die Pfähle gewunden, die alles zusammenhielten.

»Wo soll ich denn das Boot hinlegen?« fragte ich Kenneth unsicher. »Die meisten Plätze sind doch auch hier sicher schon seit Generationen vermietet.«

»Wer zuerst da ist, hat die Wahl! Die anderen Boote kommen erst im Sommer. Binde deinen Kahn einfach irgendwo an!«

Das tat ich. Und weil ich, wie ich glaubte, immer alles gut überlegte, suchte ich einen Platz am Anfang des Stegs, also in Ufernähe, um nicht immer die schweren Benzintanks und die vollen Körbe mit den gefangenen Fischen über die ganze Länge des wackeligen Anlegers schleppen zu müssen. Damit beging ich Fehler Nr. 1.

Am nächsten Tag war es soweit! Die Sonne gab sich viel Mühe, ein lauer Frühlingswind kräuselte die Oberfläche der Bucht, und die Meteorologen hatten ideales Wetter für eine Bootsfahrt vorausgesagt. Beim Ausparken aus meiner Lücke rammte sich im Rückwärtsgang die Schraube im Schlamm fest. Sie verquirlte eine Weile den zähen Modder am Grund der Bucht, und dann gab die starke Maschine auf. Erst jetzt sah ich, was los war: Es war Ebbe, und der Wasserstand meines Liegeplatzes in Ufernähe glich eher dem einer Pfütze. Also hieß es aussteigen und schieben. Daß ich

Überall liegen Boote vor den bunten Fischerhäusern im Wasser

dabei bis über die Hüften im Modder versank und beinahe die Balance verlor, verbesserte meine Laune ebensowenig wie die Wassertemperatur, die in diesem Jahr im Mai noch keine 7 Grad betrug. Irgendwie schaffte ich es, verdreckt und wütend, ins Freiwasser zu kommen. Zum Glück waren keine Zuschauer in der Nähe – die hätten sich kaputtgelacht über meine Dummheit. Besonders, wenn sie gewußt hätten, daß ich aus *Tyskland* kam.

Fehler Nr. 2 ließ nicht lange auf sich warten. Ich drehte den Motor auf und freute mich über die Schnelligkeit des Bootes, als dieses ins Gleiten gekommen war. Die laute Maschine störte mich zunächst nur wenig. Nach gut fünf Minuten jedoch begann ich erbärmlich zu zittern. Mir war trotz des guten Wetters und der Sonne schrecklich kalt. An Land war es richtig warm gewesen, und so hatte ich mich völlig verkehrt angezogen und den kalten Fahrtwind unterschätzt.

Und weil aller guten oder schlechten Dinge häufig drei sind, machte ich auch bei der Rückkehr keine gute Figur. Es wollte mir einfach nicht gelingen, das Boot wieder in meinen engen Liegeplatz einzufädeln. Ich rammte alle erreichbaren Pfähle, brachte den ohnehin schon wackeligen Bootssteg beinahe zum Einsturz und fuhr mich wieder einmal im Schlamm fest. Diesmal hatte sich auch Publikum eingefunden, und eine Handvoll erfahrener Bootseigner schaute mir amüsiert zu. Geholfen hat mir allerdings keiner, dazu war das Schauspiel dann doch zu unterhaltend. Zum Glück konnte ich ihre leisen Kommentare nicht verstehen.

Welches Tau macht man beim Anlegen eigentlich zuerst fest? Wie muß das Spiel der Leinen für die Höhe von Ebbe und Flut berechnet sein? Was war das für ein Schlauch, der da aus der Maschine heraushing? Und was zum Teufel machte ich mit den anderen Booten, die am Steg vertäut waren und die von der Strömung links und rechts gefährlich dicht herangeschoben wurden?

Wahrscheinlich gab es für all diese Handgriffe schlaue Bücher, und ich hätte mir vielleicht vorher eines besorgen sollen. Im Beruf und bei Greenpeace hatte ich Schlauchboote auf offener See oder auf einsamen Urwaldflüssen gefahren. Genügend Platz hatte es immer gegeben. Hohe Wellen und gefährliche Situationen ebenfalls. Und so hatte ich gemeint, gut mit Booten umgehen zu können. Einen Bootsführerschein hatte ich nie gemacht. Im Urwald und in der Antarktis fragt niemand nach einem offiziellen Papier. In Schweden übrigens auch nicht. Ich mußte wieder einmal meine Schulaufgaben machen und würde fortan die Augen offenhalten. Also setzte ich mich am nächsten Tag einfach auf den Bootssteg, ließ die Beine baumeln und beobachtete verstohlen, wie es die anderen machten. Meinem Nachbarn am Steg guckte ich ein über Umlenkrollen geführtes Seilsystem zum Festmachen ab, und schon nach zwei Tagen war das Anlegen ein Kinderspiel.

Zwei Wochen lang tuckerte ich mit qualmendem Motor im

Schneckentempo und mit einer Seekarte mit den Ausmaßen eines Werbeplakats auf den Knien durch die Fjorde. Immer voller Angst, auf eine der zahllosen Klippen aufzulaufen. Sogar eine Schwimmweste hatte ich mir von Angela aufschwatzen lassen. Mit der Zeit wurde mir das zu umständlich, und ich verfiel auf eine andere, effektivere Lerntechnik: Ich fuhr einfach einheimischen Booten hinterher. Die würden schon wissen, was sie taten! Mit der Zeit wurden deren Besitzer unruhig und drehten sich ständig nach mir um. Vielleicht dachten sie an Piraterie. Das hatte es hier zwar nie gegeben, aber man konnte ja nie wissen! Mit meiner verwegenen Mütze, der alten verschlissenen Uniformjacke und der Sonnenbrille wirkte ich tatsächlich wenig vertrauenerweckend.

Dann wagte ich endlich den Gashebel bis zum Anschlag durchzudrücken und flitzte den langen und verschlungenen Weg durch die Schären hinaus in die offene See. Diese Strecke hatte ich schon mehrfach im Schlepptau eines anderen Bootes bewältigt und mir genau die Engstellen und Bojen gemerkt. Ich zerschellte an keiner Klippe und lief nicht auf einer Untiefe auf. Es war einfacher, als ich gedacht hatte. Man mußte nur genau auf die Farbe des Wassers achten.

Selbst ein Umweltschützer im »Ruhestand« ist vor Versuchungen nicht gefeit. Der Rausch der Geschwindigkeit in einem Speedboot faszinierte auch mich. Schon bei Greenpeace hat dieses Spiel mit den schnellen Schlauchbooten, dazu noch für einen guten Zweck, so manchen gereizt. Ich erinnere mich an wollüstige Juchzer, die viele junge Leute ausstießen, wenn sie in einem der Boote eine Aktion gegen den Walfang oder die Verklappung von Dünnsäure ritten. Da hatte ich mehr als einmal das Gefühl, daß einige der Regenbogenkämpfer das ganze Geschehen ein wenig mit einem Rummelplatz verwechselten. Der schnelle Motor hatte uns damals das trügerische Gefühl von Stärke und Macht gegeben.

In Militärjacke und Sonnenbrille wirke ich nicht unbedingt vertrauenerweckend

Es dauerte nicht lange, da nervte mich die laute Zweitaktma-
schine, und ich konnte mir nun vorstellen, warum der Vorbesitzer
das Boot verkauft haben mochte. Modernere Außenborder waren
um ein Vielfaches leiser – und teurer. Ich konstruierte einen Kompromiß: eine schalldämpfende Haube aus glasfaserverstärktem Po-
lyester, innen beschichtet mit schallschluckenden Matten aus der
Autobranche. Das Ding wurde kein Schmuckstück, beileibe nicht,
aber der Umbau wirkte.

Wir hatten wieder einmal Besuch. Diesmal Peter mit seiner Familie aus Stockholm. Unsere Besucher wollten immer dasselbe: baden, die Fjorde erkunden und in der Sonne braten. Früh am Mor-

gen packten wir das Boot, denn unsere Gäste hatten ihre eigenen Vorstellungen. Sie wollten an einem Sandstrand baden.

»Sandstrände sind hier eine absolute Rarität und daher immer überfüllt!« gab ich zu bedenken.

»Ach was, ich kenn doch die Westküste. Es gibt hier genug kleine Sandstrände – wir finden schon einen!« konterte Peter.

Angela und ich bevorzugten die warmen, glatten und sauberen Felsen, denn dort gab es meist klares Wasser, und auf den warmen Felsen konnte man sich wunderbar aufwärmen. Aber natürlich hatte Peter recht. Ich hatte während meiner Erkundungstouren so manchen versteckten Sandstrand entdeckt. Kleine Paradiese, an denen man während der Woche mit ein wenig Glück den ganzen Tag allein sein konnte. Doch wir hatten Hochsaison, und am Wochenende zogen die raren Sandflecken Badefreunde mit Kindern magisch an.

Ein stiller Sandstrand auf einer bewaldeten Insel. Wir hatten Glück gehabt und breiteten unsere Badetücher aus, stellten die Sonnenölflaschen bereit und holten die Kühltaschen mit Getränken und Essen aus dem Boot. Der Sonntag schien gerettet. Wir mußten uns den Strand allerdings mit einem anderen Boot und deren kleiner Besatzung teilen, die noch vor uns angekommen war. Kein Problem, denn es handelte sich um Bilderbuchschweden, ruhig und unauffällig. Wir schnorchelten in der Bucht herum, aalten uns in der Sonne und beobachteten die Boote, die draußen auf dem Fjord an unserem schönen Sandstrand vorbeizogen. Sicher beneideten sie uns um den schönen Platz. Nach einer Weile wunderte ich mich doch ein wenig, daß an diesem Sonntag außer uns und unseren Nachbarn niemand in dieser Bucht anlegte, denn sämtliche Boote an der Küste schienen an diesem wunderbaren Sonntag auf der Suche nach einem Badeplatz unterwegs zu sein. Da waren Sandstrände hochbegehrt, und nur zwei Boote vor Anker waren bei so viel Betrieb kein Grund, nicht anzulegen. In felsigen, steinigen Buchten, die durchaus auch ihren Reiz haben konnten, war das anders. Da wurde die Bucht bereits als besetzt akzeptiert, wenn nur ein Boot vor Anker gegangen war.

Wir hatten unsere dritte Baderunde im kühlen Fjord hinter uns und lümmelten faul im warmen Sand herum. Vor uns lagen auf einer Badematte, fein säuberlich auf Servietten ausgebreitet, gebratene *köttbullar*, die kleinen schwedischen Buletten, belegte Brote und Äpfel. Das Picknick schmeckte wie immer wunderbar, wenn man draußen auf dem Wasser war und sich viel bewegt hat. Und der Durst wurde mit Dünnbier gelöscht. Trotz des geringen Alkoholgehalts blieb die Wirkung nicht aus. Ich schlief ein.

Warme, weiche Lippen küßten mich wach. Feuchter Atem pustete in mein Gesicht. Wo war ich? Ich roch es, bevor ich es sah – ein Pferd. Über mir stand ein kräftiger Kaltblüter und scharrte nervös mit dem Huf im Sand. Am Strand tummelten sich fünf weitere kräftige, bullige Pferde. Mein neuer Freund ließ von meinem Gesicht ab und beschäftigte sich mit Nützlicherem: Der Zossen zerriß geschickt mit den Hufen einen Plastikbeutel und mampfte schmatzend unsere Äpfel. Die Reste von unserem Picknick hatten sich die anderen Pferde anscheinend längst einverleibt. Sie schienen das Angebot hier am Strand zu kennen, denn sie warteten offensichtlich auf mehr. Dann warf mein dicker Freund mit dem Fuß die Kühltasche um und scharrte deren Inhalt durcheinander. Am Strand herrschte Panik. Ich suchte nach Angela. Doch statt meiner Lebensgefährtin sah ich einen fetten Gaul, der sich mit Wonne auf ihrem Badetuch wälzte. Das Tier schien sich dort sehr wohl zu fühlen und streckte seine stämmigen Beine in die Luft. Von Angela war nichts zu sehen. Die wird doch nicht… Dann hörte ich sie. Sie stand bis zu den Hüften im Wasser und hielt ein paar Sachen an sich gepreßt, die sie vor den Pferden hatte retten können. Peter – auch er mit seinen Habseligkeiten in den Händen –

stand noch am Strand. Doch der Weg zum Wasser war ihm versperrt. Ihn umringten drei schwergewichtige, wohlbeleibte Tiere und hinderten ihn daran, ins Wasser zu flüchten. Sie schlugen aufgeregt mit den Schwänzen und versuchten ihre Nasen in die Plastiktüten in Peters Armen zu stecken. Dort mußte ihrer Meinung nach noch etwas Eßbares zu finden sein.

»Gib ihnen doch etwas, damit sie Ruhe geben!« rief ich Peter zu.

»Wie denn? Die lassen mich ja gar nicht erst an meine Sachen ran!«

Plötzlich sah ich, daß sich eines der Pferde an meinem Tauchanzug zu schaffen machte. Ich hatte ihn zum Trocknen in eine Kiefer gehängt. Das war zuviel! Ich holte einen Tampen aus dem Boot, rannte brüllend auf das Tier zu und knallte mit der dicken

Auch die rosa schimmernden Granitfelsen von Smögen sind ein beliebtes Badeziel

Leine wie mit einer Peitsche. Das schien den Burschen nur wenig zu beeindrucken, denn er schlug mit den Hinterbeinen nach mir aus.

Peter und der Rest der Familie hatten inzwischen die Gelegenheit ergriffen und waren ins Wasser geflüchtet. Unsere Strandnachbarn saßen längst in ihrem Boot und waren dabei, den Anker zu hieven. Zum Glück waren die Viecher wasserscheu, denn sie ließen die Menschen, die sich ins Wasser gerettet hatten, in Ruhe.

Aber Angela machte sich Sorgen um mich. »Hör auf, die Pferde anzugreifen! Die sind gefährlich!« schrie sie.

Eine Plastiktüte, von der ich sehr hoffte, daß sie leer war, und ein Badehandtuch mußten wir den Tieren überlassen, die nach wie vor keine Anstalten machten, den Platz zu räumen. Hätten wir noch irgendwo ein Stück Zucker oder einen Apfel gehabt, wären sie sicher mit einem Handel einverstanden gewesen. Aber wir hatten nichts mehr.

Geschlagen verließen wir den Kampfplatz und suchten uns einen anderen, felsigen Badeplatz auf einer kleineren Insel. Nun wußten wir, warum dieser schöne Sandstrand leer geblieben war. Wie die Pferde allerdings auf die Insel gekommen sind und wem sie gehörten, haben wir nie erfahren.

Mittsommernacht und andere Feste

Midsommar – Mittsommernacht –, der sympathischste Feiertag, den man sich vorstellen kann! Eine Verkörperung von Lebensfreude und Naturnähe, unbelastet von strengen religiösen Bräuchen oder anderem Ballast. Nach dem endlosen dunklen Winter kommen ganz schnell die langen hellen Nächte. Im Juni wird es kaum noch dunkel. 21 Stunden währt dann das lebensspendende Licht, und in der Mittsommernacht am 21. Juni dauert die Helligkeit schier ewig. Noch nachts um zwei ist am Horizont ein heller Streifen zu sehen. Eine Stimmung, der sich kein Lebewesen entziehen kann. Keine Pflanze, kein Tier und erst recht kein Mensch bleibt davon unberührt. Während Gräser, Blumen und Gemüse geradezu explodieren, die Tiere wahre Freßorgien feiern, beginnt ein ganzes Volk verrückt zu spielen. Keine Spur mehr von Zurückgezogenheit und Reserviertheit. Die Schweden flippen regelrecht aus.

Es hat schon seinen guten Grund, daß die Zugvögel im Sommer nach Norden ziehen. Das, was hier mit der Natur in nur wenigen intensiven Wochen passiert, ist ein biologisches Wunder. Fast von einem Tag auf den anderen gibt es wieder Nahrung in Hülle und Fülle. Im Meer blühen die Algen, und Billionen von Jungfischen schlüpfen aus den Eiern und fressen das im Überfluß vorhandene Plankton. Von den winzigen Fischlein leben zahllose Seevögel, die an der Küste ihre Eier ausbrüten und die Jungen großziehen. Seehunde und Robben erblicken nun auf den kahlen Felsen im Meer das Licht der Welt, und große Makrelenschwärme dienen ihren Eltern als willkommene Nahrung. Die Bauern auf unserer Insel haben das Getreide gesät und die Kartoffeln gepflanzt, die Erdbeeren blühen, und alles wächst mit einer beinahe beängstigenden Geschwindigkeit. Ich messe meine Kartoffelstauden täglich und komme an einem schwülen Sommertag auf einen Zuwachs von fast fünf Zentimeter in nur 24 Stunden.

Das stille Land wacht auf. Am 6. Juni schon geht's los. Der Nationalfeiertag, oder der »Fahnentag«, von dem keiner so recht weiß, warum es ihn eigentlich gibt, ist der Beginn einer Serie von lautstarken Schulabschlußfeiern. Nach dem Ausmaß und dem Schallpegel dieser Feste selbst auf unserer abgelegenen Insel fürchtete ich schon, daß schwedische Schulen der blanke Horror sein müssen. Weit gefehlt, sie sind ebenso modern und antiautoritär wie viele Schulen anderswo in Europa auch. Es handelt sich hier auch keineswegs um Abiturfeiern. Nein, jeder Abschluß einer Schulklasse wird großartig gefeiert. Laute Partys am Strand sind sehr beliebt, und auch die Eltern nutzen die Gelegenheit, sich ordentlich zu vergnügen, wenn die Tochter, die gerade die 3. Klasse geschafft hat, schon längst im Bett liegt. Die Eingänge der Häuser sind mit Birkenzweigen, bunten Luftballons und dem Foto der Schüler geschmückt.

Allmählich steigert sich das ganze Land in eine Art Sommereuphorie. Nur knapp 14 Tage nach den Schulfeiern folgt *midsommar*. Daß viele nordische Länder die Tradition der Mittsommernacht pflegen, können wir inzwischen gut nachfühlen. Das vergangene Jahr hatte auch uns klargemacht, wie lang und hart ein Winter sein kann. Stille und Einsamkeit hatten sich auf Kasen in unserem ersten Jahr schon Mitte November eingestellt, als der erste Schneesturm den Winter angekündigt hatte. Noch im März war die Eisdecke auf den inneren Fjorden geschlossen und begehbar gewesen – ein kalter Winter, wie er lange nicht mehr vorge-

Alte Trachten werden an *midsommar* aus dem Schrank geholt

kommen war. Aber es waren nicht eigentlich Eis, Schnee und Kälte-grade, die den Winter so endlos erscheinen ließen. Wir hatten ihn genossen, den feinen Schnee, auch die zugefrorenen glitzernden Fjorde und das Schlittschuhlaufen auf dem blanken, festen Eis, die Abende am alten Küchenofen bei einem Glas Wein und klassischer Musik vom alten Plattenspieler. Es ist die ewige Dunkelheit, es sind die langen, finsteren Nächte, die nicht enden wollen. Nur knappe sieben Stunden Helligkeit im Dezember und Januar sind ver-dammt wenig.

Im Zuge der Kalenderreform im Jahre 1952 hatte die Regierung beschlossen, *midsommar* auf das am nächsten liegende Wochen-ende vor oder nach dem 21. Juni zu legen. In unserem ersten Som-mer auf Kasen waren wir wirklich gespannt, wie diese berühmt-berüchtigten Feiern nun ablaufen würden. Wir wußten lediglich, daß in dieser Nacht viel gesoffen wird und daß neun Monate später die meisten Kinder des Königreichs geboren werden.

Schon einen Tag vor dem großen Ereignis war eine seltsame Hektik über das Land gekommen. Letzte Nacht noch hatte ich lange mit Dinah auf dem warmen Felsen vor dem Gästehaus gehockt und meinen Blick über den Fjord und die schlafenden Bauernhöfe unten im Tal schweifen lassen. Vollmond. Tiefe Stille. Nur das schrille Pfeifen der Austernfischer über uns. Auf dem Wasser schrien im sanften Dämmerlicht der Mitternachtssonne die Möwen, und im Wäldchen unter uns regten sich die Rehe und sonstige unbekannte Tiere, deren Geräusche ich nicht einordnen konnte. Sonst war es so still, daß wir auf der anderen Seite des Tales einen Rehbock bellen hörten. Als wir endlich ins Haus gingen, war der fußballgroße Silbermond am gegenüberliegenden Berg schon ein ganzes Stück weitergewandert.

Als Dinah mich am nächsten Tag unerbittlich wie immer und auf die Minute pünktlich um halb acht weckte, hörte ich die ersten Motoren brummen. Zwei Stunden später waren sämtliche Rasenmäher in unserem stillen Tal in Betrieb. Ein gepflegter Rasen an Mittsommernacht mußte vielen Häuslebesitzern wohl ein ähnliches Gefühl vermitteln wie ein frischer Haarschnitt.

Von so viel ungewohntem Lärm aufgeschreckt, machte ich mich auf ins Dorf, um einzukaufen. Das kleine Henån war nicht wiederzuerkennen. Ich erlebte meinen ersten Stau in dem verschlafenen, gemütlichen Ort, wo ich manchmal der einzige Kunde im Supermarkt war. Der Versuch, zu Fuß über die Straße zu kommen, war fast aussichtslos. Nun ging mir auch allmählich der Sinn des äußerst großzügig bemessenen Parkplatzangebotes auf. Vor dem einzigen *systembolaget* der Insel warteten Trauben von Kunden mit dem bewußten Nummernzettel in der Hand. Viele Menschen mit Kisten voller Wein, Bier und Tüten, in denen sie Hochprozentiges versteckt hatten, drängten aus dem Schnapsladen hervor.

Manche von ihnen mußten – urteilte man nach dem Umfang und der Zahl der grauen Plastiktüten – ein kleines Vermögen dort gelassen haben. Ich betrachtete interessiert die digitale Anzeige für die Wartenummern, nachdem ich einen Nummernzettel aus dem Automaten gezogen hatte, obwohl ich gar nichts kaufen wollte. Ich hatte die Nummer 482, und die Anzeige da oben zeigte die 436. Es warteten also 46 durstige Seelen darauf, ihre Dröhnung für das Fest zu ergattern. 436 Kunden hatten heute bereits ihren »Stoff« erhalten. Der Staat freute sich über die Schnapssteuer, die an einem solchen Tag wie eine Springflut Geld in seine Kassen spülte. Und damit der Geldstrom nicht ins Stocken kam, hatte das *systembolaget* ein paar Aushilfskräfte eingestellt. Mit den Einnahmen dieses Tages konnten Programme für Arbeitslose, alleinstehende Mütter und – Ironie der schwedischen Gesetzgebung – Entzugskuren für Alkoholiker finanziert werden. Kasse macht in Schweden in Sachen Alkohol allein der Staat. Und so soll es nach dem Willen der meisten Politiker auch bleiben.

Das Mittsommernachtsfest hier auf der Insel hatte entgegen allen Schilderungen einen eher beschaulichen Anstrich. Wir machten uns mit unseren Gästen Rolf und Inge gegen Mittag auf nach Kungsviken, einem winzigen Bootsbauerort am Fjord. An der Spitze des kunstvollen Mittsommernachtsbaumes, einer Art Maibaum mit Ohren, hatten die Kungsvikener wie in jedem Jahr vier Segelschiffsmodelle befestigt, die es wert waren, in die Kollektion eines Sammlers aufgenommen zu werden. Diese prachtvollen Schiffe sind seit der Jahrhundertwende das Symbol für die wechselvolle Geschichte des Schiffsbaus im Ort und werden in hohen Ehren gehalten. Sie werden nur auf den Maibaum montiert, wenn das Wetter gut ist und die Sonne scheint. Und das war heute zur Freude aller Schweden der Fall.

Um den Mittsommernachtsbaum tanzten Kinder und eine

Hanna mit einem bunten Blumenkranz, den ihr die Oma gebunden hat

Volkstanzgruppe in alter Tracht. So manches traditionelle Lied kam an diesem Tag wieder zu Ehren. Schön anzusehen waren die bunten Blumenkränze, welche die Kinder und jungen Mädchen auf dem Kopf trugen. Oskar und Hanna, die Kinder von Mats und Anette, hatten die farbenprächtigsten. Ihre Oma hatte die Blumen am Morgen auf unseren verwilderten Wiesen gepflückt und zu zauberhaften, kunstvollen Gebilden gewunden. Sie gehört zu der Generation der Alten, die die Kunst des Blumenkranzbindens noch beherrscht. Nach alter Überlieferung müssen die jungen Mädchen unter absolutem Schweigen für einen Kranz sieben oder neun verschiedene Blumen auf sieben oder neun verschiedenen Wiesen pflücken, wenn sie noch in diesem Sommer einen Bräutigam finden wollen.

Zusammen mit den Kindern vergnügten sich später auch die Erwachsenen mit Sackhüpfen und Skilaufen auf dem Rasen, dabei fand bereits so manches erste Gläschen *nubbe* seinen Weg in die durstige Kehle, und es dauerte nicht lange, bis der Schnaps seine Wirkung entfaltete und sich auch die Großen so albern benahmen wie ihre Kinder.

Am Abend dann fand auf dem alten Tanzboden am Hafen der Mittsommernachtstanz statt. Eine Mischung aus traditioneller Musik, modernen Schlagern, Pop und Rock. Viele *gammaldansgruppen*, Volkstanzgruppen, tingeln an diesem Tag von einer Feier zur anderen. Sie haben die alten Trachten an, die auch heute noch nach überlieferten Vorlagen in Heimarbeit genäht werden. Die Frauen tragen weite, bunt geblümte Röcke, weiße Blusen und darüber rote oder grüne Westen. Die Männer kommen in Kniebundhosen, gestreiften Westen oder in traditioneller Fischerkleidung daher, doch kein Kleid und kein Anzug gleicht dem anderen. An den Wänden der alten Scheune waren einfache Bänke aufgereiht, so daß in der Mitte genug Platz war zum Tanzen. Es herrschte ein ständiges Kommen und Gehen, und selbst viele junge Leute waren von einer Tanzveranstaltung zur anderen unterwegs. Auch ich wurde zu einem Tänzchen aufgefordert und hatte Mühe, mit dem noch immer von dem mißglückten ersten Bootsausflug lädierten Bein ein paar vernünftige Schritte zustande zu bringen. Ich hatte mein blaues Fischerhemd an, die Schiffermütze aufgesetzt und das rote Halstuch umgebunden, das durch einen Kordelring gezogen wurde. Mit der norddeutschen Tracht und dem grauen Vollbart paßte ich in meiner Rolle als alter Fischer gut in die Szene. Man hielt mich offensichtlich für einen Einheimischen, denn ich wurde dauernd auf schwedisch angesprochen.

Gegen Abend ließ ich Dinah bei unseren Besuchern und machte eine Runde um die Insel. Es war es wert, von einer Veranstaltung zur anderen zu fahren, denn jeder Mittsommernachtsbaum war ein wenig anders, jedes Fest hatte seine Besonderheiten. In Edshultshall etwa fand die Veranstaltung im Freien mit herrlichem Blick über Fjorde und Meer statt. Hier tanzten die Einwohner auf dem grünen Fußballfeld der kleinen Gemeinde. Gerade zog eine schwarze Gewitterwand auf und verlieh dem Ganzen etwas zutiefst Theatralisches. Doch es ging eher ruhig zu bei all diesen Veranstaltungen. Die Späße waren harmlos, und gegen acht Uhr am Abend wurden die ersten Alkoholleichen ohne großes Aufsehen von Freunden in das Auto verladen und damit aus dem Verkehr gezogen.

In den Gärten feierten die Familien, und eigens für das Fest waren Kinder, Enkel und sonstige Gäste aus allen Landesteilen auf der Insel zusammengekommen. Sie hatten ganze Berge von Blumengebinden und so manches Fläschchen angeschleppt, und in beinahe jedem Garten stand ein Mittsommernachtsbaum. Manche waren wahre Kunstwerke, in die man bunte Bänder eingeflochten und bunte Kugeln gehängt hatte. An langen Tischen saßen festlich gekleidete Gäste und nahmen immer wieder ein *nubbe* zu sich. Während ich fotografierte, wurde ich zu so manchem Gläschen herangewinkt und hatte Mühe, meine Gastgeber davon zu überzeugen, daß ich als Autofahrer konsequent bleiben wollte.

»Trink ruhig einen, Deutscher!« sagten sie dann. »Heute kontrolliert bestimmt niemand!« Und dann kam die bekannte Geschichte mit dem Polizeipräsidenten und seinem Ferienhaus auf der Insel.

Schulabschlußfeiern, Mittsommernacht und das Krebsfest im August – die wichtigsten Feste des Sommers – waren manchen Insulanern auf Orust zuwenig, und so ließen sich ein paar findige Kommunalpolitiker zusammen mit einer Lobby von Geschäftsleuten etwas einfallen: »Henåns Karneval«. Ja richtig! Einen Karneval im Hochsommer! Da feierte ein nordisches Volk ein Fest, das so gar nichts mit schwedischer Tradition und schwedischer Mentalität zu tun hatte. Ich war gespannt, was eine nordische Insel aus einem Karneval machen würde, und auch etwas skeptisch. Und tatsächlich, meine schlimmsten Befürchtungen wurden bestätigt. Das Ganze war eine Mischung aus Disneyland, Jahrmarkt, Sportfest, Fastnacht und reichlich Kommerz. Ich erkannte meine Insel nicht wieder.

Ein lärmender Hubschrauber kreiste über dem Ort, und am Hafen stand ein riesiges Bierzelt, über dessen Eingang in knallbunten Leuchtröhren der Name »Tivoli« prangte. Hier hatte am Vorabend unter großem Gejohle die Wahl zur »Miss Henån« stattgefunden. Schon am Eingang drängten einem geschäftstüchtige Verkäufer teures Büchsenbier auf, drinnen herrschte die bierselige Atmosphäre eines Münchner Oktoberfests. Bunte Stände und lärmende Jahrmarktsbuden bevölkerten das Ufer der Bucht. Eine Hundertschaft Polizisten beobachtete mit Argusaugen den Ablauf der mehrtägigen Festivitäten, denn zwielichtige Gestalten – sonst eine Rarität auf unserer Insel – trieben sich in Scharen im Ort herum.

Eine echt brasilianische Tanzgruppe wird für den Insel-Karneval ange-
mietet

Am Samstagmorgen dann der Höhepunkt der Veranstaltung:
der Karnevalsumzug! Ich hatte das Gefühl, daß einige der Kommunalpolitiker in die weite Welt hinausgeschickt worden waren,
um zu sehen, wie andere Karneval feiern. Herausgekommen ist
eine köstliche Mischung: ein wenig Mainz, viel Rio, ein bißchen
Südsee und ein Hauch Oktoberfest.

Eine gemietete, dreißig Kopf starke Gruppe aus Brasilien hatte
die Aufgabe, für echte südamerikanische Karnevalsstimmung zu
sorgen. Am Rand der 500 Meter langen Hauptstraße des Ortes
standen dichtgedrängt die Zuschauer. Die örtlichen Honoratioren
trugen schwarze Anzüge und schwitzten in der sommerlichen
Hitze zum Gotterbarmen – vielleicht aber auch deshalb, weil viel

nacktes Fleisch zur Schau gestellt wurde, wie sich das für einen richtigen Karneval gehört. So manche gutgebaute blonde Schwedin hatte ihre blasse Haut dunkelbraun geschminkt und tanzte nun mit einem Grasröckchen aus Plastik und einem engen Bikini durch die Straße. Wenn nicht Ströme von Schweiß stellenweise die Farbe abgewaschen hätten, man hätte sie tatsächlich für richtige Brasilianerinnen halten können. Doch die Atmosphäre eines ausgelassenen Karnevals stellte sich nicht ein; irgendwie paßten die bunten nordischen Holzhäuser am Straßenrand nicht so recht zur Szenerie.

Einen Volkslauf, einen Flohmarkt und eine große Bingo-Veranstaltung hatten die Veranstalter für das Fest geplant. Ich verzog mich, wie viele andere Bewohner der Insel, kopfschüttelnd nach Hause. Die Meinung über diese merkwürdige Veranstaltung spaltet die Inselbevölkerung. Die Traditionalisten würden sie gern wieder abgeschafft wissen, die Anhänger moderner Lebensweise sehen darin ein Stückchen Freiheit und Weltoffenheit. Und tatsächlich, der lockere Umgang mit dem Alkohol während des Karnevals ist ein Novum und für viele der einzige Grund, zusammen mit weiteren Tausenden ins Bierzelt zu strömen. So etwas hat es auf der puritanischen Insel noch nie gegeben! Die Anhänger der zahllosen Sekten, die sich im Lauf der Jahrhunderte hier niedergelassen haben, sahen diesem »unmoralischen« Treiben angewidert zu.

Der ferne Lärm aus dem Festzelt brandete zwei Abende lang bis zu uns herauf. Mitten in der Nacht weckte mich Dinah, als sie zu mir ins Bett sprang, Mäuschen lag längst neben dem Kopfkissen. Das taten die Tiere sonst nie. Dann hörte auch ich es: Die Insel brannte ihr Feuerwerk ab. Und was für eines! Da war selbst Dinahs Lärmfestigkeit überfordert. Dann war alles vorbei und überstanden. Ich konnte nachts wieder die Fenster öffnen und die Grillen zirpen hören.

Das Krebsfest, die *kräftpremier*, findet am ersten Donnerstag im August statt. Dann beginnt eine endlose Folge von Einladungen zum Krebsessen. Diese traditionellen Schlemmerabende sind ein beliebter Anlaß für gesellschaftliches Zusammensein nach den Ferien und läuten allmählich den Herbst ein. Mit Papphütchen und Lampions feiern die traditionsbewußten Untertanen Carl XVI. Gustav und Königin Silvia im Kreise der Familie und mit Freunden. Früher holte man die Edelkrebse aus den Seen und Flüssen, doch seit Krebspest und saurer Regen fast alle Flußkrebsbestände des Landes vernichtet haben, müssen die Schalentiere aus den USA und Kanada eingeführt werden. Ein teurer Spaß und ein schwerverdaulicher dazu. Daher trinkt man manches Schnäpschen, bis man nicht mehr aufstehen kann. Für viele ein angenehmer Anlaß, einen Monat lang von Krebsessen zu Krebsessen zu wandern.

Die Diskussion um diese Gelage bewegt die schwedische Seele zutiefst. Seit man wieder das ganzjährige Fangen von Krebsen erlaubt hat, maulen die Traditionalisten mit den Papphütchen. Sie fürchten den Untergang des Krebsfestes. Und wer, wie ich, schon vor dem zweiten Donnerstag im August Krebse ißt, gilt ihnen als suspekt. Genau wie Leute, die sich nicht am Wochenende besaufen.

Der Elch im Schuhladen

Das gute Wetter kam überfallartig. Ein fürchterliches Gewitter brachte warme Luft auf die Insel. Blitz und Donner verzogen sich aufs Festland, die Wärme blieb. Mit dem Sommerwetter kam auch Mats I. wieder auf die Insel. Als freischaffender Journalist lebte er wie die Zugvögel unten in der Bucht. Wenn das Frühjahr kam, zog er von Göteborg mit Sack und Pack, Computer, Kindern und Ehefrau nach Norden in sein kleines, aber feines Sommerhäuschen am Ende unseres Grundstücks. Er hatte neben dem Haupthaus auch noch eine kleine Hütte, die er ganz bescheiden »mein Arbeitszimmer« nannte, mit ISDN-Anschluß, Fax, PC und Modem. Hier häuften sich nun schon seit einigen Tagen zerknüllte Manuskripte und diverse leere Bierdosen auf dem Fußboden, ein deutliches Zeichen für den Fleiß eines Journalisten.

Er hatte gerade die Geschichte über eine Frau abgeschlossen, die in einem Wald irgendwo in Schweden von einem Elch auf die breiten Schaufeln genommen worden war und nur dank der Aufmerksamkeit einiger Spaziergänger gerettet werden konnte. Der Grund: Der Elch war scharf auf einen Korb voller Pilze gewesen, den die Frau bei sich trug. Mats hatte am Vortag eine Reise durchs Land der Elche gemacht und die Augenzeugen interviewt, die an Eides Statt die Wahrheit dieser Geschichte beschworen. Sein Boulevardblatt hatte ihnen sicher ein gutes Honorar für diese Wahrheit bezahlt.

Mats I. hatte offensichtlich völlig vergessen, daß ich Biologe war, denn er hielt mir einen langen Vortrag über das schwedische

Nach dem ersten Beinahe-Zusammenstoß mit einem Elch nehme ich die
Warnschilder ernst

Nationaltier: »Jetzt leben hier nach Schätzungen der gelehrten Damen und Herren etwas über 250 000 Elche. Eine Unmenge!«

Ich protestierte: »Gegen 8,5 Millionen Schweden ist das doch
nichts. Haben denn die Viecher auf unserer Erde gar keinen Platz
mehr? Wenigstens ihr solltet ihnen den Lebensraum gönnen. Platz
genug gibt es ja!«

Mats I. überhörte meine Argumente. »Fünf Prozent Verkehrs-
unfälle in Schweden gehen hier auf das Konto der großen Hirsche.
Die latschen einfach über die Straßen, und eine Tonne Lebendge-
wicht schafft selbst einen Volvo mit Airbag und Seitenaufprall-
schutz. Keine Chance! Jeden Herbst dürfen wir daher 100 000
Stück abschießen. Eine gigantische Jagd! Die Aktienkurse gehen

dann in den Keller, weil Bankiers und Industrielle in grünem Loden und Gummistiefeln dreckverkrustet durch die Wälder schleichen und die Börsen verwaisen lassen!«

»Ich möchte dich übrigens warnen!« sagte ich beiläufig mit leicht drohendem Unterton. »Dein Elch kann die Frau gar nicht wegen der Pilze überfallen haben! Wenn du den Mist schreibst, schicke ich einen ekligen Leserbrief.«

»Wieso?«

»Denk doch einmal nach. Hast du im Mai schon mal Pilze gesammelt?«

Wir einigten uns darauf, daß diese Passage geändert werden mußte. Dem Elch wurde unterstellt, er habe einen Haß auf rote Kleidung gehabt, denn die Frau hatte eine rote Jacke und rote Stiefel getragen.

Mats war es auch, der mir ein besonderes Erlebnis der *älg*-Art verschaffte. Eines Nachmittags klingelte das Telefon.

»Ich hab deine Geschichte!« brüllte Mats ins Telefon. »Setz dich sofort ins Auto und komm nach Sävedalen. Das ist ein Vorort von Göteborg. Da wirst du dein blaues Wunder erleben. Ein Elch im Schuhladen!«

Knapp eine Stunde später war ich an Ort und Stelle. Es war nicht schwer gewesen, den Schuhladen zu finden, denn ich brauchte wie üblich in solchen Situationen nur den Polizeifahrzeugen zu folgen, die ohne Martinshorn, aber mit Blaulicht, in eine bestimmte Richtung fuhren. Mats hatte tatsächlich keinen Witz gemacht: Vor dem Schuhgeschäft herrschte das absolute Chaos. Ein Dutzend Polizeifahrzeuge – ein für schwedische Verhältnisse bedenkliches Polizeiaufgebot – und ein Auto der Veterinärinspektion standen kreuz und quer in der kleinen Straße herum und dazu ein richtiger kleiner Menschenauflauf. Ich zückte meinen längst abgelaufenen Presseausweis und drückte mich durch die Absperrungen.

Durch die Schaufensterscheibe sah ich in der Kinderabteilung eines Schuhgeschäfts einen jungen Elch, der wie der Fuchs »Rein-ecke« und der Dachs »Isegrim« in Schweden auch »Hälge« ge-nannt wird. Das Tier war schätzungsweise drei Jahre alt und da-mit im Elch-Halbstarkenalter. Sein Benehmen war auch danach: Hälge kaute gemächlich an einem ledernen Kinderstiefel. Der Schaft hing ihm aus dem lappigen Maul. Draußen auf der Straße bereitete sich eine Hundertschaft Polizisten auf die Erstürmung des Schuhgeschäfts vor. Die Jungs hatten dunkelblaue Kombis an und luden riesige Betäubungsgewehre, deren Handhabung sie unter Anleitung des Veterinärinspektors gerade übten.

Was war passiert? Elch Hälge war fünf Minuten vor fünf in den Schuhladen gelatscht, als gerade eine Gruppe von Müttern mit ihren Sprößlingen aus einem privaten Kindergarten dabei war,

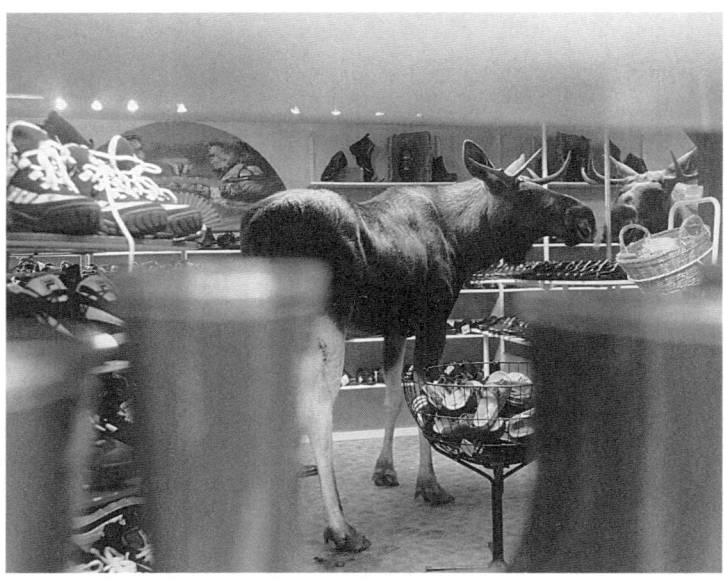

Der Elch läßt sich den Stiefel gut schmecken

108

Stiefel für den kommenden Winter anzuprobieren. Es dauerte eine Weile, bis der seltene Kunde bemerkt wurde. Niemand hatte Hälge gehört, denn Elche können auf ihren bratpfannengroßen Puschen sehr leise sein. Dann brach Panik aus, worauf Hälge, von all dem Trubel völlig unberührt, schnell der einzige Kunde im Schuhgeschäft war.

Ein paar Polizisten schlichen inzwischen mit ihren Betäubungsgewehren im Anschlag zusammen mit dem Tierschutzinspektor durch die Eingangstür. Hälge blickte sich entnervt um, ließ den speichelnassen Stiefel fallen und latschte die Treppe ins erste Stockwerk hinauf.

Ein Polizist machte eine Bemerkung, über die alle lachen mußten: »Hälge ist eben schon ein Halbstarker – in der Kinderabteilung hat er nichts Passendes gefunden! Jetzt schaut er in der Herrenabteilung nach!« Sie bogen sich vor Lachen. Das ganze Unternehmen entwickelte sich allmählich zu einer Art Happening.

Die Ladeninhaberin draußen auf der Straße war in hellster Aufregung: »Wenn der richtig loslegt, dann macht der mir meinen ganzen Schuhladen klein!« Sie hatte das Mitgefühl aller auf ihrer Seite, denn eine Versicherung gegen Elchschäden in Schuhgeschäften gab es auch in Schweden nicht.

Wir konnten nun nichts mehr sehen, und alles, was dann geschah, berichtete eine halbe Stunde später der verantwortliche Hauptwachtmeister der anwesenden Presse: Tierinspektor und schwerbewaffnete Polizei folgten Hälge langsam in den ersten Stock. Als sie dort vorsichtig um die Ecke lugten, sahen sie den Elch, der ruhig und friedlich, wie auf einer stillen Waldlichtung, die Schuhregale beschnupperte und … ausräumte. Als Hälge sich gerade einem besonders wohlriechenden Herrenstiefel, fast in seiner richtigen Größe, widmete, schoß ein Polizist eine Betäubungsspritze ab. Ohne Erfolg. Hälge mampfte weiter an dem zähen Leder herum. Ein zweiter, ein dritter, ein vierter Schuß – endlich fiel der Elch in die Knie und kippte auf die Seite. Inzwischen hatte das Tier eine Dosis von Schlafmitteln in seinem Körper, die einen Wal eingeschläfert hätte. Obertierschutzinspektor Petersson entschied, daß Hälge nicht mehr zu retten war, und gab den Befehl für den Gnadenschuß.

Tierinspektor und der »Konstapler« hatten nun ein unerwartetes Problem: Wie kriegt man einen toten Elch aus dem ersten Stock eines Schuhgeschäfts heraus? Ein Kranwagen der Feuerwehr wurde eingesetzt. Zurück blieben ein zerstörtes Fenster im ersten Stock und ein paar nasse, angenagte Stiefel.

Nun saß Mats I. einmal wieder an unserem gemütlichen Küchentisch und trank den unvermeidlichen Kaffee, den man in Schweden immer bereithalten muß. Ich hatte gerade dem Rasen einen frischen Schnitt verpaßt, geduscht und eine Portion *köttbullar* auf dem Herd. Mats hatte die große Glocke geläutet, die ich bei dem einzigen Wettangeln meines Lebens vor Helgoland anläßlich der Einweihung unseres Forschungsschiffs für Surinam als ersten Preis gewonnen hatte. »Laß uns zum Fischen rausfahren! Ich habe gehört, daß der *makrill* dasein soll! Ich habe gerade die Geschichte mit dem Elch zu Papier gebracht. Ich muß mich erholen!«

Auf Makrelen hatte ich auch Lust, also nahm ich die *köttbullar* vom Herd, schüttete sie in eine Plastiktüte und steckte sie in die speckige Tasche meiner alten Uniformjacke, die ich immer zum Fischen anzog. Die bundesdeutschen Hoheitszeichen hatte ich vorsorglich von den Ärmeln entfernt. Wir gingen zu seinem Haus hinunter und hievten zusammen eine verdächtig schwere Kühlbox in Matsens altersschwachen Mercedes, packten diverse Käscher, Angeln, Büchsen mit Regenwürmern und ein Mobiltelefon für den Notfall ein und fuhren zum Hafen. Dort knobelten wir kurz darum, welches Boot heute benutzt werden sollte. Es war seines.

Kaum waren wir aus der Marina unseres kleinen Städtchens heraus, da öffnete Mats die Kühlbox und warf mir eine Büchse »Guinness« zu. Ich konnte gerade noch verhindern, daß sie über Bord ging. Es machte laut »Plopp!«, als ich den Verschluß öffnete.

»Skål!« brüllte Mats in dem Versuch, den lauten Außenborder zu übertönen.

Als wir das offene Meer erreicht hatten, wies die Kiste mit dem teuren Bier bereits erhebliche Lücken auf. Die Fische hatten bislang unsere Haken verschmäht. Dafür stellte sich eine beträchtliche Dünung ein, die unsere kleine Hostalenschüssel bedenklich hin und her warf. Mit den Wellen kam ein anderes Problem: Mats hatte englisches Bier gebunkert, und das ist für seine harntreibende Wirkung bekannt. Nun stellte sich mit den Schaukelbewegungen nicht etwa die Seekrankheit ein, nein, es war nur ein gewisses Bedürfnis. Doch wie um alles in der Welt bringt Mann das in einem schwankenden Boot einigermaßen sauber über Bord? Mats wußte Rat. Die Schöpfkelle zum Trockenlegen des Bootsbodens erwies sich vom Fassungsvermögen und der Form her als das geeignete Instrument, alles sauber und hygienisch über Bord zu entsorgen.

Lag es am »Guinness«? Der Abend wurde unbeschreiblich schön. Gegen 23 Uhr versteckte sich die Sonne hinter den Klippen der Insel Gullholmen, der Himmel färbte sich zartrosa und durchlief allmählich alle Schattierungen der Farbe Rot. Der Wind schlief ein, und das Meer wurde zu einem glutroten, makellos glatten Spiegel. Wir machten den Motor aus, ließen uns treiben und badeten die Angelhaken. Es war unglaublich still. Nur ab und an hörte ich ein »Plopp!« Mats hatte eine frische Bierdose aufgerissen.

Doch da war noch ein anderes Geräusch! Richtig!

»Pffft!« machte es leise neben dem Boot.

An Steuerbord streckte eine neugierige Robbe ihren kegelförmigen Kopf aus dem flüssigen Gold des Wasserspiegels und schaute uns aus ihren großen runden Kulleraugen fragend an. Ich sah deutlich die Reflexe der untergehenden Sonne in ihren dunklen, glänzenden Augen. Nach einer Weile ließ sie sich im Zeitlupentempo senkrecht nach unten sinken. Nur ein paar Ringe verrieten die Stelle, an der sie untergetaucht war. Sie wußte sicher, wo der Makrelenschwarm war, den wir nun schon seit Stunden suchten. Doch ich war von der Schönheit der Nacht so abgelenkt, daß ich die Angel längst beiseite gelegt hatte.

Angeln? Das war etwas, was ich als Kind an Rußlands fischreichen Seen und Flüssen erfolgreich betrieben hatte. Mein Vater war mit der Familie 1946 zum Aufbau der Flugzeugindustrie dorthin deportiert worden. Der Fischreichtum der russischen Flüsse war damals noch unglaublich. Wenn der Frühling von einem Tag auf den anderen wie eine Explosion einsetzte, konnten die Flüsse die Wassermengen nicht mehr fassen, und so flossen die Wolga und ihr Nebenarm Moca, an dem wir leben mußten, rückwärts.

Später hatte ich als Wissenschaftler eines Fischereiinstituts ein halbes Leben lang auf Forschungsschiffen gedient und mit modernster Technik unglaubliche Fischmengen aus dem Meer geholt und untersucht. Auch ich glaubte damals an die Unerschöpflichkeit dieses Segens aus dem Meer. Wir hatten die Aufgabe, der Fischereiindustrie zu zeigen, was mit welchem Netz zu fangen war. Verarbeiten konnten wir die Unmengen Fisch auf dem Forschungsschiff nicht, also warfen wir die längst verendeten Tiere wieder über Bord. Hinter dem Schiff zog sich ein Silberstreif toter Fischleiber bis zum Horizont. Welche Verschwendung!

Mein Verhältnis zum Fischfang ist daher gelinde gesagt etwas gestört, und so sah ich mich auf meinen Bootstouren eigentlich nicht immer mit einer Angel herumfuchteln.

»Plopp!« Mats weckte mich mit einer neuen Dose aus meiner Träumerei. »Wolfgang! Hör zu! Wo Robben sind, gibt's auch *ma-*

Das traditionelle Handangeln erfordert lange Übung

krill! Los, wirf die Angel aus!« Ich nahm die Rolle wieder in die Hand und wickelte umständlich die altertümliche, traditionelle Schleppangel von der Haspel und hoffte, daß wenigstens die Robbe schlau genug sein würde, nicht auf unseren Köder hereinzufallen.

Zwei Stunden später: Wir näherten uns – die Makrelenblinker noch immer im Schlepp – dem Hafen, und ich begann, die Leine wieder aufzuwickeln. Plötzlich ging ein Ruck durch die Schnur. Mein Zeigefinger wurde zwischen Haspel und Leine eingeklemmt, und die Angelsehne grub sich tief in den Finger hinein. Erste Blutstropfen quollen hervor.

»Schnell!« brüllte ich Mats zu. »Ich hab einen Riesen.«

»Was soll ich denn machen? Laß ihn lieber gehen, der wird sich schon müde schwimmen!«

»Wie denn, mein Finger ist dazwischen. Ah!«

Endlich kapierte er, was los war, stoppte den Motor und wickelte meinen Finger aus der Leine.

»Das wurde aber Zeit, der ist schon ganz blau!« stellte er sachkundig fest.

Der große unbekannte Fisch da unten hatte die Gelegenheit genutzt und war mit dem Rest Leine tiefer gegangen. Doch Mats hatte die Haspel fest im Griff und begann, die grüne Schnur langsam aufzuwickeln.

»Sei vorsichtig! Ganz langsam. Ich mache inzwischen den Käscher fertig!« sagte ich.

Verzweifelt suchte ich nach dem aufklappbaren Käscher. Der war doch gerade noch hiergewesen! Nichts! Vielleicht war er in der Aufregung über Bord gegangen.

Das Boot schwankte heftig. Mats war eifrig bei der Arbeit und wickelte vorsichtig die Leine auf. »Noch zehn Meter!« rief er.

Wir sahen ihn gleichzeitig.

»Ein Wildlachs! Whow!«

Unsere Begeisterung mußte den Fisch erschreckt haben, denn nur eine Handbreit neben dem Boot bäumte er sich noch einmal auf und verschwand. Mats hatte die Leine mit einem leeren Haken in der Hand.

»Wo bist du denn mit dem Käscher geblieben!« schrie er mich vorwurfsvoll an. »Damit hätten wir ihn gehabt.«

Wir suchten den Käscher, aber der blieb für immer verschwunden. Doch wir hatten Blut geleckt. Jetzt wollten wir es wissen.

» Wo ein Lachs ist, müssen noch mehr sein!« behauptete Mats fachmännisch.

»Aber Lachse in dieser Größe sind Einzelgänger. Zumindest in dieser Jahreszeit!« widersprach ich.

Wir warfen dennoch die Schleppangeln aus und drehten endlose Kreise vor der Hafenausfahrt.

Als wir gegen halb zwei Uhr morgens vor Kälte zitternd ohne einen einzigen Fisch, aber mit zehn leeren Bierdosen im heimatlichen Hafen einliefen, wurde es schon wieder hell. Die Sonne hatte sich nur kurz hinter dem Horizont versteckt und schickte sich an, einen neuen Tag zu beginnen. Ich lernte die letzte Lektion der Nacht.

»Schnell, alle leeren Bierdosen wegpacken und in die Kühlbox damit!« rief Mats. »Es gibt hier ein paar von diesen widerlichen Abstinenzlern. Die können um diese Zeit noch immer nicht schlafen und hocken mit dem Fernglas an ihrem Fenster, um heimkehrende Sportfischer bei der Polizei anzuzeigen, weil sie leere Bierdosen in ihrem Boot entdeckt haben! Das Perfide daran: Die Bullen warten dann am Ortsausgang auf die Bootsfahrer, die mit ihrem Auto von der Marina kommen, und schon bist du dran wegen Trunkenheit am Steuer!«

»Da kannst du recht haben! Wenn die gesehen haben, wie wir stundenlang wie die Bekloppten im Kreise gefahren sind, können die ja auch nichts anderes vermuten!«

Uns hatte dank unserer Vorsichtsmaßnahmen niemand angezeigt, und wir gelangten unbehelligt wieder auf unseren Berg und in unsere Betten. Auf dem Bootssteg war meine Angel aus modernem Karbonfasermaterial durch die Ritzen gerutscht und spurlos verschwunden. Ich nahm mir vor, am nächsten Tag danach zu tauchen. Fische hatten wir nicht gefangen an diesem wunderschönen Abend. Keinen einzigen! Dinah und Mäuschen schnüffelten enttäuscht an meiner Tasche herum.

Teure Fische

Ein Jahr nach diesem und vielen anderen meist erfolglosen Angel-
ausflügen machte ich eine beschämende Rechnung auf: Etwa zehn
Hornhechten, einer Makrele und mehreren 100 Feuerquallen hatten meine Haken das Leben gekostet. Über 200 Liter Benzin, die
Kosten für das Boot, den Liegeplatz, eine verlorene Angel und ein
vermißter Käscher sowie einige Reparaturen addierten jeden gefangenen Fisch zu einer unbezahlbaren Luxusdelikatesse auf. Der
Lachs, der uns entkommen war, brachte die Wende in meine sport-
lichen Angelaktivitäten. Wozu war ich denn Meeresbiologe und
hatte lange Jahre in einem langweiligen Institut für Fangtechnik
gearbeitet? »Pünktlichkeit und Anpassung« hatte ich zum Leidwesen meines Chefs nie gelernt, aber von der Fischereitechnik
hatte ich einiges mitbekommen, und so beschloß ich, etwas mehr
Professionalität in meine Aktivitäten zu bringen und den Fischfang ökonomischer zu gestalten.

Ich holte die alte Reuse aus dem Schuppen und brachte sie auf
Vordermann. Das war ein richtiges Netz, wie es auch Berufsfischer
verwenden. Man konnte es in einigen Metern Tiefe auf dem Meeresboden aufstellen. Der alte Anders, der Erbauer von Kasen, hatte
es sicher mit Erfolg benutzt.

Ich saß einige Tage lang im Sonnenschein auf dem Rasen vor
dem Haus und flickte mit einer Netznadel ganz professionell die
kaputten Maschen. Dinah und Mäuschen leisteten mir dabei Gesellschaft. Das Netzgarn war für die Katze besonders interessant.
Selbst für eine 17 Jahre alte Katze ein wunderbares Spielzeug.

Mats I. und Pelle beobachteten meine Arbeiten und meine Neu-orientierung in Sachen Fischerei mit Respekt und einer gehörigen Portion Mißtrauen.

»Das ist doch langweilig und unfair!« schimpfte Pelle. Er hatte sicher recht, denn unter den zahlreichen Freizeitanglern dieser Gegend war er ein begnadeter und vom Glück begünstigter Sportfischer. Auch seiner Ausrüstung konnte man eine gewisse Professionalität nicht absprechen. Alles war durchdacht bis zum letzten Haken.

»Olof vom Mor Justinas Vej hat gestern hundertfünfzig Makrelen gefangen. Nur mit der Angel! Die ganze Gegend hat etwas davon abbekommen. Makrelen fängst du mit dem Ding nie!« sagte er vorwurfsvoll.

»Ich habe von Olof keine Makrelen abbekommen!« konterte ich und spielte beleidigt. »Vielleicht mag er ja die Deutschen nicht! Also muß ich mir meine Makrelen selber fangen!«

Insgeheim stand mir der Sinn nach etwas ganz anderem: nach Aalen nämlich. Ich wollte endlich einmal wieder Aal essen, frisch und mit Wacholder und Buchenholz selbst geräuchert. Aale gab's hier in Hülle und Fülle. Doch Aale ißt hier auf den Inseln kein Mensch. Alles, was lang und schlangenähnlich ist, bleibt im Wasser oder wird nach Deutschland exportiert. Unten am Hafen fand sich allabendlich ein Tankwagen ein, der alle Orte der Küste abklapperte und bei den Fischern die Aale einsammelte. In dem Tankwagen wurden sie lebend nach Deutschland geschafft. Eine furchtbare Tierquälerei.

»Die zahlen dort für die Viecher auch noch eine Menge Geld«, sagte Pelle und schüttelte sich angewidert, als der Wagen wieder einmal vorbeigekomen war.

Nicht nur die Aale, auch die schlangenähnlichen, aber äußerst schmackhaften Hornhechte sind hier verpönt. Sie haben ein wunderbar festes, fettarmes Fleisch, und ihre Gräten und Knochen wer-

Dinah leistet mir Gesellschaft beim Reusenflicken

den nach dem Braten oder Kochen giftgrün. Die meisten Leute halten die Gräten daher für giftig. Sie irren. Im Gegenteil – die grünen Gräten haben einen unschätzbaren Vorteil: Weil sie sich gegen das weiße Fleisch nach dem Braten so gut abheben, ist es selbst für Angela, die sonst einen Horror vor Gräten hat, ein Kinderspiel, sie zu finden und herauszuklauben.

Nach Tagen war die Reuse endlich bereit für einen neuen Einsatz, doch vorläufig traute ich mich nicht, sie in Betrieb zu nehmen, denn ich erhielt die unterschiedlichsten Auskünfte über den Einsatz dieses professionellen Geräts.

»Als Ausländer darfst du das Ding nicht einsetzen! Wahrscheinlich zählst du offiziell noch immer als Tourist«, sagte Magnus unten im Tal.

»Fischerei ist hier für jeden frei, wenn du das nicht im kommerziellen Rahmen betreibst«, meinte Armin.

»Wer viel fragt, bekommt viel Antwort. Mach's einfach!« meinte Kalle.

»Die Dinger benutzt außer dem Fischer sowieso kaum jemand. Da kennt sich keiner so richtig damit aus. Stellnetze dagegen sind sehr beliebt, weil man damit Makrelen fangen kann. Daß die teuren Netze schnell zerreißen, wenn man sie nicht wie ein rohes Ei behandelt, ist eine Sache, daß viele Seehunde darin ersticken, eine andere. Die toten Tiere kriegen einen Stein um den Hals und werden an Ort und Stelle einfach versenkt, damit die Naturschützer nichts merken«, schimpfte der alte Kalle.

Und weil auch die örtliche Polizei keinen Rat wußte, stellte ich also meine Reuse in eine Bucht. Doch bis ich eine Lücke in der Reihe der bereits vorhandenen Netzbojen fand, dauerte es einige Stunden. Fast alle Netze hatten auf ihren Schwimmern eine Nummer, die mit LL anfing. Ein kommerzieller Fischer, so vermutete ich und hoffte, daß ihn meine beiden weißen Bojen mit meiner Telefonnummer nicht so sehr stören würden, daß es Ärger gab. Die ersten Tage nach dem Aussetzen lebte ich in ständiger Angst vor einer Strafverfolgung wegen illegaler Fischereiaktivitäten. Nach einer Woche war ich aber noch immer nicht im Knast und beruhigte mich allmählich.

Weil ich nun ein sogenanntes »kommerzielles« Fanggerät besaß und es fachmännisch eingesetzt hatte, mußten die zu erwartenden Fischschwärme ja auch irgendwie verarbeitet und konserviert werden! Grund für derlei Optimismus hatte ich durchaus: Bei dem ersten Besehen der Reuse hatte ich zwei Seezungen und einen Dorsch herausgeholt. Ein Räucherofen mußte her!

Ich habe in meinem Leben so manchen Fisch geräuchert, legal und illegal. Schon als Schüler hatten wir große Erfolge mit geräucherten Aalen, die wir mit den unglaublichsten improvisierten

Gerätschaften in der kalten Ostsee harpuniert hatten. Einen Sommer lang hatten wir Gabeln aus dem Campingbesteck an eine Stange gebunden, womit wir erfolgreich und in nennenswerter Zahl Aale aufspießten. Frisch geräuchert verscheuerten wir die fetttriefenden Schnürsenkel an Urlauber. So manche Sommerferien haben wir mit Räucheraal finanziert. Natürlich war das illegal! Wurde es an einem Ort brenzlig, zogen wir an einen anderen Strand. Mit der Zeit wurden wir vorsichtiger und verlegten unsere Aktivitäten in die dunklen Nachtstunden. Mit einem Stück Fahrradschlauch und etwas Gummilösung dichteten wir Taschenlampen ab und waren nun noch erfolgreicher, denn Aale sind nachtaktive Tiere und gehen gern in der Dunkelheit auf Jagd. Ich wußte also, wie man in alten Stahltonnen, in rostigen Eimern oder schnell gezimmerten unterirdischen Feuerstellen räuchert. Das Holz mußte stimmen und die Temperatur. Buche, Wacholder und Birke waren ideal.

Auf dem blühenden Abhang hinter dem Haus mauerte ich also eine unterirdische Feuerstelle für Wacholderscheite und Birkenholz. Über ein zwei Meter langes Rohr gelangte der würzige Rauch in eine leere Öltonne, die ich einer nahegelegenen Autowerkstatt abgeluchst hatte. Sie wurde penibel gereinigt und ausgebrannt, damit keine Ölreste den feinen Geschmack meiner Fische verdarben. Dort hingen nun an langen Stangen selbstgefangene Aale, Dorsche und Seezungen im Rauch und nahmen allmählich die unnachahmliche hellbraune Patina und den wunderbaren Duft der Birken und der Wacholderbüsche von unserem Grundstück an. Lachse und große Makrelen »fing« ich meist frisch im Fischgeschäft im Ort für nur wenige Kronen. Doch leider hat auf der Insel kein Fischer Lust, seine Makrelen auszunehmen. So liegen sie mit ihren vollen Innereien einen Tag und mehr im Geschäft und nehmen deshalb schnell einen tranigen Geschmack an. Autolyse, Selbstverdauung, nennt das der Fachmann.

Räuchern ist eine Kunst. Der erste Versuch geht schief: Nur die Köpfe der Makrelen sind noch übrig

Das Säubern und stundenlange Salzen und Würzen der Fische in einer besonderen Lake besorgte ich in unserem Felsenkeller, der für derlei Dinge, wie auch die Lagerung von Kartoffeln und Wein, die richtige Temperatur und Feuchtigkeit hatte.

Manche unserer Gäste schwören, nie wieder so einen brutalen Menschen wie mich zu besuchen. Der Grund: Er oder sie (meist handelt es sich um die weibliche Variante unserer Besucher) hatte mich bei dem allabendlichen Besehen der Reuse begleitet. Er oder sie mußten nun miterleben, wie Fische gefangen, getötet, ausgenommen und verstaut werden. Nichts für zarte Gemüter! Vor dem Räuchern liegen die blassen Fischleiber, beschwert mit einigen Granitblöcken, dann auch noch stundenlang in einer Salzlake. Sensible Besucher schworen dann, künftig nur noch Fisch aus der Tiefkühltruhe unseres Supermarktes zu essen. So sehen sie wenigstens nicht, was vorher mit den schönen Tieren passiert sei, erklärten sie. Dabei bin ich auf meine schonende und humane Art der Verarbeitung der Schuppentiere besonders stolz. Meine Fische werden sofort mit einem kräftigen und gezielten Schlag gegen die Bordwand getötet. Ein kommerzieller Fischer hat dafür, trotz anderslautender Beteuerungen, keine Zeit und auch keine Lust. Der muß täglich gut 100 Reusen besehen und nicht nur eine wie ich. Auf den Fischereiforschungsschiffen wateten wir bis zum Bauch inmitten zappelnder Fische und traten natürlich auch darauf. An eine humane und schnelle Tötung denkt da kein Mensch mehr.

Und dann passierte es: Mein Netz versagte seinen Dienst. Der arbeitslose Räucherofen blickte mich vorwurfsvoll an. Die Reuse war leer, wann immer ich kam, um nachzusehen. Ich verlegte den Fangplatz in eine andere Bucht. Keine Änderung.

Irgendwann gab ich's auf. Der große neue Räucherofen, der wirklich hervorragend funktionierte und äußerst schmackhafte Fische lieferte, steht nun allen meinen Nachbarn zur Verfügung. Auch Ole, der seit seinen 150 Makrelen keinen Schwanz mehr gefangen hat.

Nun fahre ich mit Mats und Pelle wieder zum Angeln hinaus. Als Konkurrent für den Makrelenfang falle ich aber meist aus. Die Angel bleibt nach einigen halbherzigen Versuchen an der Bordwand liegen. Dann sitze ich nur da und schaue in die untergehende Sonne. »Wie schön es hier doch ist!« sage ich immer und immer wieder. Ich kaufe nun meinen gesamten Fisch für den Räucherofen direkt beim Fischer.

Könnte es sein, daß ich da unter anderem auch Fische aus meiner eigenen Reuse kaufe, dachte ich oft? Ich hatte den leisen Verdacht, daß da irgend jemand im Schutze der allzufrühen Morgenstunde, wenn ich noch im Bett lag und tief schlief, meine Reuse

»besah«. Die Knoten an ihren Enden kamen mir oft recht erstaunlich professionell vor. Ich selbst hatte mein Leben lang Probleme mit Knoten gehabt.

Als im Spätherbst alle Sommerfrischler abgezogen waren und nur noch der Fischer und ich hinausfuhren, hatte ich eine Idee: Ich entfernte die auffälligen weißen Schwimmer von meinem Netz und stellte es erneut auf. Für Uneingeweihte war es nun nicht mehr zu sehen. Mit Tauchermaske und Flossen tauchte ich ein paar Tage später ins kalte Wasser. Zitternd vor Kälte band ich unter Wasser das Netz an einer Leine fest und zog es ins Boot. Drei Dorsche und ein Aal waren darin. Es funktionierte also doch! Nun hatte ich den Beweis!

Ich nahm das Netz aus dem Wasser und hängte es wieder in die Scheune. Dort konnte es wenigstens keinen Schaden anrichten oder einen Seehund ertränken. Da hängt es heute noch.

So manchen Abend verbringe ich jetzt nicht mehr auf dem salzigen Meer, sondern an einem der Süßwasserseen der Insel. Ich habe nämlich ein neues Hobby entdeckt: Aus einem sicheren Versteck hinter einem Busch beobachte ich das emsige Treiben von Biberfamilien, die hohe Dämme und Burgen bauen, säulendicke Bäume fällen und in der goldenen Abenddämmerung übermütig und lustige Wasserspiele treiben. Manchmal habe ich den Eindruck, daß sie mich längst entdeckt haben und kennen, denn vor einer solchen Vorführung kommen sie immer ganz dicht herangeschwommen und schauen in meine Richtung.

Alpträume

Ich war wieder einmal lange Zeit weg gewesen. Im Frühjahr unseres zweiten Jahres auf Kasen durfte ich zur Osterinsel reisen und meinen dritten Trip durch die Südsee machen. Ich arbeitete als Lektor auf einem betagten »Expeditionsschiff«, hielt dort Vorträge, brachte den wohlhabenden Passagieren das Grundwissen der Meeresbiologie bei und ging mit einigen auch tauchen und schnorcheln. Wir liefen Pitcairn, die Insel der Bounty-Meuterer, an, waren auf Tahiti, Fatu Hiva, Bora-Bora. Mit der bekannten Meeresbiologin Silvia Earle nahm ich in der Tiefe Bohrkerne von Tausende Jahre alten Korallen, um dem Geheimnis der Osterinsel auf die Spur zu kommen. Ich fand beim Tauchen ein unbekanntes Wrack und begegnete vielen Haien.

Manche Mitreisende müssen mich für verrückt gehalten haben: Während der ganzen spannenden Reise durch die unendlichen tropischen Weiten des Stillen Ozeans hatte mich Kasen nicht losgelassen. In meiner kleinen Kabine stand auf dem Schreibtisch das Foto des eidottergelben Hauses über dem Fjord, und ich langweilte meine Reisegefährten an Bord mit Fotos und begeisterten Erzählungen von unserer neuen nordischen Heimat. Am Ende dieser Reise faßte ich einen schwerwiegenden Entschluß: Diese schöne Reise war meine Seereise Nr. 56 und sollte die letzte sein. Ich wollte mich künftig ganz dem Haus am Fjord widmen. Wie schwer mir dieser Entschluß fallen sollte, ahnte ich damals noch nicht, denn die See läßt so schnell keinen mehr los. War der Skagerrak ein vollwertiger Ersatz für Südseeträume?

Endlich zurück auf der Insel. Juni. Mittsommernacht war vorbei, und die Schweden nahmen ihre Arbeit wieder auf. An einem warmen, sonnigen Nachmittag kochte ich eine riesige Kanne Kaffee. Baubesprechung war angesagt.

Der Ortstermin fand vor dem Haus statt. Dort hatte sich im Schatten des großen betagten Pflaumenbaumes eine gewichtige Crew versammelt: ein baumdürrer Tischler, der gut über zwei Meter auf die Meßlatte brachte und weit über 70 Jahresringe zählte, ein kräftiger »Hausbaumeister« mit grauem Rauschebart und ein junger Maurer mit Bürstenschnitt und Wikingerbart. Der stämmige Maurer hatte Arme mit dem Oberschenkeldurchmesser eines normal gewachsenen Mannes. Mußte der arbeiten können!

Beim Anblick der kompletten Crew erfüllte mich tiefste Zufriedenheit und die berechtigte Hoffnung, daß der ganze Streß mit der Renovierung bald hinter uns liegen würde. Sie alle hatte Karl angeschleppt, der schon seit Jahrzehnten hier lebte und jeden Handwerker auf der Insel kannte, wie er sagte. Auch er war einmal aus Deutschland hierher gekommen und war nie wieder weggegangen. Er hatte auf dem Festland einen Wald »auf dem Stock« gekauft, hatte die Bäume abgeholzt und fein säuberlich in Bretter geschnitten. Mit dem Material hatte er sich hier auf der Insel vor 35 Jahren sein Haus gebaut. Nach seiner Anregung hatte auch ich die ersten gefällten Bäume auf Kasen von einer mobilen Säge fein säuberlich in Bretter sägen lassen. Sie lagerten nun ordentlich und luftig gestapelt neben der Scheune und trockneten. Wir würden sie brauchen, wenn wir das Haus neu isolieren lassen wollten.

Die Herren drehten bedächtig eine Runde nach der anderen ums Haus und wiegten nachdenklich die Köpfe, legten die Stirn in Falten, murmelten bedeutungsvoll und unendlich langsam das berühmte »Jaaasooo!« und tranken eine Tasse Kaffee nach der anderen. Wie es sich in Schweden gehört, hatte ich auch die üblichen sieben Sorten Gebäck im Hause. Ich verstand nicht viel von der

Verhandlung, denn ich war viel zu sehr mit dem Auftischen von Kuchen und dem Ausschenken von Kaffee beschäftigt. Mit wachsender Unruhe hörte ich allerdings immer wieder heraus, daß alles nicht so einfach sein würde. Ich sah bereits Stapel von Rechnungen und ein Dauerminus auf unserem Konto.

Die Handwerker gingen, und ich wartete wochenlang vergebens auf verbindliche Terminzusagen und Kostenvoranschläge. Oben an der alten Scheune hatte der örtliche Baumarkt bereits Mauersteine, Sand, ganze Paletten mit Beton und Stapel mit Brettern abgeladen.

Mit der Hilfe von Karl und seinem Kumpel, einem pensionierten Tischler, begannen wir derweil mit dem Umbau der alten Scheune. Die Entscheidung, eine der drei rund 100 Jahre alten Scheunen in eine Garage und einen Stellplatz für ein Boot zu verwandeln, war mir als die einfachste Sache der Welt erschienen. »Da schneidet der Tischler nur eine große Öffnung in die Wand, und schon haben wir eine Garage«, hatte ich vor dem gemütlichen Kamin in Hamburg leichthin gesagt.

Das Ganze war, so mußte ich nach fachmännischer Beratung bald einsehen, tatsächlich nicht so einfach. Würden wir nur das Tor »herausschneiden«, würde das ganze Ding seine Stabilität einbüßen und beim nächsten Sturm davonflattern. Es war nicht schwer gewesen, mich auch noch davon zu überzeugen, ein ordentliches Fundament zu schaffen.

Mein Bierbauch hauchte sein Parasitendasein schnell aus, als ich damit begann, alte Ziegel und mittelgroße Findlinge heranzuschleppen und diese in die Scheune als Basis für den Fußboden und die Auffahrt zu schütten. Alsbald waren auf dem weitläufigen Grundstück keine transportierbaren Steine mehr verfügbar, und ich mußte eine der vielen Mauern abtragen, die an den merkwürdigsten Stellen durch das Grundstück liefen. Vielleicht war das alles einmal ein Acker gewesen, und man hatte die Steine aus den

Der Umbau der alten Scheune in eine Garage kostet mich den letzten Winterspeck

Feldern hier als schützende Mauer aufgerichtet. Es war unglaublich, welche Unmengen an Steinen in dem alten Schuppen verschwanden, das Grundstück jedoch machte bald einen aufgeräumten und sauberen Eindruck.

Nachbar Kenneth kam mit ein paar Flaschen Bier vorbei, um zu feiern. »Wir haben 200 000 Kronen im Fußballtoto gewonnen!« sagte er und strahlte. »Und nun gebe ich einen aus!«

Er war ein unverbesserlicher Optimist und steckte stets voller Pläne: »Was hältst du davon, wenn du die aufgeräumte Fläche bei dir in einen schönen englischen Rasen verwandelst? Dann könnten wir dort alle Fußball spielen.«

Ich hatte es kommen sehen. Kenneth, seine Söhne und Enkel

waren durch die Bank Fußballfans. Nun hatten sie auch noch eine beträchtliche Summe im Fußballtoto gewonnen. Ich wollte nicht ungesellig sein! Aber Fußball? Nein! Nichts lag mir ferner als diese Sportart. Und dann auch noch auf dem stillen Kasen. Niemals! Dinah hätte das sicher sehr gefallen, denn im Gegensatz zu ihrem Herrchen liebt sie Bälle aller Art. Wenn wir Gassi gehen, schleppt sie immer ein Quietschebällchen mit sich herum und macht damit richtig Musik. Vor einigen Tagen war ein Reh aufgeregt und neugierig aus dem Wald herausgerannt und direkt auf den musizierenden Hund zugelaufen. So etwas hatte der Rehbock noch nie gesehen und gehört. Hund und Reh waren so verdutzt, daß beide einander eine Weile gegenüberstanden, bis Dinah den Ball fallen ließ und ihren Pflichten als Hund nachging, sprich, das Reh jagte.

Noch war an Erholung, geschweige denn an Fußballspiele mit den Nachbarn, nicht zu denken. Die Garage war noch immer nicht fertig. Diverse faule und vom Holzwurm zernagte Balken wurden entfernt und der kümmerliche Rest provisorisch abgestützt. Wir schluckten den Staub von Jahrzehnten und fanden in dem Hühnermist der Scheune merkwürdige Dinge, deren Bedeutung mir schleierhaft war. Sie wanderten auf einen großen Haufen, wo schon alte Gießkannen, rostige Nägel und gewaltige Ketten lagen, die einem mittelalterlichen Verlies alle Ehre gemacht hätten. Alte Flaschenzüge aus Holz, Sensen und ein Schlitten, den der Bauer wohl dazu benutzt hatte, seinen winterlichen Brennholzvorrat aus dem Wald abzufahren, waren willkommene Dekorationsstücke für das Grundstück.

Nach vier Wochen Arbeit war ich um sechs Kilo leichter und um 10 000 Kronen ärmer. Aus dem alten Stall war eine richtige Garage und ein komfortabler Winterplatz für das Boot geworden, und trotzdem hatte die Scheune äußerlich ihren ursprünglichen Charakter behalten. Eine alte Fischerboje für ein Stellnetz und eine uralte, dekorative Sense umrahmten an der Wand des alten Gebäudes das holzgeschnitzte Schild: *Välkommen till Kasen*. All diese Dinge hatte ich in der Scheune auf dem Dachboden gefunden, gesäubert und lackiert. Als die Garage fertig war, bekam sie einen Anstrich mit dem klassischen *falu röd*. Da stand sie nun: *en liten stuga med vita knutar* – ein kleines Häuschen mit weißen Kanten.

Nach dem zweiten Mittsommerfest unseres neuen Lebens hier sollte es dann auch mit der Restauration des Hauses richtig losgehen. Wir hatten beschlossen, den morschen tragenden Balken unter dem Haus auszuwechseln, dem niemand mehr so recht traute. Doch mit dem Auswechseln war es nicht getan. Bei einer kleinen Probegrabung am Fundament war ein Teil der Grundmauer zusammengefallen. Der Bauer hatte, wie das damals so üblich war, das Haus in Eigenleistung mit Hilfe der Nachbarn errichtet und die Findlinge ohne Zement und anderes Bindemittel lose aufeinandergeschichtet. In rund hundert Jahren hatten Regen, Grundwasser und Frost Bewegung in die schweren Steine gebracht. Sie waren »hochgefroren«, wie man mir fachmännisch erläuterte.

Bosse sollte nun bald mit dem Bagger kommen, die Erde für die Drainage ausheben und die alten Grundmauern einreißen. Jeden Morgen lauschte ich hinunter ins Tal. Ich hörte Hunde bellen, Pferde wiehern und den Trecker des Bauern den Mist auf die Felder ausbringen. Doch das laute Motorengeräusch eines sich nähernden Baggers hörte ich nicht.

Nach fünf Tagen verlor ich die Geduld und rief Bosse über seine Mobiltelefonnummer an: »*Hej*, Bo!« grüßte ich höflich in den Telefonhörer. »Wann wollen wir nun mit dem Baggern anfangen? Der Tischler und der Maurer stehen schon bereit. Vor einer Woche habe ich vergeblich auf dich gewartet«, wagte ich zu monieren.

Das Wetter war herrlich, eine leichte Brise wehte, und ich

glaubte aus dem Hörer das typische Klappern von Stahlseilen gegen den Mast eines Segelschiffs und das Plätschern von Wellen zu hören. Ich sah Bosse sich an Bord seines Segelkahns in der Sonne räkeln. Ich hatte ihn offensichtlich gestört und an etwas Unangenehmes, nämlich an Arbeit, erinnert.

»Ich laß mich doch nicht unter Druck setzen«, maulte er denn auch am anderen Ende.

»*Tack så mycket* – vielen Dank«, sagte ich höflich, »und weiterhin viel Spaß beim Segeln!« Höflich, so hatte ich mir vorgenommen, höflich wollte ich als Fremder in einem so netten Land immer bleiben. Doch das beeindruckte Bosse wenig. Wütend legte er den Hörer auf. Damit waren unsere Geschäftsbeziehungen beendet, ehe sie richtig zustande gekommen waren.

Der Bagger von Ersatzmann Åke kam sofort. Gebaut für Großbaustellen vom Format eines Atomkraftwerks erfüllte mich das Monstrum mit tiefstem Mißtrauen. Damit das Gerät überhaupt auf das Gelände kam, mußte ich einen Pfosten an der Einfahrt wegnehmen und zwei wunderbare Rhododendronbüsche opfern. Dinah saß interessiert vor dem gelben Riesen und beobachtete gespannt, wie sich sein gefräßiges Maul in das Erdreich grub und Berge von Abraum und Findlinge mit den Abmessungen eines VW-Käfers neben unserem Haus aufschüttete.

Ihr Herrchen stand bedeutend unruhiger neben dem Bagger und beobachtete besorgt, was Åke, der Fahrer des Ungetüms, da anstellte. Das Schicksal von Kasen hing an einem einzigen winzigen Hydraulikhebel im Führerstand und an der Erfahrung seines Chauffeurs. Åkes sensible Fingerspitzen entschieden alles. Ein kleiner Fehler nur, und die mächtige Baggerschaufel würde das ganze Gebäude zum Einsturz bringen.

Åke machte seine Sache gründlich. Als nach zwei Tagen die Gräben ums Haus gezogen und damit die Basis für die Drainage und die Maurerarbeiten vorbereitet waren, glich die Szene tatsächlich dem Bauplatz von Brokdorf, wo ich die einzige Protestdemonstration meines Lebens mitgemacht hatte. Unser Rasen sah nun wie ein Truppenübungsplatz aus, so tief waren die Räder des Monstrums darin versackt. Die Wasserleitung für die Sauna und den Waschraum in der großen Scheune war zerfetzt, und eine Fontäne sprudelte schräg in den Abendhimmel. Zum Glück fand ich unter 30 Ventilen im Keller bald das richtige und konnte das unerwünschte Wasserspiel abstellen. Es stand in den Sternen, wann ich jemals wieder Wäsche waschen und Blumen gießen konnte, von der Benutzung der winzigen primitiven Sauna einmal ganz abgesehen. Unser »kleines Haus in der Sonne« war von einer Art Burggraben umgeben, und ich fürchtete insgeheim, daß das alte Gebäude da hineinrutschen könnte. Nur ein paar Birkenstämme, die wir in unserem Wald geschlagen hatten, stützten nun das ganze

Die idyllische Umgebung des Hauses glich zeitweise einer Großbaustelle

Haus, das jetzt eher einem bronzezeitlichen Pfahlbau glich als einem schwedischen Wohnhaus. Doch auch Katastrophen haben ihr Gutes. Im Abraum fand ich an diesem Abend einen schönen, glitzernden antiken Mühlstein aus Granit.

In den folgenden Nächten wurde ich mehrfach von Alpträumen geplagt. Deutlich hatte ich gefühlt, wie sich das Haus zur Seite neigte und wie ein Kartenhaus zusammenzuklappen drohte. Ich klammerte mich schweißtriefend am Bettrand fest, doch es war nichts. Der Wecker zeigte zwei Uhr und machte keine Anstalten, vom Nachttisch zu rutschen.

Was hatte ich mir da nur eingebrockt? Wie sollte sich diese Kraterlandschaft jemals wieder in eine kultivierte, saubere und bewohnbare Angelegenheit verwandeln? Zu allem Unglück verschlechterte sich ausgerechnet zu diesem Zeitpunkt das seit Wochen trockene Wetter dramatisch, und die Gräben um das Haus verwandelten sich alsbald in eine morastige Landschaft, die ich listig mit einer riesigen Plastikplane abdeckte, um wenigstens die schlimmsten Regengüsse von dem Arbeitsplatz fernzuhalten, damit die Handwerker und ich als Hilfsarbeiter nicht in einem Sumpf arbeiten mußten. Sämtliche Elche und Wildschweine aus der Umgebung zog die neue Landschaft nachts magisch an. Dinah bellte mich zu später Stunde aus dem wohlverdienten Schlaf, weil wieder einmal ein Wildschwein ein paar Findlinge losgetreten hatte, die nun laut polternd in die Baugrube fielen. Am nächsten Morgen mußte ich die Steine mühsam mit einer Handwinde wieder hinausbugsieren.

Die Arbeiten ruhten, und Karl befaßte sich damit, einen Maurer, einen Tischler und einen Fachmann für die Drainage aufzutreiben. Ich kümmerte mich inzwischen um die naheliegenden Dinge auf Kasen. Die wunderbaren kinderfaustgroßen Erdbeeren dieses Jahres waren geerntet, und die Himbeeren hingen reif an den Zweigen.

Eines schönen Tages erfuhr ich von Reinhard und Karola, die unten in dem Gästehaus weitab von unserer Großbaustelle logierten, daß mein Helfer Karl am kommenden Montag drei Wochen Segelurlaub machen würde. Reinhard sprach Schwedisch und gehörte zu den Leuten, die sich gern und ausführlich mit unseren Handwerkern unterhielten und diese von der Arbeit abhielten. Diesmal war ich ihm dafür sehr dankbar. Er hatte tatsächlich recht. Karl wollte sich mitten im schlimmsten Chaos in die Ferien begeben. Bildlich gesprochen wollte er das sinkende Schiff verlassen. So jedenfalls erschien es mir. Ich kam auch nicht im entferntesten auf den Gedanken, daß ich weit und breit der einzige war, den das Ganze so aufregte.

Segler und passionierte Angler waren mir bislang fremd gewesen. Meine Handwerker gehörten anscheinend alle zu einer dieser Kategorien. Als ich Karl fragte, wie es ohne ihn weitergehen sollte, schaute er mich an, als sei ich von gestern, und erläuterte mir nachsichtig seinen genialen Plan: »Also, das ist ganz einfach«, sagte er. »Der Maurer kommt übermorgen. Dann bestellt der den Tischler. Ich habe ein Handy und ein Fax an Bord, und ich habe die Handwerker angewiesen, auch ständig so ein Mobilteil in der Tasche zu tragen. So kann ich sie immer erreichen. Die Pläne können wir faxen. Hightech auf See!« sagte er stolz und entschwand.

Der Tag nach seiner Abreise war ein Montag, und die Woche begann vielversprechend. Königswetter, 23 Grad und kein Wölkchen. Ideale Bedingungen, um die neuen Grundmauern hochzuziehen. Beim Frühstück fiel mir die ungewohnte Stille um das Haus auf. Auch Dinah hatte an diesem Morgen noch nicht gebellt, was sie immer tat, wenn die Handwerker kamen. Draußen herrschte tiefster Frieden. Niemand war da, kein Maurer, kein Tischler, nichts. Auch am Dienstag herrschte auf Kasen eine unglaubliche Ruhe. Das Wetter war noch immer vom allerfeinsten. Marc, der Maurer, meldete sich nicht. Ich aber wagte mich nicht aus der näheren Umgebung des Hauses fort – könnte ja sein, daß doch noch einer der Männer auftauchte. So verbrachte ich die Tage damit, die Fenster zu renovieren, und kratzte in der Sommerhitze schwitzend und stumpfsinnig rissigen Kitt und jahrzehntealte Farbreste von den Rahmen. Zwischendurch versuchte ich, meinen Helfer auf See zu erreichen. Doch der war offensichtlich längst ertrunken und nicht mehr an Bord, denn niemand antwortete. Ich sah im Geiste ein führerloses Schiff mit flatternden Segeln durch die Nordsee treiben. Da draußen hatte es in den letzten Tagen ja ordentlich gebrist. Und ein Einhandsegler macht ja auch einmal ein Nickerchen.

Ich saß ein paar Tage auf meinem Berg und wartete schwitzend auf die Handwerker. Doch auch die längste Warterei geht einmal vorbei. Die Rettung kam aus dem fernen Hamburg. Denn dort saß Angela gemütlich beim Wein mit Reinhard und Karola zusammen, die inzwischen heimgekehrt waren. Die beiden wußten auch diesmal mehr als ich. Zum Beispiel, daß mein Helfer seine Frau zu Hause gelassen hatte, weil sie nur ungern ihr kleines Paradies im Wald gegen die schwankenden und ewig in Schräglage befindlichen Planken einer Segeljacht eintauschte. Ich rief sie an, und sie stellte schnell fest, daß ihr Gatte vergessen hatte, den Handwerkern nach Fertigstellung der Vorarbeiten weitere Order zu erteilen. Sie organisierte im Handumdrehen einen Maurer für den kommenden Morgen.

Eigentlich hätte mich die schnelle Verfügbarkeit eines Handwerkers mitten in den Ferien stutzig machen sollen. Aber unerfahren wie ich war, schätzte ich mich glücklich, daß es endlich weiterging.

Die folgenden zwei Tage haben sich unauslöschlich in meinem Gedächtnis eingeprägt – und in meinen Gelenken. Der vierschrötige Kalle mit dem kantigen Kopf und dem Bürstenschnitt erschien tatsächlich pünktlich »wie ein Maurer«. Aus seinem monströsen

Chevrolet Pickup warf er mit Donnergetöse das nötige Handwerkszeug heraus und begann unverzüglich mit der Arbeit. Drei Tonnen Mauersteine hatte ich bereits vor zwei Wochen mit Trecker und Schubkarre an den Ort des Geschehens transportiert. Aus Gründen der Zeit- und damit Kostenersparnis natürlich.

Nachdem er die erste Trommel mit Zement gemischt hatte, drückte Kalle mir die Schaufel in die Hand und bellte einen Befehl: »Zehn Schaufeln Sand, einen halben Sack Zement aus dem blauen Papiersack und einen halben Sack aus dem roten. Wasser wie eben geschehen.«

Ich hatte verstanden und bemühte mich, meine Aufgabe so gut wie möglich zu erfüllen. Unten am Haus klopfte Kalle bereits ungeduldig mit der Kelle gegen einen Mauerstein. Ich eilte mit der ersten Schubkarre voll Zement nach unten und hätte dabei beinahe das Haus gerammt, denn rund 100 Kilo schlabberiger Masse in einer altersschwachen Schubkarre können auf abschüssigem Gelände einen gewaltigen Sog entwickeln. Ich flitzte wieder nach oben zur Scheune warf erneut zehn Schaufeln Sand, einen halben Sack blauen und einen halben Sack roten Zement in die rotierende und rumpelnde Trommel und füllte Wasser nach. Der Zeitdruck erhöhte sich zusehends, der Wasserdruck im Schlauch ließ im gleichen Maße nach wie meine Kräfte. Unser Brunnen war überfordert, ich auch.

Der bullige Maurer arbeitete im Akkord. Er schien eine sadistische Freude daran zu haben, mich an den Rand des Zusammenbruchs zu treiben. Die zwanzigste Karre mit Zement kriegte ich einfach nicht mehr über den Aushub aus der Baugrube hinweg. Ich ließ sie erschöpft stehen und zuckte deprimiert die Schultern.

»Los, los!« schimpfte Kalle und klopfte ungeduldig mit der Kelle gegen das halbfertige Fundament. Ich machte einen letzten Versuch, die Karre anzuheben und kippte ihm von oben den ganzen grauen Sabber in die Baugrube und vor die Füße.

»*Nej!*« schrie ich laut und noch einmal: »*Nej!*«

Langsam kam ich wieder zu mir. *Satans jävla!* – zur Hölle! Was um alles in der Welt ließ ich mir hier gefallen? Wer bezahlte eigentlich den Mann? War ich der Auftraggeber oder der Hilfsarbeiter?

Kalle hatte jedenfalls Mitleid mit mir. Oder hatte er sein Ziel erreicht? Ich traute ihm derlei Sadismus durchaus zu. Endlich packte auch er mit an und hievte eine neue Schubkarre mit Zement über das Hindernis hinweg. Und wenn ich recht gesehen hatte, hob er die Schubkarre lässig mit zwei salamidicken Fingern einer Hand hoch.

Am Abend des zweiten Tages standen die Grundmauern. Ich fühlte mich ernsthaft krankenhausreif und hatte einen schweren seelischen Tiefpunkt, den ich mit einer Flasche »Pfälzer« aus unserem eisernen Vorrat zu beheben suchte. Nachts träumte ich: zehn Schaufeln Sand, einen halben Sack blauer Zement… Ich roch im Schlaf deutlich den süßlichen Geruch von frisch gemischtem Beton.

Ein halbes Jahr später mußte ich in Deutschland einen schweren Leistenbruch operieren lassen.

Es dauerte noch zwei Wochen, dann besorgte mir mein mitfühlender Nachbar Mats III. einen Bagger, mehrere Lastzüge mit Schotter, und an einem Wochenende war der ganze Spuk vorbei. Ich konnte das Haus wieder durch den Vordereingang betreten, und alles sah so aus, als hätte es das Chaos der letzten Wochen und Monate nie gegeben. Als Karl von seiner endlosen Segeltour wohlbehalten zurückkehrte und wieder mit anpacken wollte, war alles erledigt.

Der Tischler erschien nun auch auf der Bildfläche, und in nur drei Tagen hatten die beiden einen schmucken, klassischen Vorbau gezimmert und mit den uralten Ziegeln gedeckt, die wohl schon seit Jahrzehnten unter der Veranda lagen. Endlich hatten wir unsere *farstu*.

Wie hatte Karl ganz am Anfang vorausschauend gesagt? »Arbeite du mal immer schön mit, da bekommst du ein ganz anderes Verhältnis zu deinem Haus.« Wie recht er doch hatte! Ich humpelte an diesem Montag um das Haus herum, und an jeder Ecke fielen mir kleine Katastrophen ein: Hier unter dem Küchenfenster hatte ich den Findling auf den Fuß bekommen, da unter der Veranda klemmte ich mir den Finger zwischen zwei schweren Steinen ein, und dort am Eingang fiel mir das Mobiltelefon in einen Eimer mit Zement. Ich war auf dem besten Wege, Kasen zu hassen.

In den Schären

Ich packte einen Schlafsack, einen Kocher, einen Kanister mit Süßwasser, Hundefutter, Essen für Herrchen und Angelzeug ein. Mats drückte ich den Hausschlüssel in die Hand und sagte: »Können deine Kinder einmal ein paar Tage die Katze füttern? Ich muß hier weg. Ich kann Kasen nicht mehr sehen.«

Wir fuhren durch die Schären. Dinah stand am Bug und schnüffelte interessiert in den Wind. Erst allmählich hatte sich das Tier an das Schiff gewöhnt. Am Anfang mußten wir sie ins Boot tragen. Dort stand sie dann zitternd und hechelnd – ein Bild des Jammers. Inzwischen hatte ich für Dinah eine Art Fallreep gebastelt und mit rutschfester Folie beklebt. Das half. Nun konnte sie allein hinein- und hinausklettern und gewöhnte sich schnell an das schwankende Fahrzeug. Doch war ich fest davon überzeugt, daß der Hund unter Seekrankheit litt, denn Wellen machten ihn nervös, und das Zittern und Hecheln begann bei unruhiger See von neuem.

Mit dem Autofahren war es ähnlich gewesen, doch heute war sie, wie viele Hunde, ein regelrechter Autofan. Der Zauberruf: »Autofahren!« verwandelte sie in Sekundenbruchteilen in ein vor Freude jaulendes und springendes Tier. Autofahren bedeutete in der Regel ein Besuch bei Ronja, dem Hund von Magnus, dem Antiquar. Auf dem alten Hof unten im Tal gab es dann immer eine lautstarke Begrüßung der beiden Hunde, während Dinahs Herrchen in der riesigen alten Scheune herumstöberte, um zu sehen, was Magnus wieder an alten Sachen organisiert hatte. Dinah grüßte während der Fahrt mit dem Auto jaulend jedes Pferd und jeden Hund im Tal, denn sie kannte sie alle persönlich. Autofahren bedeutete auch, Frauchen vom Flughafen abzuholen. Autofahren war einfach nur dabeisein.

Wir waren froh, daß Dinah auch dem Boot allmählich positive Seiten abgewinnen konnte, denn schnell hatte sie gelernt, daß Entdeckungstouren auf die vielen Inseln ihrer neuen Welt furchtbar aufregend sein konnten. Da roch es nach Seehunden, herrlich nach vergammeltem Fisch, und da konnte man wunderbar baden und schwimmen und sich anschließend in faulendem Seetang wälzen.

Je weiter wir an diesem sonnigen Morgen hinausfuhren, um so karger wurde die Landschaft. Heftige Winde und salzige Gischt

Von Gletschern polierte Felsen und weiße Segel – die Schärenlandschaft vor unserer Insel

hatten in Jahrhunderten beinahe jedes pflanzliche Leben auf den felsigen Inseln der Schären ausgelöscht. Ganz weit draußen, dort wo Land und Meer fast unmerklich mit ein paar winzigen Inselchen ineinander übergehen, fanden wir ein kleines Eiland. Rund, flach und glattpoliert. Eiszeiten und heftige Stürme hatten gründliche Arbeit geleistet. Nur in einigen Spalten blühten ein paar Gräser und die berühmte rote Grasnelke. Nur wenige Pflanzen können sich hier draußen in dieser feindlichen, salzigen Umwelt noch halten.

Doch vor Stürmen mußten wir uns heute nicht fürchten. Der Abend war still und das Meer wieder einmal wie ein glutroter Spiegel. Der große, runde Riesenlampion Sonne verschwand hinter den Fischerhäusern von Gullholmen im Meer, und die Silhouetten der Inseln und der vielen Segelschiffe erschienen deutlich wie ein Scherenschnitt gegen den glutroten Abendhimmel.

Ich machte einen Tee und rührte eine Tütensuppe in einen Becher heißes Wasser, gab dem Hund ein paar Hundekuchen und kroch dann in den Schlafsack. Dinah rollte sich auf einem Schaumgummisitz aus dem Boot zusammen. Die warmen, glatten Steine hatten die Hitze des Sommertages gespeichert, und es war mollig warm auf den kahlen Felsen.

Ich konnte nicht schlafen. War das Boot richtig vertäut? Würden die beiden Anker halten? Jetzt müßte die Strömung kippen, und sie könnten losreißen. Immer wieder ging ich zum Ufer hinunter, um nachzusehen. Doch alles war in Ordnung. Hellwach saß ich auf einem warmen Stein und starrte auf das Meer, beobachtete die ersten Anzeichen eines Meeresleuchtens, das sich alljährlich im August einstellt. Ich nahm eine Handvoll Wasser und schleuderte die Tropfen auf die Wasseroberfläche. Hunderte von winzig kleinen Organismen, die zahllosen Schwebetierchen im Plankton, ärgerten sich so über diese Störung, daß sie anfingen, in grünlichem Licht zu leuchten, zu phosphoreszieren, wie die Fachleute sagen.

So saß ich nun hier draußen mitten in der Nacht mit meinem Hund auf einer einsamen Klippe, ließ Tropfen ins Wasser fallen und war richtig glücklich, freute mich wie ein Kind über das Meeresleuchten und hatte endlich Zeit, mich daran zu erinnern, wie es überhaupt dazu gekommen war.

Meine ehemaligen Kollegen lagen nun sicher in ihrem Bett in einer komfortablen Wohnung oder in einem Eigenheim in Hamburg und schliefen. Ich dagegen hatte weggewollt aus der Großstadt. Zu lange hatte ich an einem Ort gelebt. Es war mal wieder Zeit für eine Veränderung. Angela hatte sich die Aufbruchsstimmung mit der ihr eigenen Ruhe angesehen und verstand mich nicht mehr. Unsere Beziehung geriet immer mehr in eine Krise. Ich studierte Grundstückspreise in Kanada, Neuseeland und Australien, während sie ihrer Arbeit in einer großen Arztpraxis in Hamburg nachging und sich dort mehr und mehr unentbehrlich machte.

Meine Wahl fiel auf Neuseeland. Doch ich hatte meine Rechnung ohne die Hausherren gemacht. Die Behörden dort lehnten meinen Antrag schlichtweg ab. Mir fehlten zwei Punkte im strengen Bewertungssystem für Einwanderer: Ich war zu alt und überqualifiziert. Wäre ich 18 gewesen, gesund, politisch unverdächtig und Handwerker mit einem Doktortitel und 20 Jahren Berufserfahrung, man hätte mich kommen lassen. Doch ich war weder jung noch knackig, noch war ich Bäcker oder Krankenschwester. Und da war auch noch der Hund. Es war völlig inakzeptabel, Dinah in Neuseeland ein halbes Jahr in Quarantäne zu sperren. *Last but not least*: Da war Angela. Sie dachte nicht im Traum daran, mir nach Neuseeland oder Australien zu folgen. Eine Trennung stand im Raum. Doch davon hatte ich inzwischen schon zu viele erlebt.

Schweden war in dieser Situation sicher kein schlechter Kompromiß. Ich mietete mir ein Wohnmobil, packte Lebensmittel,

Zu Ferienhäusern umfunktionierte Fischerschuppen

Hundefutter, Wein und warme Decken hinein, besorgte eine Ein-
reiseerlaubnis für den Hund und fuhr los.

Der Traum aller Schweden, das kleine rote Holzhaus, schwebte
auch mir vor. Niemand kann sich der gemütlichen Atmosphäre
dieser schwedischen Landhäuser entziehen. Für viele Mitteleuropäer und natürlich für die Schweden selbst ist so eine rote *stuga*
die Verkörperung von heiler Welt und Frieden.

Es passierte schon am zweiten Tag. Ich verliebte mich tatsächlich in das erstbeste rote Haus, das zu verkaufen war. Es lag versteckt in einer Waldlichtung auf einer Insel im Skagerrak. Die Insel hatte es in sich: ein bißchen Kanada, ein wenig Neuseeland und
ein kleiner Rest Deutschland – und natürlich viel, viel Schweden.
Ausgedehnte Wälder, unterbrochen von fruchtbaren Tälern mit
hübschen traditionellen Bauernhöfen, die Meeresarme des Skagerrak und einige Binnenseen schmückten die Naturreservate von

142

Orust. Faszinierend die meernahen Klippen, kahl und vom Eis der Gletscher vor langer Zeit glattgeschliffen, dazu winzige Fischerdörfer, die inzwischen ihren bescheidenen Wohlstand auch aus dem Tourismus schöpften. Die Felsformationen schimmerten in zartem Rosa, als ich die Insel im April spätabends zum ersten Mal besuchte.

Der Besitzer gab mir den Schlüssel für sein Haus, ließ mich und Dinah allein und fuhr wieder in seine Wohnung nach Göteborg. Ich stellte das Wohnmobil auf dem Hof ab und verbrachte einen Abend und eine Nacht auf dem weitläufigen Gelände. Das »Ferienhäuschen« hatte gut und gerne 140 Quadratmeter Wohnfläche, dazu einen Stall und eine Gästewohnung. Ein kleiner Bach plätscherte durch die Wiese vor dem Haus und endete in einem witzigen Naturschwimmbecken, das in einen Granitfelsen eingelassen worden war. Das gemütliche Zentrum einer gemütlichen Wohnküche war ein wunderbarer alter Kamin. Ein perfekt und einfühlsam renovierter Bauernhof aus dem vorigen Jahrhundert. Ich hätte nichts verändern müssen, denn alles entsprach hundertprozentig meinem Geschmack. Gut 100 000 Quadratmeter Land um Haus und Hof sorgten dafür, daß einem niemand zu sehr auf die Pelle rücken konnte. Der Preis war in Ordnung – für deutsche Verhältnisse ein Schnäppchen sondergleichen. Ich konnte es einfach nicht glauben! Das erste Haus und schon das richtige? Es gab sicher noch eine Steigerung. Etwas Billigeres und Schöneres! Ich mußte Vergleiche haben und weitersuchen.

Am Morgen ging's weiter, zwei Wochen lang kreuz und quer durch das Königreich, immer auf der Suche nach *dem* Traumhaus und *der* Landschaft. Kein Mensch, der ein Haus sucht, kauft das erste Objekt, das er zu sehen bekommt. Und sei es noch so schön und preiswert.

Es wurde eine kalte und unbequeme Fahrt. Mein Hintergedanke war so ausgeklügelt wie selbstkritisch. Wenn schon auf Haussuche, dann sollte so etwas in einer Jahreszeit passieren, die alles andere als verführerisch ist. Der frühe April schien mir eine durchaus geeignete Zeit für ein so wichtiges Unternehmen. Noch ist alles grau, unansehnlich und von den Spuren des Winters gezeichnet. Was da nicht durch die Maschen fällt, muß schon besondere Klasse haben.

Die Ostseeküste wurde schnell abgehakt. Als Meeresbiologe hatte ich es längst »gerochen«: Papierfabriken und die Landwirtschaft hatten mit ihren Abfällen in den letzten Jahrzehnten ganze Arbeit geleistet. Durch Überdüngung war das Wasser im Sommer zu einer stinkenden Algenjauche verkommen, deren Reste ich mit geübtem Auge und sensibler Nase auch jetzt im Frühjahr noch sah und roch.

Im Småland war's mir zu einsam und im April noch viel zu rauh. Hohe Schneewehen lagen unaufgetaut im Wald herum und verbreiteten weithin Kälte. Skåne war mir zu dicht besiedelt und Dalsland zu weit nördlich. Was hatte ich nicht alles gesehen! So manche traditionelle *stuga* mitten im Wald, verwunschene verlassene Bauernhöfe, ein Haus am Fluß, aber auch überteuerte, stillose Neubauten am Meer. Häuser mit Meeresblick, das war schnell klar, waren auch in Schweden besonders teuer. Je weiter man ins Landesinnere und nach Norden vorstieß, um so preiswerter wurde alles. Da war dann ein perfektes Traumhaus am See mit Riesengrundstück schon für 100 000 DM und weniger zu haben. Kleine Sommerhäuser im Wald gab's schon ab 40 000 DM.

Ganz Schweden schien zum Verkauf zu stehen. Der Sozialstaat war dabei, abzuwirtschaften. So geriet manche Hausbesichtigung eher zu einem traurigen Erlebnis, denn es ging hier nicht mehr nur um ein Haus. Dahinter standen Schicksale, Familien, die in Finanznöten waren. Bis zum Hals stand ihnen das Wasser noch nicht, denn wirklich schlecht ging es eigentlich nur wenigen. Der Staat hielt seine Bürger noch immer in seinem feinmaschigen sozialen

Netz aus Rechten und Pflichten gefangen. Doch dieses wies bereits große Löcher auf, und mancher war schon hindurchgefallen. Der schwedische Kollektivismus war am Abbröckeln, und es störte inzwischen viele, daß man im jährlich erscheinenden Steuerkalender seine Finanzverhältnisse allen öffentlich machen sollte. Schuldenmachen war zu lange »in« gewesen und auch noch vom Staat honoriert worden. Was also lag näher, als bei einer Mehrwertsteuer von 25 Prozent selbst Schulden zu machen? Zu viele hatten zu lange und zu gründlich auf Pump gelebt. So mancher Städter hatte sich gleich zwei und mehr Häuser gehalten und die hohen Zinsen von bis zu 16 Prozent ignoriert. Die konnte man ja in der jährlichen Steuererklärung wieder absetzen. In gewissen Kreisen war es üblich, ein eigenes Haus in Stockholm, ein Sommerhaus an der nahen Ostsee, eine Jacht, einen Volvo und auch noch ein Sommerhaus an der sonnigen Westküste zu besitzen. Besessen im wahrsten Sinne des Wortes haben viele diese Dinge nie. Die Bank war Eigentümer der Luxusgüter geblieben, weil sie in der Regel noch längst nicht bezahlt waren. Durch die jahrelange Abwertung der Krone war das Kartenhaus des Sozialstaates in sich zusammengebrochen, die Banken wurden unruhig und wollten ihr Geld wiedersehen. Die steuerliche Absetzbarkeit der immensen Schulden wurde vom allmächtigen Staat drastisch eingeschränkt. So versuchten viele, durch den Verkauf ihrer Luxusobjekte die unglaublichen Schulden loszuwerden. Nun kamen die deutschen, englischen und norwegischen(!) Schwedenfans auf den Plan.

Und da waren sie auch schon, die Makler. Sie warben damit, daß der Käufer keine Courtage bezahlen mußte. Mit der Zeit wurde ich gerissen. So manches Haus, das ich mit einem Makler besichtigt hatte, fand ich dann als Aushang im Fenster der örtlichen Bank wieder. In der Regel war es, je nach Preis, bis zu 40 000 Kronen billiger als bei den cleveren Vermittlern

Am Ende meiner einsamen Reise mit Dinah blieb der Anfang. Das Land Bohuslän und seine Westküste. Die Insel Orust, die all das hatte, was ich wollte. Und dort das rote Haus auf der Waldlichtung. Ich hätte mir die übrige Reise glatt sparen können. Nach meiner Heimkehr gab ich sofort grünes Licht für den Kauf. Doch ich hatte die Rechnung ohne den Makler gemacht. Inzwischen war eine Mitbewerberin aufgetaucht, die ebenfalls an diesem Objekt interessiert war. Der Preis stieg von Tag zu Tag, wie auf einer Versteigerung. Und ich stieg aus – ich hatte verloren!

Zwei Jahre später – wir waren längst glückliche Besitzer von Kasen – trieb mich die Neugier wieder hin ans andere Ende unserer Insel. Mein roter Traum lag noch immer schön und still wie damals im April auf der sonnigen Waldlichtung. Unverändert. Die siegreiche Konkurrentin entpuppte sich als eine nette Frau mittleren Alters, die perfekt englisch sprach und mich sofort zum Kaffee und einer schwedischen Mandeltorte einlud. Sie nahm mir meine Neugier nicht übel. Und sie nahm sich Zeit, obwohl ich unangemeldet gekommen war. Als ich ihren Beruf erfuhr und sie mir ihre Position »beichtete«, verstand ich alles. Gegen eine Generalstaatsanwältin eines ganzen schwedischen Landesteiles hatte ich nicht die geringste Chance gehabt. Geld, und da war sie ganz ehrlich, Geld hatte keine Rolle gespielt. Auch sie war sofort dem Zauber der sonnigen Lichtung mitten im eigenen Wald verfallen.

Im Sommer nach dieser Enttäuschung verbrachten wir unseren Urlaub auf der Insel. Und was für Ferien das waren! Auch dieser Sommer geizte nicht mit blauem Himmel, warmem Wasser und lauen Nächten voller Sternschnuppen. Wir lagen im Garten eines Ferienhauses mit dem gammeligen Charme der Jahrhundertwende, aalten uns in der Sonne und hüpften ab und zu in den nur wenige Schritte entfernten Fjord, um uns abzukühlen. Die Abende am Ufer des Meeres im glühenden Abendrot waren unbeschreiblich. Es war schwer, sich in dieser Situation nicht zu verlieben – in ein Land, das so viel Reize zu bieten hat, eine Insel, die alles hat, dichte Wälder, Seen, Elche, Rehe und Seehunde, verwunschene Fjorde und klares Wasser. Menschen, die entgegen ihrem Ruf keineswegs maulfaul waren, sondern gern Zeit für einen Klönschnack hatten und eine gehörige Portion Geduld.

Und dann fanden wir im Fenster einer Bank das Foto des eidottergelben Hauses oben am Berg. Aus der *röd liten stuga* war eine *gul stuga*, ein gelbes Haus, geworden.

Ich hatte vielleicht zwei Stunden geschlafen, als mich Dinah mit verhaltenem Knurren weckte. Ich lauschte und hörte deutlich das typische Bellen von Seehunden. Es wurde eine unruhige Nacht, denn wir hatten uns offensichtlich einen nächtlichen Seehundtreff ausgesucht. Dinah war in hellster Aufregung, und erst gegen Morgen beruhigte sie sich, als die Tiere wieder verschwunden waren.

Auf Gullholmen herrscht nur im Sommer reges Leben

Nach dem Frühstück fuhren wir bei strahlendem Wetter die Küste von Bohuslän entlang, besuchten die alte, beschauliche Fischerinsel Gullholmen mit ihren putzigen Häuschen und den engen Gassen ohne Autos und fast ohne Bäume. Heute sind die meisten Häuser in der Hand von Städtern und werden als Sommerresidenz genutzt. Wir waren schon einmal im Winter hier gewesen, bei absoluter Stille, denn nur noch wenige Menschen wohnen auch in der kalten Jahreszeit auf der Insel. Dann ging's weiter nach Lysekil ins Meeresaquarium. Ich kannte die Anlage noch von früher. Das Aquarium war inzwischen privatisiert und modernisiert worden. In den großzügigen Kaltwasserbecken schwammen und krochen all die Tiere, die im Gullmarnfjord direkt vor der Haustüre lebten. Auch beim Meeresforschungsinstitut auf der anderen Seite des Fjordes machte ich fest und fachsimpelte dort mit ehemaligen Kollegen. Der Gullmarn ist der einzige echte Fjord Schwedens, denn nur er erfüllt die Kriterien dafür: große Tiefe (90 Meter), er ist relativ eng und reicht weit ins Land hinein. Wir ankerten vor den Koster-Inseln mit ihrem wuchtigen Doppelleuchtturm und besuchten das Naturreservat auf der Insel Hällö. Ich staunte über die kreisrunden Löcher der *jätte grytor*, der Gletschermühlen, die wirkten, als hätte sie eine präzise Maschine in den Felsen gebohrt. Auch wir hatten auf unserem Grundstück so ein topfgroßes Loch, dessen Herkunft mir bis zu dem Besuch von Hällö verschlossen geblieben war. Angeblich haben Gletscher besonders harte Granitbrocken so lange in einer Vertiefung bewegt, bis sie diese präzisen Löcher in den Felsen gefräst hatten.

In den stillen Schären um die Insel übernachteten Herr und Hund in einer wunderschönen Bucht. Es war Hochsaison, und doch waren wir meist allein – kaum ein Mensch störte uns. Es war genügend Platz für alle da.

Auf der Rückfahrt durch einen bizarren, schmalen Kanal zwischen mehreren Inseln entdeckte Dinah in der starken Strömung zwei Delphine. Oder waren es Schweinswale? Ich konnte es nicht genau ausmachen, denn die Tiere waren sehr scheu und vorsichtig und das war gut so. Norwegen ist nicht weit. Dort zählen diese Säugetiere zu den eßbaren »Fischen«. Zusammen mit anderen Walen und Robben werden sie gnadenlos verfolgt, denn sie leben von Fischen. Nur den norwegischen Fischern steht das Recht zu, Fische zu fangen. Den Tieren nicht!

Ich habe mich viel mit Walen und Delphinen beschäftigt, bin mit ihnen im offenen Meer geschwommen und getaucht. Ich freue mich noch immer, wenn ich sie sehe. Im Winter hatte ich hier etwas ganz Besonders erlebt: Ich stand wie jeden Morgen während unserer Hunderunde auf dem hohen Berg und verschnaufte von der anstrengenden Kletterei, als ich unten im Fjord kleine Dampfwölkchen entdeckte. Plötzlich sah ich große, sichelförmige Flossen die Wasseroberfläche durchschneiden. Das konnte doch nicht wahr sein! Doch dann kamen die Köpfe der großen Tiere aus dem Wasser, und ich sah ihre schwarzweiße Zeichnung. Es gab keinen Zweifel – da unten in unserem Fjord war eine Schule Orcawale oder Schwertwale unterwegs. Lange stand ich mit Dinah auf dem zugigen Berg und sah den gewaltigen Tieren nach. Sie zogen hinaus aufs Meer. Niemand außer mir hatte sie gesehen. Seitdem halte ich immer die Augen offen, wenn ich mit dem Boot unterwegs bin, doch das Glück einer erneuten Begegnung mit den wunderbaren Orcas war mir bis heute nicht mehr vergönnt. Die Hoffnung habe ich aber noch nicht aufgegeben.

Nach vier Tagen waren wir wieder auf Kasen. Mäuschen ging es gut, und sie freute sich sichtlich darüber, daß sie ihren geliebten Hund und ihren »Büchsenöffner« wieder hatte. Doch zur Feier der Begrüßung machte ich diesmal keine Dose mit Katzenfutter auf. Ich hatte etwas Besseres mitgebracht: frische Makrelen, die ich auf dem Heimweg geangelt hatte. Die Katze schnurrte den ganzen

Mäuschen freut sich über unsere Rückkehr

Abend und schlief in der Nacht abwechselnd im Hundekorb und in meinem Bett.

Nach unserem langen Ausflug auf das Meer sah ich vieles auf Kasen mit schwedischem Gleichmut. Draußen in den Schären hatte ich gelernt, daß für so viel Schönheit und Frieden auch ein Preis bezahlt werden muß. Und dieser war mir nicht zu hoch.

Wegelagerer

Am Sonntag hörte ich oben an der neuen Garage ein Auto vorfahren. Ich unterbrach meinen wohlverdienten Mittagsschlaf, denn letzte Nacht war es wieder einmal ein Uhr geworden beim Fischen. Ich beugte mich aus dem Giebelfenster und schaute nach. Draußen lief ein merkwürdiges Paar herum: Er, ein baumlanger Mittfünfziger mit leicht gebeugtem Rücken und etwas angegrautem Haupt, sie, pummelig und so breit wie hoch, reichte ihm bis knapp unter die breiten Oberarme. Beide schienen sich hier gut auszukennen, blickten in die Scheune, öffneten das Garagentor und marschierten dann selbstbewußt auf das Wohnhaus zu. Ich schlüpfte rasch in eine Hose, mein Hemd konnte ich in der Eile nirgendwo finden, und so begrüßte ich meine Gäste mit freiem Oberkörper etwas verlegen in meiner verwaschenen und verdreckten Jeans.

»Wir wollen nicht stören«, sagte der baumlange Kerl, »aber meine Frau würde gern einmal sehen, was aus Kasen geworden ist.«

Dann fiel ihm noch etwas ein: »Blüme mein Name. Björn Blüme, und das ist meine Frau Naemi.«

»Trinkt ihr einen Kaffee mit?« fragte ich verschlafen, während Dinah glücklich schwanzwedelnd ein winziges Schoßhundewesen beschnüffelte.

Die beiden zogen, wie alle Schweden, in der neuen *farstu* ihre Schuhe aus und kamen auf Socken herein. Naemi blickte sich neugierig um. Ich machte in der Küche Kaffee, denn ich hatte wieder einmal die Regel nicht beachtet, daß man immer Kaffee bereit haben muß, und suchte verzweifelt nach einer Schachtel mit Keksen, die gestern ganz bestimmt noch dagewesen war. Naemi inspizierte unterdessen interessiert und ungeniert das Haus und plapperte fröhlich drauflos. Sie fühlte sich hier sichtlich zu Hause. Björn gab sich alle Mühe, ihren Redefluß in einen erfreulichen Mischmasch aus Englisch und Deutsch zu übersetzen und seine Angetraute davon abzuhalten, auch noch in unsere Schlafgemächer und das Bad einzudringen.

»Dein Haus gehörte Anders und Hildor Abramsson«, erzählte Naemi. »Hier in der Küche, wo heute dein Eßtisch ist, befand sich das große Ledersofa. Da haben wir auch den toten Anders hingelegt und dann den Sarg auf dem Schlitten, der jetzt draußen vor der Türe als Dekoration steht, ins Tal gefahren. Es war Winter, und wir hatten viel Schnee auf der Insel.«

Draußen schien die Sonne, und ich sah plötzlich überdeutlich einen offenen Sarg in unserer gemütlichen Küche stehen. Mir wurde kalt, und ich hatte absolut keine Lust auf eine Fortsetzung dieses Themas.

Ich versuchte abzulenken: »Von was haben die beiden eigentlich gelebt? Hatten die keine Kinder?«

»Hildor und Anders hatten eine Kuh, ein Schwein und zehn Hühner«, erzählte Naemi. Dort, wo jetzt euer großer Rasen ist, war alles Acker. Da haben die alles Notwendige gepflanzt: viele Kartoffeln, Tomaten, die hier an dem sonnigen Hang hervorragend wachsen, Blumenkohl, Kohl, Küchenkräuter. Das wurde alles mit dem Zeug aus dem Humusklo und dem Stall gedüngt. Du hast sicher gemerkt, wie dein Rasen gedeiht. Das ist klasse Boden. Ein wenig Fischerei hat der Alte auch betrieben mit dem alten Boot, das du so schön am Eingang zu Kasen aufgestellt hast.«

»Das Haus bestand ursprünglich nur aus der Küche, dem Wohnzimmer und der Veranda. Erst kurz bevor Gert und Anita Kasen

Goldgelbe Sonnenblumen vor unserer roten Scheune

übernahmen, ist die obere Etage aufgestockt worden«, warf Björn ein, als seine Frau mal Luft holen mußte.

»Nein, Kinder hatten die beiden nicht«, plauderte Naemi weiter und streichelte ihren Hund, der in der sommerlichen Hitze unseres Wintergartens heftig hechelte Naemi blickte versonnen auf den Weg vor der Veranda. »Weißt du, ich bin hier geboren. Der Bauer unten und die Familie Svensson und die Familie Gustavsson unten im Tal, das sind alles meine Verwandten. Und euer Haus kenne ich wie meine Westentasche. Schön habt ihr das alles renoviert! Die *farstu* am Eingang ist wirklich spitze. Schöner als vorher. Den Rest schafft ihr auch noch. Um diese Jahreszeit haben die Handwerker alle keine Lust, aber die kommen schon wieder, wenn sie ein paar Kronen brauchen!«

Sie ließ den Blick durch die Räume streichen, starrte erneut auf den Weg ins Tal, und nun kam. worauf ich schon die ganze Zeit ge-

wartet hatte: »Das da war früher ein offizieller Weg zum Kauf-
mann unten an der Bucht, dort, wo heute der kleine Jachthafen ist.
Der Laden ist längst pleite. Jetzt hast du ein Tor hier angebracht.
Wir würden aber gern alle weiterhin durch dein Grundstück laufen.«

Ich hatte es gewußt! Der leidige Weg!

»Natürlich könnt ihr hier durchlaufen. Ich will nur keine Pferde
und Autos auf dem Gelände haben!« sagte ich müde.

»Der Bauer unten im Tal erzählt, daß du mit dem Gewehr auf
die Leute schießt und den Hund auf sie hetzt!«

Das war starker Tobak. Ich besaß nur ein Luftgewehr und hatte
es noch nie aus dem Schrank geholt. Nur einmal hatte ich es einem
Nachbarn geliehen. Und für mein Gefühl war Dinah Fremden
gegenüber manchmal sogar zu freundlich.

Der Weg! Seit wir hier wohnten, war der ein Problem gewesen.
Er führte quer durch unser Grundstück und war früher wohl nur
ein Trampelpfad gewesen, den die »Ureinwohner« hier benutzt
hatten. Seit unser Vorbesitzer an Mats unten ein kleines Stück vom
Grundstück verkauft hatte und es dort ein Ferienhaus gab, hatten
die beiden mit Schotter bedeckten Fahrspuren mit den regelmäßig
gemähten Graskanten, die durch unser Grundstück zu seinem
Haus führten, den Charakter eines offiziellen Weges angenommen. Mats schätzte eine unkomplizierte Zufahrt zu seinem Haus,
denn sein Bauch war beträchtlich und sein Mercedes etwas betagt.
So waren viele Anwohner hier mit der Zeit zu der Meinung ge-
langt, daß es sich wohl um einen offiziellen Weg handelte, und in
der Ferienzeit marschierten Krethi und Plethi mit Hund und Pferd
über unser Land. Dabei interessierte es offensichtlich niemand,
daß der Weg an der Grundstücksgrenze abrupt aufhörte und in
einen halsbrecherischen Trampelpfad mündete.

Gert und Anita waren typische nette Schweden, also keine Menschen, die irgend jemandem Vorschriften machten. Sie hatten Jahr

für Jahr – auf eigene Kosten versteht sich – neuen Schotter für den Weg anfahren lassen, den die Pferde und Schlitten der Nachbarskinder zerstört hatten. Kleine Sturzbäche und die Schneeschmelze hatten das feine Material aus unserem Weg in die Schlucht gespült und dort die beinahe schon archäologisch wertvollen Abfälle unserer Vorgänger verdeckt. Wie wir schnell feststellten, war diese tolerante Einstellung eine durchaus teure Sache. Zwei Lastzüge mit Anhänger, beladen mit »Macadam«, einer Art Granitbruch, zur Herrichtung des Weges kosteten alljährlich ein kleines Vermögen.

Vor wenigen Tagen hatte Dinah ein Pferd mit einer jugendlichen Reiterin auf unserem Land verbellt, und das Pferd war durchgegangen. Mit viel Glück hatte das junge Mädchen den Sturz vom Pferd unverletzt überstanden. Daraufhin handelte ich und verschloß den Eingang zum Grundstück mit einem leicht zu öffnenden Tor, an dem ein Verbotsschild für Pferde hing. Auf dieses Schild war ich besonders stolz – ich hatte es am Bildschirm gezeichnet und auf Sperrholz übertragen. Das Tor konnte von Fußgängern leicht geöffnet und wieder geschlossen werden.

Nun sind Verbotsschilder schon etwas typisch Deutsches, und wie die Schweden hasse ich diese Dinger. Zudem gilt im Königreich seit grauen Vorzeiten ein ungeschriebenes Gesetz, das *allemansrätten*. Und wie das so mit ungeschriebenen Gesetzen ist, legt es jeder so aus, wie es ihm gerade in den Kram paßt. Dieses Gewohnheitsrecht ist so etwas wie unser § 1 der Straßenverkehrsordnung. Nach diesem Jedermannsrecht ist das freie Umherstreifen in der Natur, das Anlegen an jedem Ufer, das Sammeln von wilden Blumen und Beeren und Pilzen und das Übernachten in Wald und Flur erlaubt. Gleichzeitig ist das Befahren, Betreten oder die »sonstige« Nutzung von Privatgrundstücken und das Zelten in Sichtweite von Privathäusern verboten. Ein Widerspruch? Die Schweden haben es längst gelernt, mit den widersprüchlichen und undurchführbaren Rechten und Pflichten des *allemansrätten* zu leben. Die Regeln haben den Charakter von Empfehlungen, hängen überall aus und werden, wie mir scheint, nur von Ausländern befolgt. So war es durchaus üblich, das Gesetz je nach Gebrauch auszulegen. Wenn ich jemand in unseren schwarzen Johannisbeeren erwischte, hatte der wie aus der Pistole geschossen den Absatz mit dem Pflücken von wilden Beeren parat, wenn auch die schwarzen Johannisbeeren auf unserem Grundstück selbst mit viel gutem Willen keine wilden Beeren sind.

Schon an unserem ersten Weihnachtsfest hatten wir gelernt, zu was derlei Recht gut sein kann. Wir saßen an Heiligabend gemütlich im Wohnzimmer, die Kerzen am Weihnachtsbaum brannten, und wir lobten gerade in den höchsten Tönen den Frieden im Lande und die Ruhe im Tal. Plötzlich krachte etwas gegen das Haus, Menschen grölten. Draußen war der Teufel los.

»Du, das ist bei uns!« sagte ich erschrocken zu Angela.

Wir gingen nachsehen. Dinah stürzte sich sofort auf einen Mann, der versuchte, seinen zerbrochenen Schlitten von unserer Hauswand zu klauben. Auf dem abschüssigen Rasen vor unserem Haus tummelten sich ein paar weitere Männer und zwei Kinder mit ihren Schlitten.

Ehe ich etwas sagen konnte, dozierte der mit dem kaputten Schlitten in Englisch – er hatte seine Rede offensichtlich vorher geübt: »Wir haben hier das *allemansrätten*. Vielleicht kennst du das noch nicht. Danach dürfen wir auch bei euch Schlitten fahren!«

Wir waren fassungslos. Was ging hier eigentlich vor? War das hier das nette, freundliche Schweden, von dem wir geträumt hatten? Der Kerl, der da dozierte, roch kräftig nach Hochprozentigem.

Ich versuchte es als Gast in seinem Land mit einer langsameren Gangart: »Ich heiße Wolfgang! *Hej!*« sagte ich und streckte ihm freundlich die Hand entgegen.

156

»Ich heiße Hasse«, hob er an und geriet ins Stottern. »Aber das *allemansrätten*…«, er suchte nach Worten, »…das *allemansrätten* ist für jeden, weißt du?«

»Aber nicht in unserem Garten! Frohe Weihnachten!« sagte ich lieb und freundlich.

Angela hatte sich inzwischen mit den Kindern unterhalten und erfahren, daß die Leute ganz in unserer Nähe wohnten und die Väter ordentlich einen gebechert hatten. Sie zogen ab. Die Reste des Plastikschlittens lagen noch am nächsten Morgen an unserer Hauswand. Eigentlich wollte ich sie dem Kerl vor die Haustüre legen, doch Angela bremste mich: »Wir sind nur Gäste hier. Halte dich ein bißchen zurück!«

Peter, der Goldschmied, der schon vor langen Jahren auf die Insel gekommen war, hatte ähnliche Erfahrungen gemacht. »Um Mittsommernacht«, erzählte er, »begannen meine entfernten Nachbarn auf meinem Land Fußball zu spielen. Sie schossen den Ball in unsere Anpflanzungen, trampelten über die Beete und zerbolzten eine Fensterscheibe. Ich schaute mir das eine Weile mit schwedischer Geduld an und stellte die Kerle dann zur Rede. Was meinst du, was die mir geantwortet haben?« Ich blickte ihn fragend an. »An Mittsommer, hatten die Burschen behauptet, gebe es keine Grenzen!« Das war zweifelsohne eine neue Variante des Gewohnheitsrechts. Wir sollten im Laufe der Zeit noch viele kennenlernen.

Bäume

Die Aussicht auf den Fjord hatte ich bereits im Frühjahr freige-
schlagen. Dabei waren drei Eichen, fünf Birken, zwei Kiefern und
jede Menge Gestrüpp der Motorsäge zum Opfer gefallen. Der innere Kampf um den Erhalt der Bäume hatte Monate gedauert, und
so manche theoretische Diskussion war der Untat vorausgegangen. Doch der Wunsch nach einem Blick auf einen Zipfel Meer,
seine Bläue und die weißen Segel der Schiffe, unterstützt von dem
Bedarf an Feuer- und Bauholz, hatte gesiegt. Ich mußte hier keine
Genehmigungen einholen und keine Beamten bestechen. Es war
meine Sache, wie viele von unseren schätzungsweise 1 000 Bäumen ich fällte. Es stand ohnehin außer Zweifel, daß ich alljährlich
ein gewisses Quantum an Feuerholz würde schlagen müssen,
wenn nicht das ganze Grundstück zuwachsen und die Strom-
rechnung, die im vergangenen Winter trotz niedriger Kilowatt-
preise horrend war, zu unserem Ruin beitragen sollte. Geheizt hatten wir den ganzen Winter über mit Strom, weil der angeblich so
billig war. Das war einer unserer zahlreichen ersten Fehler. Die
Rechnung im Frühjahr brachte uns an den Rand eines Herzin-
farkts.

Manche unserer deutschen Bekannten, die in gepflegten Vor-
stadtgärten mit drei Bäumchen und ein paar gestutzten Zierbü-
schen wohnten, bezeichneten mich als Pharisäer, denn dort war ich
immer der erste gewesen, der jeden einzelnen Baum retten wollte
und notfalls böse Unannehmlichkeiten in Kauf nahm, um einen
einzigen alten Baum vor der Kettensäge der Landschaftsgestalter

Beim Holzhacken vor der alten Scheune

und Rasenfans zu bewahren. Doch da besteht ein riesiger Unterschied: Hier gibt's Bäume in Hülle und Fülle. Während ich bei offenem Fenster mit Blick auf einen bewaldeten Hang vor dem Bildschirm sitze und den harzigen Geruch lebender Tannen und Kiefern genüßlich einatme, mischt sich selbst im Sommer würziger Rauch aus irgendeinem Ofen dazu. Eine völlig normale Situation, die seit Jahrhunderten so anhält. Der Bauer unten im Tal hat einen enormen Stapel Feuerholz für den Winter liegen. Mit *El* heizt der nicht. Doch seinem Wald, durch den ich jeden Morgen mit Dinah gehe, sieht man den winterlichen Einschlag kaum an. Kahlschlag ist hier verpönt. Der Wald ist für die Menschen auf der Insel lebenswichtig, und daher wird er von den meisten auch behandelt wie ein Lebewesen. Noch haben die Bewohner der Insel nicht vergessen, was ihnen ihre Urgroßväter eingebleut hatten. Zu ihrer Zeit nämlich war Orust so gut wie kahl. Die vielen Werften hatten ganze Arbeit geleistet und alle brauchbaren Bäume zu Schiffsplanken zersägt und zu Masten verarbeitet. Nach dem Untergang der Werften hat die Natur selbst dafür gesorgt, daß der Wald wieder nachwuchs.

Nicht alle hier haben dieses vernünftige Verhältnis zur Natur. So mancher Newcomer sieht in den Wäldern nur den Gewinn oder eine Bedrohung. Das wilde Tal mit dem Wasserfall hinter dem Berg hat der neue Besitzer aus der Stadt in diesem Jahr kahlschlagen lassen. Freunde hat er sich damit hier nicht geschaffen. Ganz in der Nähe haben einige einheimische Ferienhäuslebauer den Wald auf einer fußballfeldgroßen Fläche roden lassen, nur um dort einen Parkplatz anzulegen, der es mit all seinen Schildchen, Verbotstafeln und Leiteinrichtungen mit so manchem Parkplatz in der Hamburger Innenstadt aufnehmen könnte. Mats III. kommentierte diese Errungenschaft mit den Worten: »Sieht sehr deutsch aus!«

Zum Glück sind die meisten Grundstücke hier so groß, daß nur ein Teil des Geländes kultiviert werden kann. Daß Nichtstun der beste Naturschutz ist, ist hier allerdings nicht nur die Meinung einer kleinen Minderheit von Sonderlingen und unverbesserlichen Schwärmern wie in Deutschland. Noch immer hat ein beachtlicher Teil der Schweden ein einigermaßen ungestörtes Verhältnis zu all dem Grün, das uns hier umgibt. Doch es werden ständig weniger. Immer mehr Menschen leben auch in Schweden in den Städten und verlieren nach und nach die Beziehung zur Natur. Steigende Strompreise und eine drastische Verteuerung der Rohware Holz haben auch auf der Insel dazu geführt, daß in vielen Wäldern das Jaulen der Kettensägen nicht mehr verstummen will.

Während meiner Arbeit als Umweltschützer und Berater in Sachen Nationalparks hatte ich mir oft genug meine Gedanken über das Verhältnis von Menschen zu Bäumen gemacht. Viele von uns glauben, daß die Natur unnatürlich ist und geregelt werden muß. Wer legt sich heute schon freiwillig unter eine alte Eiche, blickt verträumt in das mächtige Blätterdach und läßt sich dabei von Ameisen und Stechmücken zwicken? Mein verstorbener Freund, der Schriftsteller Gabriel Laub, behauptete, daß die meisten Menschen sich »... in einer Großstadt mit japanischen Schriftzeichen leichter orientieren können als in einem Wald mit grünen Blättern, in dem sie sich garantiert verlaufen«.

Kahlschlag ist nicht immer nur das Resultat von purer Geldgier. Schon mancher Psychologe und Verhaltensforscher hat sich mit der Urwaldangst des Menschen befaßt. Viele von uns wittern noch immer Gefahr im düsteren Tann. Die Angst vor unübersichtlichem Terrain resultiert aus grauen Vorzeiten, als unsere mehr oder weniger haarigen und schlechtbewaffneten Vorväter und -mütter vor Säbelzahntigern, Schlangen, Bären und Wölfen einen Höllenrespekt hatten. Daß sich derart Ängste bis in die heutige Zeit erhalten haben, ist erstaunlich genug. In den monotheistischen Religionen von Christentum und Judentum ist der Herrschaftsanspruch des Menschen über die Natur mißverstanden worden. Damit wurde uns jegliches Handeln in der Natur gestattet. So nehmen wir auch heute noch an, daß wir nicht nur alles dürfen, sondern auch alles können. Ständig »verbessern« wir die Natur. Wir haben vergessen, daß nicht wir die Natur geschaffen haben, sondern die Natur uns!

Mir ist erst nach zwei Jahren auf Kasen aufgegangen, daß man Birken, Eichen und geradegewachsene Fichten gewinnbringend verkaufen könnte. Viele Höfe haben jetzt glatte Stämme am Straßenrand liegen, die zum Verkauf stehen. Dieser Versuchung wollen wir, solange es nur irgend geht, widerstehen. Erst wenn wir kein Geld mehr für Hundefutter und die notwendigen Reparaturen haben, werden auch wir unseren Vorrat an Bäumen angreifen müssen. Ohne Kahlschlag allerdings, das hatten wir uns geschworen.

Nach dem ersten Winter auf Kasen war der alte Schweinestall in der Scheune wie leergefegt gewesen. Dort hatte ich im Herbst bis unter die Decke Brennholz gestapelt, und nach einer Woche Holzhacken und Sägen mit der heulenden Motorsäge hatte ich Blasen an den Händen gehabt und kaum noch einen heilen Finger. Alles Brennbare vom Grundstück hatte ich kleingesägt: vertrocknende Birkenstämme, alte Europaletten, Bauholz, Fensterrahmen und ein paar frisch gefällte Eichen und Kiefern, welche die Sicht aufs Meer versperrten. So ein Holzvorrat gab mir das sichere Gefühl, daß nun nichts mehr passieren konnte. Doch auch der zweite Winter wurde kalt und schneereich, und das Eis auf dem Fjord trug schon im Januar all die Skilangläufer, die auf dem Eis Touren zu den Inseln machten. Der Brennholzstapel im Schweinestall war diesmal doppelt so groß gewesen, und doch schmolz er mit beängstigender Geschwindigkeit dahin. So begriff ich sehr schnell, daß der Vorrat, der für mehrere Jahre reichen sollte, noch nicht einmal

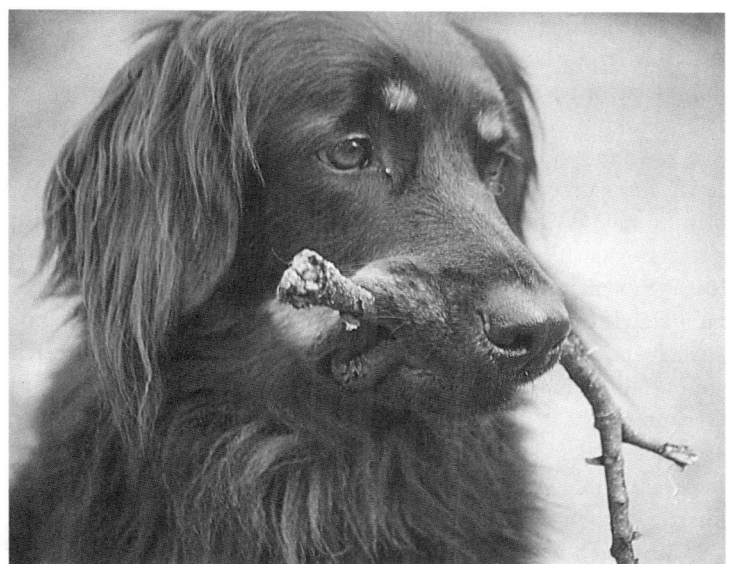
Auch Dinah schleppt Holz für den Ofen heran

diesen Winter überleben würde. Also machte ich mich Ende Februar wieder auf die Suche nach Brennholz und schleppte jeden vertrockneten Ast nach Hause, den ich auf unserem Grundstück und in den Wäldern der Umgebung fand. Dinah schleifte mit größter Begeisterung nach jedem Spaziergang schwere »Stöckchen« heim und machte sich nützlich So viel Eifer mußte belohnt werden. Im selben Maße, wie die Anzahl der von ihr herbeigeschafften Stöckchen zunahm, reduzierte sich die Menge der Hundekuchen im Küchenschrank.

Wir schworen uns nach diesem Winter, endlich das Haus mit modernen Dämmstoffen isolieren zu lassen und einen neuen, effektiveren Ofen für die Zentralheizung zu kaufen. Der alte war ein tückisches und hochsensibles Instrument, das zu Verpuffungen neigte, wenn man die Feuerungsklappe öffnete, um Holz nachzulegen. Meine Augenbrauen und die Haare auf den Handrücken hatte ich mir bereits weggesengt, der Kessel hatte durch Überhitzung einige 100 Liter Wasser als Wasserdampf abgeblasen, und ein Schornsteinbrand hatte uns auch schon heimgesucht.

Und so kam es auch, daß der ungebetene Besucher, der in einer bitterkalten Winternacht am Haus vorbeitrampelte, nicht damit gerechnet hatte, daß ich frierend wach lag und überlegte, ob ich mich nun nicht doch anziehen und durch den tiefen Neuschnee zum Heizraum in der Scheune stapfen sollte, um das Feuer neu zu entfachen. Es war vier Uhr nachts, und Dinah bellte empört. Ich sprang aus dem Bett und griff nach dem Luftgewehr. Durch das Giebelfenster sah ich im fahlen Licht der alten Laterne gerade noch schemenhaft ein Paar helle Stiefel und einen weißen Schal eilig in unserem Kiefernwald verschwinden. Nur lichtscheues Gesindel konnte das sein.

Schnell schlüpfte ich in die Moonboots und den warmen Antarktismantel und öffnete die Tür. Dinah stürzte zum Waldrand und bellte dort ausdauernd, und ich leuchtete mit dem Handscheinwerfer umher. Nichts! Doch dann verrieten die Spuren im Schnee den Übeltäter. Es war ein Elch gewesen! Ich hatte durch meine beschlagene Brille seine weißen Füße mit Stiefeln und den hellen Hintern mit einem Schal verwechselt.

Kulinarische Katastrophen

Endlich war wieder Sommer. Wie jedes Jahr stellten sich Peter und Birgitta aus Stockholm ein. Die beiden haben eine Tochter, die Meeresbiologie studiert hatte und hier an unserer Küste am Meeresbiologischen Institut in Lysekil eine Doktorarbeit machte. Auch sie kam herüber, und ich freute mich besonders auf sie, denn die blonde Katja hatte ein ausgesprochen ausgeglichenes Wesen und eine wunderbar bedächtige Art, Dinge anzugehen.

Wir alle genossen die langen Abende auf der Terrasse und endlose Gespräche über Gott und die Welt und Schweden. Ab und zu warf ich den großen Grill an und brutzelte das köstliche Fleisch, das ich bei Bauer Lennart unten im Tal gekauft hatte. In Hamburg war ich längst ein Beinahe-Vegetarier geworden. Ich konnte das wäßrige, glibberige Fleisch aus den Supermarkttheken nicht mehr sehen, geschweige denn essen. Hier sah ich die Tiere täglich, die der Bauer im nächsten Jahr schlachten würde. Sie standen im Tal auf der Weide und freuten sich ihres Lebens. Sie wurden nicht über Hunderte von Kilometern transportiert und mit Chemie, Medizin und ekligem Futter hochgepäppelt. Man sah es und schmeckte es – das war Fleisch, das man noch essen konnte. Und die Tiere, die für unseren Hunger sterben mußten, hatten unten im Tal ein paar schöne Sommer auf einer saftigen Weide erlebt.

Die Grillabende waren eher die Ausnahme, denn wir hatten nach einem langen Tag auf dem Meer nur selten Lust, für eine so große Mannschaft zu kochen. So nahmen wir die kulinarischen Angebote in Anspruch, die unsere Insel zu bieten hatte. Und das

Angebot war erstaunlich vielfältig. Die meisten Ausländer verbinden mit Schweden das *smörgåsbord*, die berühmte kalte Tafel aus belegten Broten, und vielleicht noch einen Elchbraten. Doch beides mußte man hier suchen wie die berühmte Nadel im Heuhaufen. Auf unserem Eiland gab es mindestens 20 Speiselokale. Die meisten davon natürlich im Verwaltungszentrum Henån.

Viele von ihnen servieren ein Mittagsmenü für die Angestellten der Inselkommune, die alltäglich hier ihre vom Staat subventionierten Kupons einlösen. Diese nehmen viele Restaurants in Schweden in Zahlung. Das System mit den *kupong* wurde in den 60er Jahren eingeführt, weil der Sozialstaat nicht mehr mit ansehen wollte, daß seine bedauernswerten Bürger morgens mit Thermosflasche und Butterbrotdose zum Dienst gingen. Der schwedische Bürger sollte eine richtige und gesunde Mahlzeit bekommen, und so wurde per staatlicher Verordnung geregelt, daß alle Firmen subventionierte Reichskupons an ihre Angestellten zu verkaufen hatten. Inzwischen ist davon nicht viel übriggeblieben, denn neue Steuergesetze haben im Zuge des Abbaus der sozialen Netze auch die Reichskupons entdeckt und sie per Einkommenssteuer praktisch wertlos gemacht. Das Essen in den meisten Kuponrestaurants entbehrt übrigens jeder Phantasie, und der Rinderbraten mit der Soße aus dem Eimer ist es nicht wert, erwähnt zu werden.

So wundert es nicht, daß diese Läden Konkurrenz erhielten. Zum Beispiel die Selbstbedienungs-Garküchenkette »Sybillas«, eine Mischung aus Mini-McDonald's und einem Zeitungskiosk mit dem Charme einer Würstchenbude am Rande eines deutschen Industriegebiets. Fünf Billiggerichte gibt es dort. Das schwedische Nationalgericht, *köttbullar med mos och lingonsylt* – Fleischklößchen mit Kartoffelbrei und Preiselbeeren – ist immer zu haben, preiswert, meist frisch und (fast) immer genießbar. Die Fleischklößchen kommen aus der Tiefkühltruhe, das Kartoffelmus aus der Tüte und die Preiselbeeren aus dem Blecheimer. Diese Mi-

Hinweisschild eines Restaurants in Wassernähe

schung aus *köttbullar*, Krautsalat, Hamburgern, Pommes, Cola, Kaugummi und Kautabak brachte eine hungrige französische Familie, die ich einmal in solch einem Restaurant stranden sah, völlig in Rage. »*Merde!*« sagte das Familienoberhaupt und machte auf dem Absatz kehrt. Seine Familie folgte auf dem Fuße, ohne zu murren.

Auch einige Bars gibt es auf unserer Insel. Der Begriff Bar verleitet nur einen Ausländer in Schweden zu falschen Schlußfolgerungen, denn in einer Bar trinkt hier die Familie Kaffee und ißt Kuchen. Wer italienisch essen will, findet bei »Christers« Pizze, die jedem Italiener zur Ehre gereichen würden. »Pizza Vesuvio« etwa zu 42 Kronen schmeckt wie in *bella Italia*. Der *stekt lax*, der gebratene Lachs, ist ein Zugeständnis an die nordische Küche und kostet 89 Kronen. Bei derlei für Schweden recht ungewöhnlichem kulinarischem Verwöhnprogramm wünscht man sich abschließend einen Aquavit zur Verdauungsförderung. Doch das belastet den Geldbeutel so sehr, daß man es lieber bei der Illusion beläßt. Zum Trost gibt's den Krautsalat frei und in unbegrenzter Menge.

Längst haben auch orientalische und fernöstliche Küchen die Bastionen der *köttbullar* und des Krautsalats und damit auch unsere Insel erobert. Doch auf dem langen Weg nach Norden müssen diese traditionellen Gerichte ihren Charakter verloren haben. Schmeckt schon in Deutschland ein Kebab nicht mehr so gut wie in der Türkei – in Schweden ist nur noch eine vage Erinnerung daran übriggeblieben. Das Gericht erinnert an Pappe mit Fleischextrakt, der Kaffee dazu kommt aus der Kaffeemaschine und ist seit Stunden zu einer schwarzen teerartigen Masse eingedickt. Nur selten haben diese Restaurants eine (teure) Lizenz für den Ausschank von Starkbier Klasse III. Doch wenn schon Dünnbier, dann wäre für die Vergewaltigung des Gerstensafts wenigstens ein geschmacklicher Ausgleich des Hauptgerichtes durch orientalische Gewürze und Knoblauch angebracht. Nur über den niedrigen Preis lassen sich solche kulinarischen Katastrophen heute noch an den Mann bringen.

Dennoch, es wäre ungerecht, sie zu verschweigen, die kleinen, originellen Restaurants, die es auch auf unserer Insel gibt. Es sind meist Saisonbetriebe, die zu unserem großen Leidwesen im Winter ihre Pforten schließen und erst mit der Ankunft der Makrelenschwärme wieder Stühle und Tische an die Luft stellen. Die Besitzer haben oft ebenfalls die Mentalität von Zugvögeln und Makrelenschwärmen übernommen. Sie begeben sich im Winter in wärmere Gefilde und kommen erst im Sommer wieder – mit neuen Rezepten aus dem Süden. Sie haben in nur drei hektischen Monaten in ihrer Heimat so viel verdient, daß sie damit auf Mallorca oder Ibiza gut über den Winter kommen.

Seehundkinder

Anfang Juni klingelte zu ungewöhnlicher Zeit das Telefon. »*Hej*, hier Armin!« kam es aus dem Hörer. Auf diesen Anruf hatte ich schon lange gewartet.

»Was macht der Robbenfilm? Wann kann ich mit dem Boot nach Koster kommen?« rief ich wie aus der Pistole geschossen.

»Ich bin gar nicht mehr auf Koster. Auf der Insel ist allerhand schiefgelaufen. Ich habe meine Dreharbeiten abbrechen müssen. Vielleicht ist es wieder die Robbenpest. Du mußt unbedingt kommen! Wir haben drei kleine Seehunde hier!«

»Wie bitte? Was habt ihr?« fragte ich erstaunt.

»Seehunde, hier bei uns im Garten. Ich mußte sie retten, weil die Mütter weggestorben sind. Nun haben wir hier einen Robbenkindergarten.«

Keine fünf Minuten später saß ich im Auto und sauste mit quietschenden Reifen um die Kurven unseres sandigen und löchrigen Weges hinab ins Tal.

Doch hatte ich mir nicht vorgenommen, hier in Schweden alles ein wenig ruhiger angehen zu lassen? Die Seehunde würden mir schon nicht wegschwimmen. Ich nahm den Fuß vom Gaspedal.

Armin, von Geburt Deutscher, hatte sich schon früh auf Wanderschaft begeben, hatte ein paar Jahre in Schottland gelebt, wo er seine Eva kennenlernte, und wohnt heute als überzeugter Schwede in dem idyllischen Slussen, am Nordrand der Insel. Unsere Bekanntschaft hatte sich rein zufällig ergeben, als ich eines Winternachmittages auf das Atelier »Eja« aufmerksam wurde und die Bilder von Eva, der Malerin, betrachtete. Sie erzählte mir dann auch, daß ihr Mann Unterwasserfilmer sei und für das schwedische Fernsehen arbeite. Die Freundschaft mit ihm ergab sich zwangsläufig.

In Slussen erwartete mich ein kleines Empfangskomitee, ich war nicht der einzige, der sich für die hilflosen Winzlinge interessierte. Ich wurde mehreren Künstlern, Bildhauern und Kollegen der Hausherrin vorgestellt sowie Helen, der hübschen rotblonden Biologin. Eigentlich sollte sie als Assistentin in dem Robbenfilm mitarbeiten. Jetzt kümmerte sie sich um die Robbenbabys.

»Als wir noch auf den Inseln waren«, erzählte mir Helen, »war es ein Quartett, doch das schwächste Seehundbaby starb schon nach wenigen Tagen. Das Tier hatte von vornherein wenig Chancen. Es war völlig unterernährt und voller Wunden. Wir haben es zwangsernährt, aber eine Infektion des Darms hat ihm wohl den Rest gegeben«, sagte sie traurig.

Der Garten der tierlieben Künstlerfamilie glich nun endgültig einem kleinen Zoo. Zwischen den Seehunden watschelte wichtig Eiderente Chilli umher und schnatterte aufgeregt. Sie lebt seit fünf Jahren bei der Familie und hält sich für einen Menschen. Sie darf abends beim Fernsehen auf dem Sofa sitzen und das Futter der vier Hauskatzen knabbern. Seit sie einen Kumpel hat, den Nachbarn vor einer Woche brachten, entwickelte sie das Imponiergehabe einer Hausherrin. Die neue Eiderente ist kaum drei Monate alt und wurde verlassen am Ufer aufgefunden. Chilli denkt nicht daran, Mutterinstinkte zu entwickeln. Warum auch – sie ist ja ein Mensch und keine dumme Ente. Alle Anzeichen deuten darauf hin, daß aus dem neuen unscheinbaren Entenkind in knapp einem Jahr ein hübscher schwarzweiß gezeichneter Enterich wird.

Auch die vier Katzen bewegten sich mit einer Selbstverständlichkeit zwischen den Robben, als hätte es diese Tiere im Hause Mück-Carlsson schon immer gegeben. Alle Vierbeiner, Zweibeiner,

Armin, Helen, Birgitta, Nana und das Seehundbaby Hilma

Flossenfüßer und geflügelten Bewohner des Künstlerhauses hatten sich mit der neuen Situation offensichtlich schnell arrangiert.

Die drei Kleinen, Alex, Hilma und Luca, forderten den Einsatz des ganzen Hauses, und es war ein Glück, daß Ferienzeit war, denn nur so war sichergestellt, daß die 13jährige Birgitta und die 11jährige Nana zusammen mit Helen die hilflosen Robbenkinder mit einer großen Spritze fünf Mal am Tag füttern konnten. Im Garten stand ein nagelneues aufblasbares Planschbecken, in das die Tiere regelmäßig gesetzt wurden, damit sie ihr eigentliches Element nicht vergaßen.

Ich fand Armin in der Küche, wo er sich als Meister der Robben-Cuisine versuchte. Er stopfte gerade fluchend ein paar fette Lachse in eine vergleichsweise winzige Küchenmaschine, schüttete Sahne und Milch dazu und verfeinerte das Ganze mit Lebertran. In der Küche roch es wie auf einem der vergammelten Fisch-

171

dampfer, mit denen ich früher oft unterwegs gewesen war. Auch im übrigen Hause herrschte ein äußerst strenger Geruch, der mir irgendwie bekannt vorkam. Richtig, die Pelzrobbenkolonien in der Antarktis hatten dieses unverwechselbare Odeur.

»Haltet ihr die Viecher etwa im Haus?« fragte ich verwundert.

»Ja, sicher. Nachts schlafen sie in einer Kiste neben unserem Bett.« Armin sagte das so, als sei es das Normalste der Welt.

Ich hatte den Eindruck, daß meine Freunde wieder einmal hoffnungslos überfordert waren, denn Eva mußte auch noch die jährliche Kunstrunde, eine Ausstellung aller Maler der Insel, vorbereiten. Und um den Streß vollständig zu machen, gab's Ärger mit dem Nachbarn, der illegal die Aussicht auf das Meer zugebaut hatte. Ein Fan der Malerin hatte ihr als Trost gerade vor einer Stunde auch noch seinen Bauernhof zum Verkauf angeboten, mit »nur« 120 Hektar Land. Alles in allem eine Situation, die zu meistern schon etwas überdurchschnittliche Nerven erforderte.

In diesem Augenblick ahnte ich noch nicht, welche Folgen diese Begegnung auch für mich haben sollte. Ich machte meine Fotos, von denen ich hoffte, daß sie sich als eine nette Geschichte gut verkaufen ließen. Ich kroch auf der Erde herum, drückte auf den Auslöser und übersah den flotten Stuhlgang der Tierkinder, der überall auf dem Rasen klebte. Als ich nach Stunden wieder im Auto saß, hatte ich bereits die strenge Witterung einer Robbenkolonie angenommen. Dinah, die im Auto hatte warten müssen, beschnupperte mich interessiert und schaute mich vorwurfsvoll an.

Wieder daheim, machten wir uns auf die allabendliche Runde zu unserer kleinen Badebucht hinter dem Berg. Unten am Wasser stutzte Dinah und nahm die typische Habachtstellung ein. Mit leicht erhobener Vorderpfote blickte sie unverwandt geradeaus. Ich schaute ihrer Schnauze nach und blieb wie erstarrt stehen. Welch merkwürdiger Zufall! Am Strand lag ein kapitaler Seehund. Deutlich sah ich die Flecken im Fell, die Seehunde von den Kegelrobben unterscheiden. Schon hatte er uns bemerkt und verschwand im Meer. Ich schwamm meine übliche Runde und staunte nicht schlecht, als ich beim Rückenschwimmen plötzlich nur wenige Meter von mir entfernt in ein Robbengesicht blickte. Der neugierige Rundkopf auf einem kräftigen Nacken beäugte mich offensichtlich ohne Anzeichen von Angst. Ich versuchte so ruhig und gleichmäßig wie nur möglich zu schwimmen. Hatte der Seehund die Witterung seiner Artgenossen wahrgenommen, die ich im Wasser verbreitete? Dinah, die gerade noch neben mir her gepaddelt war, saß plötzlich triefend am Ufer und versuchte erfolglos auszumachen, was da vor ihrem Herrchen herumschwamm. Sie war offensichtlich in Schwierigkeiten, das sah man ihr an. Aber hinausschwimmen, um ihrem Herrchen beizustehen, das war ihr nun doch zu unheimlich. Auf dem Trockenen, da war das was anderes!

Nach einer kleinen Unendlichkeit verzog sich das neugierige Tier, doch auf dem Rückweg konnten wir es vom steilen Ufer aus unten im Meer immer wieder sehen. Kreisförmige kleine Wellen breiteten sich dort aus, wo es seinen runden Kopf aus dem Wasser gesteckt hatte. Vielleicht suchte die Robbe auch ein verschwundenes Kind. Immer wieder lesen Menschen Robbenkinder, sogenannte »Heuler«, auf, weil sie glauben, daß sie von ihren Müttern verlassen worden sind. Dabei sind die fürsorglichen Tiermütter nur auf der Jagd nach Fisch. Und manchmal zieht sich der Nahrungserwerb über Stunden hin, weil Fischfangflotten aus aller Herren Länder, moderne, effektive Fanggeräte und zu viele Hobbyfischer kaum noch etwas übriggelassen haben für Familie Seehund, Robbe und Co. Armin hatte mir versichert, daß er in sicherer Deckung 24 Stunden auf die Muttertiere gewartet hatte, bevor er die Kleinen mitnahm.

Vielleicht ist unser Seehund auch einer von der ganz schlauen Sorte und ist unterwegs, die vielen Stellnetze und Reusen am Ufer auszuplündern. Die cleveren Seehunde verstehen es, die leckeren Makrelen, ihre Leibspeise, aus den Netzen zu stibitzen, ohne selbst gefangen zu werden. Denn wer nicht aufpaßt, bleibt im Netz hängen und erstickt.

Darüber freuen sich dann die Fischer, denn für sie ist der geschützte Seehund der Feind Nr. 1, weil er die Frechheit besitzt, wie die Fischer vom Fisch leben zu wollen. Und so hebt, kaum daß sich der Bestand von der Robbenpest von 1988 einigermaßen erholt hat, erneut das Geschrei von Jägern und Fischern an, die Seehunde zum Abschuß freizugeben. Dabei gehört eine Begegnung mit diesen schönen Tieren auch um unsere Insel noch immer zu den seltensten Erlebnissen. Man muß schon gewaltig aufpassen, um eines dieser Tiere zu Gesicht zu bekommen.

Weil mir noch ein paar Fotos für meinen Bericht fehlten, rief ich Armin wenige Tage später an: »Sag mal, hat vielleicht eine deiner Töchter Lust, mit den Tieren im Planschbecken für ein Foto zu posieren?« fragte ich und kam mir vor wie der Reporter eines Boulevardblatts.

Doch Armin hatte Sensationelleres vorzuschlagen: »Wenn du willst, kannst du mitkommen und uns dabei fotografieren, wie wir mit den Seehunden im freien Meer schwimmen.«

»Du willst doch nicht etwa behaupten, daß ihr schon im Meer mit ihnen herumschwimmt!?« sagte ich ungläubig.

»Doch, doch. Es ist einfach toll, die schwimmen neben mir her und halten mich für ihre Mutter. Sie berühren mich und haken sich an meinen Schwimmflossen fest. Die denken gar nicht daran, wegzuschwimmen. Wir fahren morgen mit dem Boot in eine Bucht von Gullholmen. Da kann man gute Unterwasserfotos machen. Willst du mit?«

Daß er die Rettung der kleinen Robben mit kommerziellen Aspekten verband, war in Ordnung. Wir hatten damals bei Greenpeace auch nichts anderes getan. Irgendwoher mußte das Geld für

174

Die Seehundbabys fühlen sich wohl in der Mensch-Tier-Familie

den Tierschutz ja kommen. Und so würde Armin einen Film drehen, der ihm die Rettungsaktion finanzierte und der auch die menschengemachten Probleme zeigen würde, mit denen diese Tiere zu kämpfen hatten.

Am nächsten Morgen sperrte ich Dinah mit Mäuschen im Haus ein und verschwand für den Rest des Tages auf dem Meer. Einen Kameramann des schwedischen Fernsehens mit all seiner gewichtigen Ausrüstung hatte ich mit an Bord genommen. Draußen auf dem offenen Meer mußten wir eine Weile suchen, doch dann entdeckten wir Armins rotes »Zodiac« in einer winzigen versteckten Bucht. Die ganze Familie sonnte sich bereits auf den warmen Felsen: Eva, Nana, Birgitta, Armin und die drei kleinen, quietschlebendigen Seehunde. Wir verbrachten einen wunderbaren Tag zusammen mit den Tieren. Der Kameramann war nicht mehr zu bremsen. Er filmte aus allen Objektiven.

Auch ich nahm meine Schnorchelausrüstung und machte einen kleinen Unterwasserausflug mit dem anhänglichen Trio. Die Eleganz ihrer Bewegungen unter Wasser erinnerte mich an die wilden Delphine, mit denen ich in der Karibik geschwommen war. Wie Delphine sind Seehunde soziale Tiere. Sie spielen viel miteinander, ein Zeichen, daß es ihnen gutgeht. Ein wenig kurzatmig waren sie noch, die kleinen Taucher, aber das würde sich bald geben. Seehunde tauchen bis zu 80 Meter tief und können fast 10 Minuten unter Wasser bleiben. Interessiert untersuchten die Kleinen die neue nasse Welt, steckten ihre neugierige Hundenase hinter jedes Algenbüschel und in jede Felsspalte. Bald, so hofften wir, würden sie anfangen, Garnelen zu fangen und sich auf ihre natürliche Nahrung umstellen. Später würden dann Fische und verschiedene Schalentiere dazukommen. Das Auswildern von Seehunden war unter Fachleuten durchaus umstritten, und wir hofften, daß es die drei schaffen würden, wieder in die freie Natur zurückzukehren.

Mit den Seehundkindern war es wie mit der Liebe – man merkt

erst nicht, wie es einen erwischt. Und so zog sich das Wachsen und Gedeihen der drei kleinen Rabauken bald auch durch mein Leben auf Kasen wie ein roter Faden. »Hallo, hier Wolfgang. Wie geht es den Seehunden?« wurde zur Standardfrage am Telefon. Und es gab immer einen Grund, bei Eva und Armin anzurufen.

Die niedlichen kleinen Tiere mit den großen Kulleraugen verschafften der Familie nicht nur Freunde. Als sie mit dem Trio in der Bucht vor dem Haus baden gingen, erschien die Besitzerin des Restaurants »Slussens Pensionat« am Strand und schrie laut: »Es ist verboten, hier Hunde schwimmen zu lassen. Das ist eine öffentliche Badeanstalt!« Sie hatte allerdings die gewichtige Meinung der anwesenden Kinder nicht einkalkuliert und mußte sich unter bösen Beschimpfungen geschlagen zurückziehen. In einem so kinderfreundlichen Land wie Schweden hätte nun niemand mehr gewagt, die Seehunde zu vertreiben. Daß sie die niedlichen Seehunde als Hunde bezeichnet hatte, brachte ihr ein Eigentor ein.

Am schönsten war natürlich das Gassi-Gehen. Armin war von dem Trio als Ersatzmutter angenommen worden, und so war es für ihn ein leichtes, die ganze Bande in das Schlauchboot zu laden und mitsamt Kind und Kegel hinaus in die offene See zu fahren, dahin, wo es klares Wasser und ein paar verborgene Buchten gab. Ich allerdings hatte so meine Zweifel, ob die Schlauchbootfahrten mit dem lärmenden Motor den Tieren gut taten.

Trotz aller Mühen – die Wunden der drei wollten und wollten nicht heilen. Die einzige Tierarztpraxis der Insel, sonst auf gebrochene Pferdeknöchel, Rinder, Schafe und Haushunde spezialisiert, hatte nun exotische Dauergäste, und die Seehunde gewöhnten sich allmählich an die Autofahrten in dem altersschwachen Volvo.

Eines Tages packte die tierliebe Familie die nackte Verzweiflung: Alex lag morgens kalt und bewegungslos in seiner Kiste neben dem Bett. Die Tierärztin konstatierte Blutvergiftung durch die vielen eiternden Wunden. Der kleine, geschwächte Körper war dem

Ansturm der Bakterien und ihrer Gifte nicht mehr gewachsen gewesen.

An diesem Morgen brachten wir die Überlebenden nach Lysekil. Eine Seehundauffangstation gibt es an der schwedischen Westküste noch nicht, doch in Lysekil steht eine meeresbiologische Station und das »Havets Hus«, ein großes und sehenswertes Aquarium. Der Chef, Lars Gunnar Svensson, hatte unbürokratische Hilfe zugesagt. Mehr noch, er stellte in Aussicht, eine »Heulerstation«, also ein Waisenhaus für Seehunde und Robben, zu bauen. Das Engagement der Carlsson-Mück-Familie schien Früchte zu tragen.

Kaum hatte ein Lokalblatt über die geplante Aktion berichtet, tauchten die »Verantwortlichen« auf. Das Veterinäramt, die Hygienebehörde, Tierschutzorganisationen, die Stadtverwaltung und Wissenschaftler. Im Streit um Zuständigkeiten und Kompetenzen verloren die Seehunde: keine Seehundauffangstation in Lysekil! Die einzige Station des Königreichs liegt an der anderen Seite des Landes, Hunderte Kilometer entfernt an der Ostsee, und der Transport der geschwächten, kranken Tiere dorthin war für Armin ein zu großes Risiko.

Ich rief den schwedischen Robbenpapst und Biologen Sven Gunnar Lunneryd an. Der sah das ganze Unternehmen sehr kritisch: »Um die Jahrhundertwende gab es so gut wie keine Seehunde mehr. Fischer und Jäger hatten sie beinahe ausgerottet. Jetzt haben wir möglicherweise wieder 10 000 Stück. Man sollte keine ›Heuler‹ aufnehmen und künstlich hochziehen. Besser ist es, sie sterben zu lassen. Sie werden auf den Menschen geprägt und können wahrscheinlich nicht ausgewildert werden. Der Kollege Tjero Herkinen hat einmal zwei Robben großgezogen, die dann in freier Wildbahn in einem Netz erstickt sind.«

Armin war da ganz anderer Meinung. Er schimpfte furchtbar, als ich ihm von dem Telefonat erzählte: »An unserer Ostseeküste soll es schon wieder eine Unmenge von Seehunden geben. Da haben die Fischer und Jäger doch sogleich einen Abschuß von drei-ßig Tieren durchgedrückt. Man will herausfinden, ob man die über-lebenden Seehunde damit erschrecken und ihnen den Fischklau aus den Reusen abgewöhnen kann. Haben denn nur wir Menschen allein das Recht, Fisch zu essen?!«

Die Robbenpest 1988 hat gezeigt, wie anfällig die Tiere wirklich sind. Als Endglieder der Nahrungskette im Meer reichern sie in ihrem Körper eine Menge Schadstoffe an. Und die Schwermetalle schädigen das Immunsystem. Auch der klägliche Zustand von Hilma, Alex und Luca ist ein deutliches Alarmsignal. Die Werft von Uddevalla hat vor einigen Jahren Pleite gemacht, doch ihre Schwermetallschlämme und Ölreste belasten nach wie vor die Fjorde um die Inseln Orust und Tjörn. Die Landwirtschaft auf der Insel überdüngt das Meer mit Phosphaten und Stickstoff. Da kann es schon schnell einmal wieder einen Zusammenbruch der ganzen Robben- und Seehundpopulation geben, und dann zählt jedes Tier. Auch Hilma und Luca.

Nachdem Lysekil die Aufnahme der beiden Tiere versagt hatte, waren die kleinen Seehunde völlig auf ihre Pfleger angewiesen, und auch die Familie konnte sich ein Leben ohne ihre flossenfüßi-gen Freunde nicht mehr vorstellen. Es war dann ein Wundermit-tel aus Deutschland, mit dem ich in den Tropen die mir beim Tau-chen zugezogenen eiternden Wunden kuriert hatte, das Hilma und Luca half. Danach gediehen sie prächtig.

Leider mußte Helena nun doch entlassen werden, weil das Geld für die Biologin fehlte. So teilte sich die ganze Familie die Arbeit. Schon früh am Morgen ging es Gassi an den Strand eines freund-lichen Nachbarn, wo Hilma und Luca in dem kristallklaren Was-ser der Bucht schwimmen durften. Sie kamen nur noch an den Strand, wenn sie Hunger hatten. Dann gab's ein oder zwei Heringe,

Eva mit ihren kleinen Schützlingen beim Sonnenbaden

und das lustige Duo drehte weiter seine spielerischen Runden durch die Bucht. Wenn sie müde waren, robbten sie an den steinigen Strand oder schliefen schon einmal auf dem Schoß ihrer Menschen ein. Die Seehunde wurden zu Spielgefährten vieler Kinder, die gern mit ihnen schwammen. Berühren aber ließen sich die beiden nur von ihrer Pflegefamilie.

Anfang August waren die Ferien endlich vorbei. Es wurde ruhig in der Bucht von Slussen. Und das war gut so, denn die Tiere sollten den Menschen vergessen lernen. Der Zeitpunkt der Auswilderung rückte immer näher.

Armin war in der letzten Zeit oft mit ihnen getaucht. »Die schwimmen schon interessiert den Fischen hinterher«, berichtete er stolz. »Doch zuschnappen mögen sie noch nicht. Ich hoffe, daß auch das bald klappt. Vor Motorbooten, Scootern und Wasserskifahrern, den großen Gefahren für Robben und Seehunde, haben sie Gott sei Dank einen Heidenrespekt. Die Scheu vor dem Menschen werden sie wohl nie ganz lernen Da kann man nur hoffen, daß sie später in freier Wildbahn niemals jemandem begegnen, der ihr Vertrauen mißbraucht und ihnen den Schädel einschlägt, nur weil sie auch Appetit auf Fisch haben!«

Seit die beiden Fisch essen, stinken sie so, daß sie ins Badezimmer verbannt wurden. Doch auch dort geben die Kleinen keine Ruhe. Mitten in der Nacht bekommen sie Appetit auf leckere Makrelen und randalieren. Klägliches Heulen erfüllt dann das Haus, und einmal soll ein später Heimkehrer aus dem benachbarten Restaurant schon die Polizei mobilisiert haben. Die ganze Familie leidet inzwischen an chronischem Schlafdefizit, und es gibt Tage, an denen alle aufgeben wollen. Doch dann fahren sie mit ihren Schützlingen im Boot hinaus aufs Meer und verbringen mit ihnen einen sonnigen Tag in einer geschützten Bucht. Die perfekte Idylle von Mensch und Tier gibt den zweibeinigen Betreuern wieder die Kraft, weiterzumachen. Diese Therapie kannte auch ich inzwischen. Immer, wenn ich mit unserem Haus nicht mehr weiter konnte, fuhr ich zu den Seehunden.

Das Telefon klingelte bereits gegen sechs Uhr in der Frühe. »Ich muß mit jemandem reden!« Es war Armin. »Hilma ist tot!«

Ich brachte kein Wort heraus. Eine Träne tropfte auf meinen Schreibtisch. Ganz deutlich sah ich das niedliche Seehundgesicht mit den großen runden Kulleraugen vor mir.

»Sie war den ganzen Tag verschwunden, und nur Luca kam abends an den Strand. Ich habe dann die Reusen in der Bucht untersucht. In der zweiten schon habe ich sie gefunden. Erstickt und ertrunken!« Er schluckte und schwieg.

Es war also passiert, und Sven Gunnar Lunneryd hatte recht behalten.

Nun hatte die Familie keine Kraft mehr. Noch am selben Tag wurde Luca in einen Zoo nach Höör in Südschweden gebracht. Dort lebt sie heute noch. Sie hat dort ein paar Artgenossen, gutes Futter, aber keine Freiheit. Dafür gibt es dort auch keine gefährlichen Reusen und mordende Fischer. Das Experiment war zu Ende.

Die Streithammel

Was für ein Wetter! Der Sonntagmorgen versprach einen traumhaften Tag. In unserem Wald vor dem Haus regte sich kein Blatt, und der Tau glitzerte feucht auf den Grashalmen. Schon morgens gegen acht zeigte das Thermometer ganze 21 Grad, und auf den Blüten unserer verwilderten Wiese hockten die ersten Schmetterlinge. Ein Morgen, um das Boot vollzupacken und für ein paar Tage in der Welt der Schären, der einsamen Buchten und Fjorde zu verschwinden. Doch es war Sonntag, der 20. Juli, und an diesem Tag waren alle Anwohner auf unserem Berg zur Sitzung des Wegevereins »Norhamnsvägen« geladen, um nach alter schwedischer Tradition einen Streit zu schlichten. Ohne Anwälte und Gerichte, ohne Demos und Bürgerinitiativen. Der Ort des Geschehens: die Veranda der Familie Antonsson mitten im dichten Wald.

Der Anlaß war, so dachte ich, auch keine Aufregung wert, denn es ging schlicht und ergreifend um unser aller Sorgenkind, die holprige Schotterstraße, die unsere Häuser mit der übrigen Welt verband. Sie war aus unerfindlichen Gründen etwa einen Kilometer weit asphaltiert und setzte sich dann in einem mit knietiefen Schlaglöchern übersäten Schotterweg fort. Das hatte verschiedene Vorteile: Man fuhr langsam, hatte Zeit, auf Rehe, Elche, Reiter, Katzen, Kreuzottern und spielende Kinder zu achten, und potentielle Einbrecher würden auch nicht so schnell aus unserer Ecke wegkommen. Man hielt gern an, wenn einem ein Bekannter begegnete, und machte aus dem Autofenster ein kleines Schwätzchen.

Ich hätte den Termin glatt vergessen, wenn nicht Mats III. mir während des morgendlichen Hundespaziergangs über den Weg gelaufen wäre.

»*Hej*! Willst du nicht zur Versammlung kommen?«

Ich schaute ihn ein wenig verschlafen an. Dann fiel es mir ein. »Ich komme sofort nach!« rief ich eiligst. Desinteresse am Schicksal unserer kleinen, abgelegenen Gemeinschaft war das Letzte, was ich mir nachsagen lassen wollte.

Ich war in der letzten Nacht sehr spät ins Bett gekommen und unausgeschlafen. Der Grund: wieder einmal ein Ausflug aufs offene Meer. Pelle hatte mich begleitet, und wir waren mit meinem Boot hinausgefahren, um Makrelen zu angeln. Die Tiere seien endlich da, so hatte eine Zeitung berichtet. Wir waren also in den Gullmarn-Fjord gefahren, denn dort hatte die Zeitung die genaue Position der begehrten Fischschwärme eingezeichnet. Für einen Fischereibiologen, der sich ausgerechnet mit einer Untersuchung des Schwarmverhaltens von Fischen einen Doktortitel ertaucht hatte, eine äußerst gewagte Aussage, wußte ich doch, daß die Viecher immer in Bewegung waren und enorme Geschwindigkeiten erreichen konnten. Waren sie heute noch vor Smögen, konnten sie morgen schon bei uns und übermorgen bei Göteborg sein. Niemand konnte das voraussehen. Wir waren also die weite Strecke bis in den Gullmarn-Fjord gefahren. Ohne Erfolg. Nur wenige Minuten von unserem Heimathafen entfernt entdeckten wir sie dann doch. Das Wasser schien vor Makrelen zu kochen. Bei Nr. 20 hörte ich auf zu angeln, denn ich fühlte mich als Mörder – die Fische waren nicht größer als eine Männerhand und hatten das Leben noch vor sich. Mäuschen teilte meine Bedenken nicht und fraß noch in der Nacht zehn Stück davon. Am Morgen lag sie wie tot in einer Sofaecke und verdaute die Leckerbissen. Mein neuer Räucherofen blieb wieder einmal kalt, denn zum Räuchern waren die Fische zu klein.

Der Wegeverein in heißer Diskussion

Die Freiluftveranstaltung mit Kaffee und Kuchen hatte den verschlafenen Charme einer sonntäglichen Familienfeier. Wir saßen
auf der Terrasse der Antonssons mit einem wunderbaren Blick
über den Fjord, und der Wegeverein diskutierte. Stundenlang.
Einige Quadratmeter Zimtkuchen waren bereits vom Tisch verschwunden, ein Eimer Schlagsahne war gelöffelt und fünf Kannen
Kaffee getrunken. Die Sonne knallte uns auf die Köpfe, und unten
auf dem Fjord fuhren die ersten Sonntagsausflügler mit ihren
Jachten hinaus auf See. Es war Zeit, Nägel mit Köpfen zu machen,
wenn man heute noch baden oder fischen wollte.

Die Vorschläge der zehn Anwohner wurden in der Diskussion
zu einem Konsens gebracht, der eine Abstimmung nicht mehr erforderte. Ergebnis: Jede Familie mußte, wie alle Jahre, 100 Kronen
für die Reparatur des Weges bezahlen. Am kommenden Mittwoch,
einem Feiertag, war eine Sonderschicht angesagt. Mit Schaufeln,

Schubkarren, zwei Lastzügen voller Schotter und den fleißigen Händen aller sollte die Reparatur der Straße erledigt werden. Wer nicht mehr körperlich arbeiten konnte, hatte seinen Sohn oder einen bezahlten Vertreter zu schicken.

Zum Schluß machte Bosse den Vorschlag, die Straße zu verbreitern und zu asphaltieren – überraschte Gesichter. Er stieß auf den heftigsten Widerstand der Handvoll Ferienhausbesitzer. Diejenigen, die hier permanent wohnten und deren Autos deutliche Spuren von Schlaglöchern, herumfliegenden Steinen und Schlamm aufwiesen, waren da eher auf Bosses Seite. Die friedliche Stimmung des Sonntagmorgens verzog sich, und ich hatte das Gefühl, als hätte eine düstere Wolke die Sonne vertrieben. Es wurde laut. Sehr laut. Vielleicht hatten unsere Gastgeber den Kaffee zu stark gekocht? Ich fürchtete bereits eine Schlägerei zwischen Mats I. und Bo II. Vielleicht hinderte sie nur das Gewicht des vielen Kuchens in ihren Bäuchen daran. Doch die Wolken verzogen sich so schnell, wie sie aufgezogen waren. Die Entscheidung über die Asphaltierung unseres Weges wurde auf das nächste Jahr vertagt, und friedlich plaudernd gingen wir in kleinen Grüppchen auseinander.

Bosse zog mich zur Seite. »Ich will dir etwas verraten«, sagte er. »Ich gehöre zur Gruppe der Investoren wie dein zukünftiger Nachbar Sten. Ihr selbst seid hier doch nun so etwas wie Großgrundbesitzer. Da habt ihr auch ein gewichtiges Wort mitzureden.«

Das war interessant! Ich versuchte Zeit zu gewinnen. Da kam mir endlich die Brauchbarkeit des Wortes, das mich so oft genervt hatte, in den Sinn.

»Jaasoooo!??« sagte ich langsam. Das klang gleichzeitig sehr interessiert und merkwürdigerweise im gleichen Maße auch gelangweilt. Ich beglückwünschte mich innerlich: Ich hatte es gepackt, ich hatte ihn endlich mit Erfolg angewendet, diesen merkwürdigen Ausspruch.

Bo blickte mich irritiert an. »Das ist ganz einfach. Unten im Tal gibt es einen Anschluß für kommunales Wasser und die Kanalisation«, erläuterte er sachkundig. »Die Entwicklung dieses Gebietes hier scheitert daran, daß keine weiteren Sickergruben mehr zugelassen werden. Wenn wir über dein Grundstück die Leitung für die Kanalisation und das Wasser ziehen, dann könnt auch ihr richtig Kohle machen. Dann ist euer Land plötzlich das Doppelte wert, und ihr könnt abteilen und verkaufen.«

Jaasoooo! So war das also!

Doch wir wollten nicht investieren und weiterentwickeln. Wir waren ganz glücklich darüber, daß sich hier nichts entwickelte. Langsam dämmerte mir einiges. Natürlich war unsere Schlucht die einzige Möglichkeit, unterirdisch Wasserleitungen und Kanalisation auf den Berg zu bringen. Die übrigen Grundstücke hatten nur einen kahlen felsigen Hang zum Tal hin. Da war nichts mit Vergraben von Leitungen und Rohren. Wir waren unvermittelt Schlüsselfiguren in einem Interessenkonflikt geworden, der uns nichts anging. Waren wir nicht hierher gekommen, um all diesen Dingen adieu zu sagen? Die Probleme unserer Zeit hatten uns wieder eingeholt, schneller als wir jemals gedacht hätten. Es würde nicht einfach werden, ihnen aus dem Weg zu gehen.

Die Sache mit der Nadel

Daß ich mich vor keiner körperlichen Arbeit drückte, hatte mir einige Pluspunkte bei meinen Nachbarn eingebracht, doch fürchte ich, daß ich bei manchen Leuten unten im Ort einen sehr schlechten Ruf genieße. In der staatlichen Apotheke unserer Insel schauen sie mich immer sehr streng an, wenn ich Medizin für den Hund oder Binden und Pflaster für die geschundenen Bauarbeiterhände seines Herrchens hole. Und das hat seinen Grund, denn ich habe mich neulich außerordentlich verdächtig benommen. Und das hatte mit Dinah zu tun.

Lange Monate waren Dinah und Mäuschen meine einzigen Mitbewohner in dem gelben Haus gewesen. Eigentlich sollten im Jahr drei der Zeitrechnung nach Kasen Hühner im alten Gästehaus leben, doch noch immer war unser Hof ein paar Monate im Jahr verwaist, weil Herrchen zum Geldverdienen in der Welt herumfuhr und die Tiere in Hamburg ablieferte. Im Jahr vier allerdings sollte alles anders werden, denn es waren ein Fjordpferd und sechs Hühner und ein Hahn bestellt. Fjordpferde bewunderte ich wegen ihrer Dickfelligkeit und humorvollen Art. Als ich diese Tiere auf der Insel kennenlernte, wußte ich, daß ich nun die Clowns unter den Pferden gefunden hatte. Auch Dinah war sofort hell begeistert und wollte mit ihnen spielen. Sie war nur noch mit Gewalt von den stämmigen Gäulen mit der Stehmähne wegzukriegen.

Daß Dinah und Mäuschen tatsächlich hier bei mir in Schweden waren, glich einem kleinen Wunder. Bis zu seinem Beitritt zur EU war die Einfuhr von Hunden und Katzen in das reinliche König-

Inzwischen haben wir uns das humorvolle Fjordpferd Mats IV. ange-schafft

reich nur mit einer langen Quarantäne möglich gewesen. Vor mei-ner ersten Fahrt erkundigte ich mich daher genau bei deutschen Tierärzten und erhielt jede Menge widersprüchlicher Informatio-nen zu diesem Thema. In meiner Not schickte ich ein Fax an das schwedische Landwirtschaftsamt und erhielt schon bald einen freundlichen Anruf von einer netten Dame, die mir das kompli-zierte Verfahren erklärte.

»Sie müssen eine Blutprobe vom Tierarzt ziehen lassen«, er-läuterte sie. »Der schickt dann das Ganze nach Hannover an ein Institut für Viruskrankheiten. Die bestätigen das Vorhandensein von Tollwutantikörpern, dann schickt ihr das wieder hierher und bezahlt 400 Kronen pro Tier. Das schwedische königliche Veterinäramt beglaubigt das Ganze, und ein Amtstierarzt bei euch beglaubigt die Richtigkeit des Vorgangs. Dann muß der Hund noch beim Grenzübertritt beim schwedischen Zoll angemeldet werden.« Ufff!

Wenige Tage später erhielt ich einen ganzen Stapel von DIN-A4-Formularen. Ich füllte alles ganz brav nach Vorschrift aus, bezahlte ein kleines Vermögen für die Tätowierung der Hundeohren und die Untersuchungen, investierte mehrere Tage Arbeitszeit und fuhr schließlich mit Katz und Hund zum Amtstierarzt.

»Alles in Ordnung?« fragte er. »Haben Sie alle Papiere beisammen?« Mißtrauisch zählte er in dem Stapel mit den Formularen die Stempel. »Wo ist denn die Tätowierung beim Hund?«

Diese hatte ich am Vortag neu machen lassen, weil der Arzt die alte Nummer vor einer Woche als unleserlich beanstandet hatte. Er wischte mit einem alkoholgetränkten Lappen auf den mit einer weißen Creme bedeckten Ohren des Hundes herum.

»Tut mir leid, ich kann Ihnen noch immer keinen Stempel geben, die Tätowierung ist wieder nicht lesbar!«

Wutschnaubend fuhr ich zurück zur Tierklinik, welche die teure Tätowierung fabriziert hatte. Der Veterinär mit Professorentitel blickte nur beiläufig auf die Hundeohren und schaute mich verzweifelt an: »Haben Sie das alles abgewischt?«

»Nein«, sagte ich. »Das war Ihr Kollege vom Veterinäramt in unserer zuständigen Kreisstadt.«

Der Tierdoktor runzelte die Stirn. »Um Gottes willen! Das hätte er nie tun dürfen. Die Farbschicht muß mindestens vier Tage auf den Ohren bleiben. Was nun?« Er dachte nach. »Kommen Sie morgen wieder, wir besorgen die modernste Technik.«

Dinah wurde am nächsten Tag mit Hightech aufgerüstet. Sie bekam einen reiskorngroßen Mikrochip implantiert. Darauf sollten Buchstaben und Zahlen codiert sein, die man auf eine Entfernung von einem halben Meter auf dem Display eines Lesegerätes sichtbar machen konnte, ohne den Hund zu berühren. Warum Tiere nicht einen Ausweis mit Foto und Nummer wie wir Menschen haben dürfen, ist mir unverständlich. Jedes Tier ist eine eigene kleine Persönlichkeit, und kein Hund und keine Katze sieht wie der andere aus.

Noch am selben Tag fuhr ich wieder zum Amtstierarzt, um mir die Existenz des Hundes anhand der Chip-Nummer offiziell und mit amtlichem Stempel bestätigen zu lassen.

»Entschuldigung«, sagte der, »wir haben kein Chip-Lesegerät auf dem Amt. Kein Geld, wissen Sie! Ich kann Ihnen die Existenz des Chips also nicht bestätigen, weil ich das Ding nicht lesen kann!«

Mir blieb die Luft weg. Ich begann rot anzulaufen und stotterte wütend und nach Fassung ringend: »Das ist Ihr Problem. Ich habe eine ärztliche Bestätigung für den Chip und die Nummer.« Ich schwenkte das Papier drohend vor seiner Nase herum. »Nun tun Sie mir einen Gefallen, und setzen Sie Ihren Wilhelm darunter! Ich habe schon die Fähre gebucht und das Auto gepackt. Ich bin 400 Kilometer gefahren und habe einige hundert Mark investiert. Und das alles, weil Bürokratie und menschliche Dummheit in der Veterinärmedizin offensichtlich zur Tagesordnung gehören!«

Das war starker Tobak, aber es half. Ich erhielt endlich den Stempel und die Unterschrift, blätterte zehn Mark auf den Tisch und verschwand.

Dinah, die also nun bei mir in Kasen war, hatte seit Kindespfoten ein Problem an ihrem schönen buschigen Schwanz. Ihr Züchter im sächsischen Aschersleben hatte mir nicht nur diese Macke verschwiegen, sondern auch schlicht vergessen, auf einen Nabelbruch und eine leichte Hüftgelenksdysplasie hinzuweisen. Es dauerte eine Weile, bis wir die Schäden bemerkten. Aber geben Sie einmal einen Hund an seinen Züchter zurück, wenn er schon einige

Die Schafe unseres Nachbarn stehen Schlange, um sich von ihrer Freundin Dinah abschlecken zu lassen

Wochen bei Ihnen lebt und mit wedelnden Schwanz und treuen braunen Augen ganz lieb Pfote gibt!

Im Lauf der Jahre hatte sich an Dinahs Schwanz eine Art Zyste entwickelt, die sich allmählich vergrößerte und dem Hund in unserem ersten Sommer auf der Insel viel Ärger machte. Wir wollten die telefonische Ferndiagnose von Freundin Waltraud aus München befolgen, die dort Tierärztin ist. Eine Operation sei auf Dauer unvermeidlich, hatte sie fachkundig festgestellt. »Wenn ihr das nicht bei euch auf der Insel machen lassen wollt und es schlimmer wird, könnt ihr ja mit einer sterilen Kanüle die Beule punktieren. Das hilft erst einmal«, meinte sie.

Als unsere Hündin anfing, an ihrem Schwanz herumzuknab-

Armins Pfleglinge haben es gut

»Kasen« in seiner ganzen Pracht

Der Erfahrungsaustausch von Eignern alter Segelschiffveteranen ist eine langwierige Sache und erfordert entsprechend Zeit und Muße

Ein wahres »Schmuckstück« liegt im Hafen festgetäut

Die typischen kleinen Fischerbuden in den winzigen Häfen werden heute oft als Touristenunterkunft genutzt

Die Tjörnsbrücke nach ihrer Renovierung nach dem Unfall

Im Winter ist es ruhig in den Fischerdörfern an der Küste

Eingebettet in Wald, Fels und Wiesen – unser Hof »Kasen«

Winter im Hafen von Hälleviksstrand

Winterliche Abendstimmung am Fjord

Eisige Wasserspiele

Im Winter sehr beliebt – Schlittschuhsport auf einem der vielen Seen der Insel

Der grob zusammenge-
zimmerte Holzschlitten
war ein wichtiges Trans-
portgerät für den alten
Bauern

»Kasen« ist eingeschneit

Über Nacht hat es ordentlich geschneit, aber am Morgen scheint schon
wieder die Sonne

bern und dabei leise fiepte, legte ich spontan die Renovierungsarbeit nieder und fuhr nach Henån. Selbstbewußt betrat ich die Apotheke. Daß ich ein wenig abgerissen und nicht ganz taufrisch wirkte in meinem Arbeitsdreß, hatte ich ignoriert, denn ich beabsichtigte nach der Besorgung der Werkzeuge für die kleine Operation wieder in die Baugrube zu steigen.

Es ist hierzulande durchaus Usus, in Arbeitskleidung im Ort herumzulaufen und Einkäufe zu erledigen. »Arbeit adelt!« scheint das Motto vieler Schweden zu sein, und so ist es keineswegs ehrenrührig, wenn man nach Schweiß riecht und einen schmutzigen Overall trägt. Vor dem König sind alle Untertanen gleich – egal ob im Smoking, im Arbeitsdreß oder ganz ohne Hemd. Und Hinz und Kunz sagen du zueinander, auch der König wird geduzt. Nur kann niemand mir erklären, ob die Schweden nun »du, König!« oder »du, Majestät!« oder einfach nur »du, Carl« zu ihm sagen.

Ich nahm Dinah mit zur Apotheke, obwohl die meisten Hunde in diesem reinlichen Land im Zwinger leben müssen. In der Stadt könnten sie ja die Straßen verunreinigen. Darauf stehen so drastische Strafen, daß die Hundefreunde in Schweden immer eine Tüte und eine kleine Schaufel in der Tasche haben, um die netten stinkenden Haufen, die unsere deutschen Großstädte so gemütlich machen, sogleich zu entsorgen. Übrigens dürfen zwischen dem 1. März und 20. August Hunde wegen der vielen jungen Wildtiere selbst auf eigenem Grund und Boden nur angeleint sein. Die braven Nordländer halten sich tatsächlich daran.

Ich ließ den Hund vor der Tür Platz machen und ging hinein.

»*Hej!* Ich möchte eine Kanüle kaufen«, sagte ich zu der Verkäuferin. Die schaute mich erschrocken an, fixierte mich eine Weile, ließ ihren Blick hinunter auf meine lehmverschmierten Gummistiefel und wieder hinauf zu meinem unrasierten Gesicht wandern und sagte dann betont langsam: »Tut mit leid, aber ich glaube kaum, daß wir ›so etwas‹ verkaufen.«

193

Da ging mir ein Licht auf. »Das ist für den Hund da draußen vor der Tür.« Ich machte eine erklärende Geste zum Eingang hin. »Sie können ihn sich ja ansehen!« Dann krempelte ich die Ärmel hoch und zeigte ihr meine betonverkrusteten Unterarme: »Hier! Keine Einstiche – ich hänge nicht an der Spritze!«

Die junge Frau hinter der Theke geriet zusehends ins Schwitzen. »Warten Sie, ich spreche mit meinem Chef«, sagte sie und verschwand nach hinten, als ich keine Anstalten machte zu gehen.

Ich wartete eine kleine Ewigkeit, dann erschien ein großer, gewichtiger Mann, auf dessen Knollennase eine runde Brille balancierte. Er fixierte mich lauernd, während er sagte: »Wissen Sie, wir würden Ihrem Hund ja gern helfen, aber wir dürfen keine Kanülen und Spritzen an Privatpersonen abgeben. Sorry!« Dann ließ er mich stehen.

Der jungen Helferin tat ich wohl leid, weil ich so ratlos hinter dem Apothekendirektor herschaute. »Gehen Sie einmal ums Eck zur Gemeindeschwester. Vielleicht hilft die Ihnen!« sagte sie tröstend.

Ich marschierte also zur Gemeindeschwesternstation. Dinah nahm ich, um möglichst glaubhaft zu wirken, gleich mit und band sie vor dem Eingang zur Station gut sichtbar an. Drinnen tobte der hoffnungsvolle und freizügig erzogene Nachwuchs der Insel, während auf den Wartebänken ein paar Mütter saßen und völlig unberührt von dem Tohuwabohu Zigaretten qualmten. Dinah, die versuchte, sich durch die Tür zu quetschen, blickten sie empört an, denn Hunde haben hier nicht herumzulungern.

Sie verloren jedoch sehr schnell ihr Interesse an Dinah, als sie hörten, was ich der Gemeindeschwester umständlich auseinandersetzte: »Haben Sie eine Kanüle für meinen kranken Hund? Ich bin auch ganz sicher nicht rauschgiftsüchtig!« Zur Bestätigung zog ich wieder einmal demonstrativ die schmutzigen und zementverkrusteten Ärmel meines Arbeitsoveralls hoch.

Die Schwester schaute mich an, als hätte ich ihr einen unanständigen Antrag gemacht. Wortlos entschwand die alte Dame nach hinten und kam mit einem winzigen Brieflein zurück. »Hier, versuchen Sie es damit. Das ist eine Lanzette, die wir benutzen, um Blut aus den Ohrläppchen und Fingerkuppen zu stechen, vielleicht hilft das ja, eine Kanüle darf ich Ihnen nicht geben! Wirklich nicht! Sie sollten mit dem Tier nach Varekil fahren!«

Das taten wir einige Tage später nach telefonischer Konsultation mit Waltraud in München. »Das ist nur eine kleine Operation, laßt das mal bald machen. Die Beule am Schwanz tut dem Tier sicher sehr weh!« Angela war aus Hamburg gekommen, um Ferien zu machen. Nun mußte sie bei dem herrlichen Wetter ihren Hund zum Doktor bringen.

Der riesige Stall der »Varekils distriktsveterinärstation« mit einem großen Parkplatz davor war voller kranker Pferde und Kühe. Schafe und Ziegen findet man hier selten. Für die lohnt sich der Transport nicht.

An einer kleinen Tür fanden wir nach einigem Suchen das Schild *Hundambulans*. Hier werden auch räudige Katzen, ausgeflippte Springmäuse, traurige Kaninchen und ab und an auch einmal ein Seehund behandelt. Der winzige Warteraum war proppenvoll. Die drangvolle Enge ließ selbst den wildesten Katzenjäger unter den Hunden lammfromm werden, auch wenn dicht neben ihm eine Mieze auf den Tierarzt wartete. Angst beherrschte den kleinen Raum und die Tiere. Hinter dem großen Tor für die Kühe und Pferde waren nur zwei Ärzte am Werk, der Chef und sein Assistent. Die Goldgrube der Praxis aber ist die Hundeambulanz, die von vier Tierärztinnen betreut wird.

Dinah wurde von Veterinärrätin Katja unter Vollnarkose operiert, und als wir sie nach zwei Stunden wieder abholten, hatte sie eine dicke Binde um ihren Schwanz und einen etwas wackeligen Gang. Wir packten den schweren Hund in den Wagen und fuhren

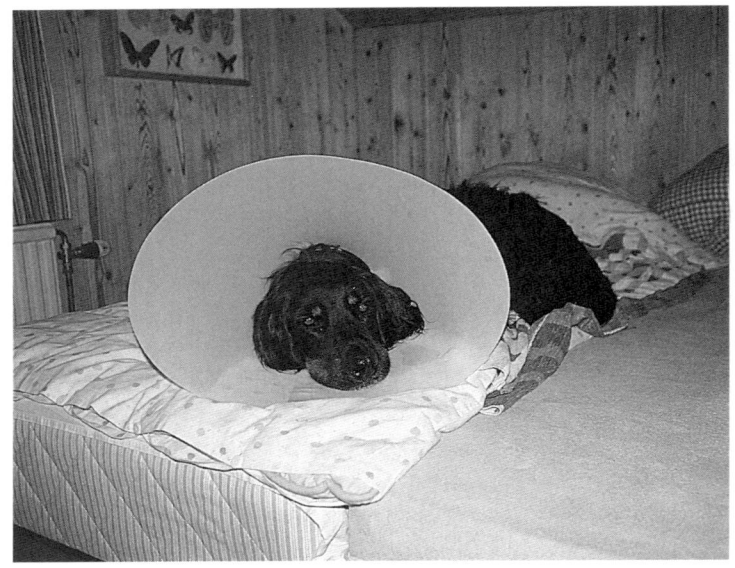

Dinah darf nach ihrer Operation ausnahmsweise mal in unserem Bett liegen

nach Hause. Auf der Wiese vor dem Haus ästen im hellen Sonnenlicht zwei Rehe. Sie schienen zu spüren, daß der Hund heute für sie keinerlei Interesse zeigen würde, und verschlangen ungerührt weiter die Birkenpilze, die wir eigentlich längst hatten ernten wollen. Unsere Hovawart-Hündin erwachte jedoch schnell zu neuem Leben, als wir ihr die vom Tierarzt empfohlene Plastikröhre über den Kopf stülpten, die verhindern sollte, daß sie sich die Wunde leckte und Keime einschleppte.

Was nun geschah, gehört zu den traurigen Stunden in Dinahs Hundeleben. Um diesem Ungeheuer vor ihrem Kopf zu entgehen, machte sie Bocksprünge rückwärts, knallte mit dem verletzten Schwanz gegen die Möbel und schrie vor Schmerzen. Allmählich ergriff blanke Panik von ihr Besitz, und wir mußten den Kragen wieder entfernen. Nun hieß es Schichtdienst schieben, denn der Hund durfte nicht an der frischen Binde lecken. Angela wollte endlich die schönen Urlaubstage nutzen und hinaus zum Baden und zum Segeln. Daraus wurde nichts, denn ich mußte wieder in die Baugrube und den Handwerkern als Hilfsarbeiter zur Seite stehen.

In der Nacht kam Dinah zu uns ins Bett. Wir schlossen aus ihrem leisen Fiepen, daß sie Schmerzen hatte. Das wurde auch in den kommenden Tagen nicht besser, und so standen wir mit Dinah bald wieder vor der Veterinärstation. Die Ärztin hieß diesmal Christina und sah aus, wie man sich eine typische Schwedin vorstellt: blond, blauäugig und kräftig.

Sie schüttelte nachdenklich den Kopf und sagte: »Wer hat denn diese luftdichte Gummibinde um die Wunde gewickelt?«

Ich blickte sie erstaunt an und antwortete wahrheitsgemäß: »Ihre Kollegin Katja.«

»Das kann ja nicht heilen. Solche Wunden muß man offenhalten, damit Luft heran kann, und sie austrocknen. Sehen Sie, was für ein Bakterienrasen sich da gebildet hat!«

Ich sah zwar keinen Rasen, fuhr aber brav mit Dinah nach Hause. Diesmal ohne Binde. Es wurde eine anstrengende Zeit. Wieder mußten wir abwechselnd darauf achten, daß der Hund sich nicht an seinem Schwanz zu schaffen machte. Dinah durfte sich auch nicht mehr, wie gewohnt, irgendwo vor dem Haus im Schatten in den kühlen Sand einbuddeln. Überall lauerten Schmeißfliegen und damit die Keime.

Seit Wochen hatten wir strahlendes Wetter, es war ungewöhnlich warm, und unten im Tal lockte der blaue Fjord. Angela saß schwitzend auf der Terrasse, paßte auf den Hund auf und warf ab und zu einen sehnsüchtigen Blick auf das Meer. Ich besorgte zwischen dem Bau neuer Drainagesysteme und dem Anstrich des Gästehauses neue Cremes und Tabletten, wie es mir die Tierärztin nahegelegt hatte. »Diese Sulfonamide wirken nicht mehr so richtig, versuchen Sie es einmal mit Zinkcreme. Das ist auch gut gegen die Fliegen, die sich auf die Wunde setzen wollen.«

Eine Woche war vergangen. Wir hatten brav die Anweisungen der Ärztin befolgt, doch ein Erfolg stellte sich nicht ein. Dinah hatte sich angewöhnt, auf einer keimfreien Decke bei uns im Bett zu schlafen und klagte allnächtlich über Schmerzen. Auch die viele schöne Sommerluft und die Zinkcreme hatten die Lage nicht verbessert. Der Hund tat uns beiden wirklich leid und mir sein Frauchen. Ihr Urlaub zerrann, ohne daß sie einmal baden oder segeln gewesen wäre. Wie hatte Dr. Christina gesagt: »Lassen Sie den Hund keinesfalls ins Meer. Salzwasser ist nicht gut für die Wunde.«

Eines Nachmittags – wir hatten noch immer hochsommerliches Wetter – fuhren wir wieder die 35 Kilometer zur Veterinärstation. Diesmal hatte eine schwarzhaarige Schönheit mit dem Namen Britta Dienst. Wenig später verließ Dinah mit einer dicken Mullbinde und offensichtlichen Schmerzen das Haus des Schreckens.

»Warum ist denn die Wunde nicht verbunden?« hatte die Ärztin streng gefragt. »Kein Wunder, wenn das nicht heilt!«

Kurz danach fuhr Angela zurück nach Hamburg. Ihr Urlaub war vorbei, und sie mußte wieder arbeiten. Dinah ging es noch immer nicht viel besser, sie wirkte deprimiert. Ich war verzweifelt. Täglich fuhr ich nun nach Varekil und an den Wochenenden zu Armin und Eva. Sie halfen mir bei der Behandlung der Wunde. Allein war das nicht zu schaffen.

Dann kam Boris aus Kiel. Seine neue Flamme, eine angehende Humanmedizinerin, brachte er mit. Ute sah sich den bös zugerichteten Hundeschwanz an und meinte fröhlich: »Da seid ihr, du und dein Hund, zwischen zwei gegensätzliche Lehrmeinungen der Medizin geraten. Glückwunsch!«

Sie entfernte alle Binden und verordnete eine strikte Behandlung mit nicht mehr und nicht weniger als einem simplen Desinfektionsmittel auf Jodbasis, dreimal täglich auf den Schwanz zu applizieren. Die beiden halfen mir bei der schwierigen Prozedur, und als sie abfuhren, brachte ich Dinah in die Hundeambulanz, diesmal zu Veterinärrätin Katja.

Sie war von einem Schwarm junger Praktikantinnen umgeben und verkündete laut: »Dein Hund ist gesund. Glückwunsch!« Sie schaute mich triumphierend an.« War doch richtig – meine Methode mit den Binden!«

Ich sagte nichts mehr. Mir fehlte einfach die Kraft dazu. Das Wetter war noch immer schön, und Hund und Herr fuhren heim nach Kasen und nahmen im Meer ein langes Bad.

Sechs Wochen waren inzwischen vergangen. Ich hatte 1 600 Kilometer mehr auf dem Tacho und eine Rechnung von 2 000 Kronen bezahlt, eine Flasche Jod verbraucht, mehrere hundert Meter Binden gewickelt und wieder entfernt und war um einiges Wissen über Medikamente und Tierärzte und ihre Wirksamkeit auf Keime reicher. Meine Freundin Waltraud unterstellt mir, ich hätte inzwischen Vorurteile gegen Tierärzte entwickelt.

Als ich ein paar Tage später im Baumarkt nach einem Zweikomponentenkleber suchte, entdeckte ich in dem Regal mit dem Leim Spritzen und Kanülen. »Zum zielgenauen Plazieren der Kleber«, wie das Schild am Regal verkündete.

In der Apotheke des kleinen Verwaltungszentrums unserer Insel sind wir beide seit Dinahs Schwanzgeschichte bekannt wie der sprichwörtliche bunte Hund. Wenn ich einmal hin muß, ziehe ich mich ordentlich an und verlange keine verdächtigen Dinge mehr. Die skeptischen Blicke sind geblieben, denn ich habe wieder einen Fehler gemacht: Neulich wollte ich reinen Spiritus haben, um damit einen alten Schiffskompaß aufzufüllen. Nun gut, gereinigtes Petroleum hätte es in diesem Fall auch getan. Ich hatte nur nicht daran gedacht.

Die Besucher

Es war wie ein Naturgesetz: Wenn das Wetter auf Kasen schön wurde – und das ist an der Küste von Bohuslän häufig genug der Fall –, wenn die Temperaturen auf südeuropäische 28 Grad Celsius und mehr kletterten, stand ich unweigerlich an lauen Sommermorgen allein vor der Betonmischmaschine.

Rühe, der baumlange Tischler, hatte wenigstens angerufen, und seine Stimme war laut und kräftig wie eh, als er sagte: »*Hej!* Ich kann heute nicht kommen. Meine Frau meint, daß ich zu krank sei zum Arbeiten!«

Gestern noch wirkte der 73jährige gesund und zäh wie ein alter Elchbulle. Seine abgenagte Pfeife qualmte wie unser Räucherofen für die Makrelen.

Es war wie ein weiteres Naturgesetz: Wenn die Handwerker wegblieben, wenn es langweilig zu werden drohte und ich mehr und mehr Lust verspürte, ausgiebig deutsch zu plaudern, erschien Besuch aus der alten Heimat und brachte einen Kasten Bier mit. Dann gab es lange Abende zum Klönen auf der Terrasse und Zeit für Ausfahrten mit dem roten Boot. Grund genug, die höllische Knochenarbeit am Haus zu unterbrechen, aus der Baugrube zu klettern und die Handwerker für ein paar Tage zu vergessen. Sie würden schon wiederkommen.

Besuch stellte sich in Kasen ausschließlich im Sommerhalbjahr ein. Wir haben noch nie erlebt, daß im Winter auch nur einer aus dem umfangreichen Freundes- und Bekanntenkreis den Wunsch verspürt hätte, uns zu besuchen. Was sie nicht bedenken, ist die

Mit viel Liebe und Aufwand pflegen die meisten Insulaner Haus und
Garten

Tatsache, daß sie alle etwas verpassen. Denn dem Winter gehören die unglaublich farbigen Sonnenuntergänge, die totale Stille, das Bullern des alten, gemütlichen Ofens, der würzige Geruch nach verbranntem Holz und die leeren, beinahe ausgestorbenen Ortschaften auf den Inseln. Nur im tiefsten Winter passiert mir manchmal etwas, was sich nur schwer beschreiben läßt:

Ein sonniger Sonntag morgen. Minus 15 Grad, es ist windstill und riecht nach Frost. Der Wagen rollt leise knirschend den Berg hinunter und walzt die ersten Spuren in den frischen Schnee. Rauhreif glitzert auf den Tannen, deren Äste sich unter der weißen Last tief über den Weg neigen. Ich fahre durch leere Felder, vorbei an einsamen, verschneiten Gehöften, und dann stellt es sich wieder einmal ein, das unerklärliche Gruseln.

Es kommt ganz allmählich und kriecht mir von hinten den Nacken hinauf. Ich hätte das Buch von Marlen Haushofer, »Die Wand«, nicht lesen dürfen. Darin beschreibt sie eine Frau, die allein in einer stillen, toten Restwelt zurückbleibt, weil sich um sie herum eine gläserne Wand gesenkt hat. Und dahinter ist alles leblos und erstarrt.

Ich fühle mich dann in meinem Auto tatsächlich wie hinter dieser Wand. Es ist bereits neun Uhr und ich habe noch immer keinen Menschen gesehen, kein Auto, kein Pferd. Nichts! Ich halte an und schalte den Motor aus. Dann drehe ich das Autofenster herunter und lausche. Stille! Ich muß an meinen alten Freund André denken, der wegen des drohenden Atomschlags nach Australien geflohen ist, an seine Vision von einer leeren Welt, dem radioaktiven Fallout. Ist dieser Rauhreif schon der radioaktive Schnee, und haben wir alles nur nicht bemerkt und als einzige überlebt?

Doch unangenehm ist die Leere nicht. Ich genieße diese leicht gruseligen Augenblicke, die immer dann zerplatzen wie eine surrealistische Seifenblase, wenn mir der erste Volvo mit seinen Schneeketten rasselnd entgegenkommt und daran erinnert, daß wir (Gott sei Dank?) nicht allein sind in dieser stillen, leeren, verschneiten Welt.

Doch im Sommer pulsiert hier das Leben. Dann kommen die Gäste. Nicht in hellen Scharen wie die Zugvögel unten in der Bucht. Aber sie kommen immerhin, in angenehmen Abständen. Ich habe zwischen den Besuchen Zeit genug, mich um die Arbeiten am Haus zu kümmern, nachts am PC mit Blick auf das glitzernde Meer und den Bildschirm auch noch ein paar Seiten für dieses Buch zu schreiben. Die Besucher bleiben nur ein paar Tage oder eine kleine Ewigkeit. Und manche von ihnen sind viel zu kurz da, denn sie würden wir gern für immer als Gäste behalten. Doch dann wären sie keine Besucher mehr und Kasen eine Art Asylantenheim für Wohlstandsflüchtlinge aus Deutschland.

Nachbar Mats I. ist ein sarkastischer Zeitgenosse. Als Journalist trifft er viele Menschen und kennt alle ihre Eitelkeiten und Verrücktheiten. Von ihm stammt der Spruch: »Die liebsten Gäste sind die, die nie kommen.« Wir finden, da hat er unrecht. Da sind viele, die wir gern einmal hier hätten. Und so haben wir auch keine Gelegenheit, sie in eine der Kategorien zu stecken, in die wir unsere Besucher inzwischen einteilen:

Hin und wieder kommt der *Selbstbewußte,* der sich gern selbst einlädt. Er wischt alle Argumente hinweg, die ich manchmal für Leute bereithalte, die spontan und zum unpassendsten Zeitpunkt kommen wollen: »Hier ist im Moment der Bär los!« wende ich dann vorsichtig ein.

»Na prima!« sagt er. »Ich hatte schon Angst, daß es langweilig werden könnte! Schweden ist ja ein durch und durch evangelisches Land und damit für mich per se langweilig!« Und dann kommt er tatsächlich.

Sofort nach seiner Ankunft fragt er nach dem Badezimmer und der Hausbar. Er macht den Heißwasserboiler leer und die Gläser voll. Der Begrüßungsumtrunk am hellen Nachmittag geht natürlich auf unsere Kosten, denn der Gast hat in der Regel vergessen, was ich im Infoblatt an alle Bekannten und Gäste geschrieben hatte: »Schöpft eure Einfuhrquoten für Alkohol aus – wir freuen uns immer über einen Kasten billiges deutsches Bier für uns oder eine Flasche Schnaps für unsere Nachbarn.«

Umtriebig, wie er nun einmal ist, macht er schon während des Umtrunks Pläne für die nächsten Tage. Mit dem Glas in der Hand steht er vor der riesigen Seekarte in der Veranda und legt fachkundig die Routen durch die Fjorde fest. Untiefen, Sperrzonen, felsige Riffe und Ebbe und Flut übersieht er großzügig. Den schüchternen Einwand, daß die Bootsmaschine leider im Moment ein Sicherheitsrisiko darstellt, wischt er lässig mit den Worten beiseite: »Das kriegen wir schon hin! Hast doch sicher Werkzeug hier?« Ein Vertreter dieser Spezies richtete eine mittlere Ölpest im Hafen an, weil er die Ölablaßschraube für das Getriebe mit den Zündkerzen verwechselt hatte. Ein paar Tage später brachte er beinahe den Bootssteg zum Einsturz, weil er schlicht und einfach vergessen hatte, die Leinen loszumachen und schon einmal den Gashebel für die 35 PS bis zum Anschlag durchgedrückt hatte. Seitdem hängt der ohnehin vom Schiffsbohrwurm geschwächte Bootssteg schief und der Schlüssel für das Boot nicht mehr für jeden zugänglich neben der Haustür.

Derlei Unbill hindert ihn nicht daran, den Trecker aus der Scheune zu fahren und gutgelaunt zu rufen: »Ich werde mal eben den Rasen mähen – ihr habt sicher genug anderes zu tun mit dem Riesengelände.« Das Angebot einer Einweisung in die Tücken des eigenwilligen Diesels hört er wegen der laufenden Maschine nicht mehr, schon sitzt er auf dem lärmenden Ding und legt mit einem Bocksprung los. Der Rasen sieht nach der Aktion aus wie der Kopf des einzigen Punkers unten im Ort, und das Heu läßt er nach einem halbherzigen Versuch, es mit dem Rechen zusammenzu-

Die Stabkirche von Hälleviksstrand ist beliebtes Ziel unserer Gäste

kratzen, mit dem Hinweis liegen: »Das Zeug ist noch viel zu feucht – das muß noch ein paar Tage trocknen« Sagt's und setzt sich befriedigt in den Lehnstuhl vor »seinem« Gästehaus. Wir dagegen sagen nichts, denn wir sind heilfroh, daß Gast und Trecker die Aktion unbeschadet überstanden haben.

Besonders dankbar bin ich immer, wenn er nach dem Mittagsschlaf den Handwerkern die Langeweile der monotonen Arbeit vertreibt. Als höfliche Schweden legen diese dann sofort die Säge und die Maurerkelle beiseite und hören andächtig zu. Sie erfahren, wie man so etwas in Deutschland macht. Besonders ausführlich fallen derartige Erläuterungen bei meinem Freund Dieter aus. Der hat eine Zeitlang in Dänemark gelebt, war auch einmal bei Greenpeace, hat dort ein paar Aktionen mitgemacht und kennt die

Welt. Er versucht es mit der dänischen Sprache. Das dauert zwar etwas länger, scheint aber den Handwerkern zu gefallen, denn für Pausen, Mißverständnisse und lautes Gelächter gibt's dann besonders viel Gelegenheit. Daß ich demonstrativ weiterarbeite, scheint niemanden außer mir selbst zu stören. Wenn ich den Besucher zurück zum Flughafen kutschiere, stellt er abschließend gern fest: »Da haben wir zusammen die Geschichte ja ein ordentliches Stück vorangetrieben! Ist doch schön, wenn alte Greenpeacer so richtig zusammenhalten, oder?«

Der *Schüchterne* wird mehrmals schriftlich eingeladen, und wenn er endlich kommt, sagt er schon bei seiner Ankunft auf dem sonnigen Berg: »Ich störe doch hoffentlich nicht?« Diesen Satz wird er während seiner Anwesenheit mit schöner Regelmäßigkeit wiederholen. Sofort verschwindet er im Gästehaus, und es gelingt uns nur mit größter Mühe, ihn dort wieder herauszuholen und zum Frühstück oder zu einem Bier auf dem Balkon zu überreden, eben jenem Bier, das er in seinem Kofferraum mitgebracht und brav sofort bei seiner Ankunft abgeliefert hat. Er kommt meist mit dem eigenen Fahrzeug und bringt den halben Hausrat und diverse Lebensmittel von Aldi mit. Die übrige Zeit versteckt er sich irgendwo auf dem weitläufigen Grundstück oder schließt sich in seiner Hütte ein. Wir wissen oft tagelang nicht, wo er steckt.

Spätestens nach zwei Tagen beginnen wir uns erste Sorgen zu machen. Wir suchen den scheuen Gast unten auf dem Felsen im Gästehaus. Doch da ist niemand. Die Tür steht offen. Ein gutes oder ein schlechtes Zeichen?

Dinah kommt schwanzwedelnd zu uns und zeigt uns den Besucher, der in sein Buch vertieft weiter unten auf den warmen, kinderpopoglatten Granitfelsen sitzt und uns erstaunt anblickt, als Angela sagt: »Wo steckst du nur – wir haben uns schon Sorgen gemacht!«

Die Antwort hätten wir voraussehen können: »Ich wollte euch nicht stören.«

Unweigerlich kommt der Zeitpunkt, an dem man diesen Besucher vergißt. Am Tage seiner Abreise wundert man sich, daß er überhaupt da war.

Der *Praktiker* kommt meist überraschend zur rechten Zeit mit einem Kleinbus und einem großen Werkzeugkasten voller Dinge, die ich wieder einmal in Deutschland vergessen habe. Er hat den Körperbau eines Athleten, einen unfehlbaren Blick für baufällige Ecken und einen enormen Durst. Bei seiner Ankunft beschließt er zwar, »in diesem Paradies einmal so richtig auszuspannen«, doch daraus wird nichts. Wenn er früh am Morgen seinen Rausch ausgeschlafen, ein morgendliches Bad im Fjord genommen und ein umfangreiches Frühstück in der alten Küche vertilgt hat, flitzt er schon wieder mit der Bohrmaschine durch die Häuser, haut den Handwerkern auf die Schulter, daß diese sich anschließend krank melden müssen, und schleppt riesige Findlinge zu einer urigen Mauer zusammen. Die Fenster des Gästehauses werden neu verkittet und lackiert, der verrottete Gartenschlauch durch einen neuen ersetzt und der Wackelkontakt am Trecker diagnostiziert, der für seine Bocksprünge verantwortlich war, und mit einer Rolle Isolierband für immer beseitigt.

Wenn er braungebrannt und gutgelaunt abgefahren ist, sind alle Flaschen leer, der Bootsmotor läuft wieder wie ein Uhrwerk, die Reparaturarbeiten am Haus sind tatsächlich ganz schön vorangekommen, und die Handwerker stellen sich allmählich wieder ein. Nun muß ich alles wieder allein machen. Er fehlt mir überall, doch ich freue mich auch darauf, endlich wieder früh zu Bett gehen zu können und guten Gewissens ausschlafen zu dürfen.

Der *Gestreßte* fragt schon auf dem Flughafen nach dem nächsten Telefon. Sein Handy ist leider »leer«. Auf Kasen flitzt er erst einmal mit meinem Gerät zum nächsten Berg und ruft laut hörbar Anweisungen für seinen Umweltschutzverein in das Mobiltelefon. Danach setzt er ein Fax ab und eine meiner sommerlichen Schirmmützen auf.

»Kann die Sonne noch nicht so recht ab! Hab dieses Jahr wie verrückt im Büro geackert. Hast doch nichts dagegen? Wo liegt denn dein Boot? Wollen wir nicht schnell ein paar Fische zum Abendbrot fangen? Tauchen können wir ja dann morgen!«

»Na klar!« sage ich und versuche ein wenig Begeisterung in meine Stimme zu legen. »Machen wir.«

Und schon sitzen wir im Boot und flitzen hinaus in die kleine Bucht hinter der großen Insel mitten im Fjord. Der Fischzug bleibt erfolglos. Die Tiere mögen keine Hektik und beißen nicht.

Wieder einer der prachtvollen Sonnenuntergänge

Am nächsten Morgen ist unser Freund verschwunden. An der Tür des Gästehauses hängt ein Zettel: »Bin schnell einmal zum Vänern rübergefahren.« Spät am Abend – wir hatten gerade angefangen, uns Sorgen um ihn zu machen – läßt er sich auf unserer Terrasse in einen Sessel fallen und greift nach dem Handy und einem Whisky. »Ich habe den Vättern gleich mit besucht – Riesentümpel das – und mir unterwegs auch noch eine Tour mit den alten Eisenbahndraisinen gegönnt!«erzählt er laut einer Freundin in Deutschland.

Wir sind richtig neidisch, denn das haben wir schon seit zwei Jahren vor! Vielleicht hätten wir uns ja für diesen Tag freimachen können? Aber uns hat ja keiner gefragt!

Wir planen einen Tauchgang für den nächsten Tag, dann rennt er weg, und ein wenig später sehen wir ihn mit einem winzigen Handtuch um die Hüften zum Badeplatz eilen. Ich hoffe, daß er wenigstens an eine Badehose gedacht hat, denn in Schweden hat man nur wenig übrig für Freizügigkeit der allzu offenen Art. Das überläßt man hier seinen Nachbarn, den Deutschen und den Dänen.

Wenn er dann schließlich abgereist ist, müssen wir ihm das leere Handy, ein paar T-Shirts und ein dickes Notizbuch, das so wirkt, als hätte er es auf dem Flohmarkt gekauft, nach Deutschland schicken. Wird eine Weile dauern, denn die schwedische Post ist langsam, dafür aber um so teurer.

Immerhin sind wir seit dem Abschiedsabend um eine komplizierte Theorie über die »Abluftverwirbelung« in unserem Ofen reicher und wissen nun, warum er so schlecht zieht. Außerdem haben wir viel über Wurzelraumkläranlagen und Technologietransfer gelernt und überlegen nun, ob wir unseren Rasen in einen Sumpf für die Reinigung unserer Notdurft verwandeln sollen.

Die *Wunderbare* kommt selten, ist Romantikerin, Dichterin und Praktikerin zugleich. Sie – denn meist handelt es sich um eine Frau – hat einen unfehlbaren Blick für das Schöne auf Kasen. Schon auf der Fahrt zur Insel hat sie begeistert gerufen: »Toll! Wunderbar! Der Fjord! Das Meer! Einfach irre!«

Das tut gut. Man fühlt sich gleich verstanden. Außerdem hat sie außer an einen Kasten Bier auch noch an duftendes deutsches Schwarzbrot und einen stinkenden Harzer Käse gedacht. Sie verzichtet großzügig auf die Bezahlung der Mitbringsel und lädt uns auch noch in das beste Restaurant der Insel ein. Sie begleitet uns beim morgendlichen Gang mit Dinah zum Schwimmen im Fjord und hält im Wald den Mund, damit wir die Vögel hören können. Sie spendiert das Benzin für die saufende Bootsmaschine und kauft die Makrelen im Fischladen, wenn das mit dem Petri Heil wieder einmal nicht geklappt hat. Wir sitzen am Abend angenehm plaudernd beim Wein auf der Terrasse und entdecken die Sternschnuppen, die wie Garben vom Himmel fallen. Wir genießen zusammen hellwach den Sonnenaufgang vor dem Gästehaus und fahren bei Vollmond aufs Meer hinaus.

Nach ihrer Abfahrt entdecke ich im Gästehaus einen neuen Duschboiler. Die Handtuchhalter kommen mir auch recht unbekannt vor.

Seit einiger Zeit hat sich eine neue Spezies bei uns eingefunden – der *zahlende Gast*. Wir hatten in den ersten Jahren so viel Geld in Reparaturen und Umbauten stecken müssen, daß wir auf die Kontoauszüge genauso erschreckt starrten wie auf die Kreuzottern, die uns gelegentlich über den Weg krochen. Guter Rat war gar nicht teuer. Eine preiswerte Anzeige in einem deutschen Ökomagazin hatte den gewünschten Erfolg, und so stellten sich schon im zweiten Sommer »grüne« Gäste ein, die uns die Renovierung des Gästehauses finanzieren sollten. Aber davon wußten sie nichts.

Weit genug weg von unserem Haus war sie ja, die kleine Gäste-*stuga* auf der Klippe, und wir hofften, daß die Urlauber uns einigermaßen in Ruhe lassen würden.

Weit gefehlt! Die ersten zahlenden Gäste kamen schon Anfang Juni, und es regnete. Der Fjord war zum Baden zu kalt und das Gästehaus zu klein, um darin lange verregnete Tage zu verbringen. Und so klingelte es immer mal wieder an der Haustür. »Gönnen se nich mal sagen, wie mer nach dem Hallenbad gommen?« Natürlich konnte ich, denn ich verstand Sächsisch recht gut und machte als höflicher Gastgeber auch einen Kaffee. Aus dem Besuch des Hallenbades im 50 Kilometer entfernten Uddevalla wurde an diesem Tag nichts mehr. Aus meiner Arbeit am Schreibtisch genauso wenig. Sachsen lieben eben die Gemütlichkeit. Auch Dinah als gebürtige Sächsin mochte diese ausufernden, gemütlichen Gespräche. Sie lag dann unter dem Tisch und genoß sichtlich die breiten, heimischen Laute.

Doch so verschieden, wie wir Menschen eben sind, so unterschiedlich waren auch die zahlenden Gäste. Es waren wahre Goldstücke darunter: Sie putzten das Haus zum Abschied spiegelblank, verzierten die Vasen mit Feldblumensträußen und ersetzten zerbrochene Gläser und Tassen. Da waren aber auch Besucher, die alles liegen und stehen ließen und uns so manch mühselige Reparatur bescherten. Und ganz selten einmal fehlte auch etwas.

Mit welchen Augen unsere Gäste ihre Gastgeber sehen, liest mir Freundin Waltraud bei meinem Besuch in München aus ihrem Tagebuch vor:

»Selbstverständlich hat auch ein so langjähriger Freund wie Wolfgang seine Vorstellungen, was wir zusammen unternehmen könnten. Gleich am ersten Tag, nach einem ausgiebigen Hundespaziergang, versteht sich, steckt er mich in einen Arbeitsoverall mit der Aufgabe, in einen äußerst schmalen Küchenschrank zu kriechen – ›du hast die Figur dazu!‹ –, hinter dem sich eine Schornsteinklappe befindet – Aufschrauben, öffnen, Staubsaugerschlauch in den Schornstein einfädeln, Klappe wieder zu. Eine eindeutige Herausforderung an Gelenkigkeit und Geschicklichkeit. Aber schließlich arbeite ich als Tierärztin auch oft unter ähnlichen Anforderungen und im Dunkeln. Meine verbogenen Gräten lasse ich anschließend auf Wolfgangs Boot wieder zurechtrütteln. Denn das Wetter gestaltet sich wie die schwedische Fahne: goldene Sonne, blauer Himmel.

Am nächsten Morgen schwimmen ein paar harmlose Wolken am blauen Himmel. Grund genug für Wolfgang, schon jetzt an den Winter zu denken (›das ideale Wetter, um Holz zu sägen‹). Den ganzen Vormittag läßt er die Motorsäge heulen, und ich darf Berge von Feuerholz in der Scheune auftürmen. Erst am Nachmittag machen wir einen herrlichen Angelausflug in die Fjorde. Eine Wahnsinnslandschaft!

Und abends macht Wolfgang Rentierbraten. Schmeckt ausgezeichnet! Ein bißchen nach Lamm, ein wenig nach Salami und ein ganz klein wenig nach Wild.«

Ein schwarzer Tag

Noch immer zählten wir zu meinem größten Leidwesen zu den »Teilzeitschweden«. Angela ging weiter ihrer Arbeit nach, und ich mußte ab und zu nach dem Rechten sehen und ihr »da unten« in der großen Stadt Gesellschaft leisten. Auch die Verlage vergaßen mich gern, wenn ich zu lang in Schweden war. So blieb mir nichts anderes übrig, als immer wieder einmal nach Deutschland zum »Klinkenputzen« zu fahren. Ich klapperte die Redaktionen ab und kehrte mit einem Packen Aufträge zurück auf unseren Berg. In Deutschland erholte ich mich von der harten Arbeit, besuchte die Ärzte und machte mich fit für eine neue Runde auf Kasen.

Im dritten Jahr der Zeitrechnung von Kasen hatte ich meine Leistenbruchoperation in Hamburg überstanden und war endlich wieder hier. Es war Anfang Mai. Höchste Zeit, den ersten Schnitt der Wiese zu machen, die Kartoffeln zu stecken, Salat zu pflanzen und den kleinen Acker am sonnigen Hang umzugraben. Aus den Erfahrungen der ersten beiden Jahre wußte ich, daß sich mit Sicherheit diverse Reparaturen angesammelt haben und zahllose unerwartete Dinge zu erledigen sein würden. Viele Fehler der Vorjahre wollte ich nicht wieder machen, doch die Kette der kleinen und großen Katastrophen setzte sich auch in diesem Jahr fort.

Kaum waren Dinah, Mäuschen und ich auf dem Berg eingetroffen, ging's schon los. Der Trecker wollte nicht mehr, die Bootsmaschine gab ihren Geist auf, im Gästehaus platzte eine Leitung, die Reifen des Bootsanhängers waren platt, und ich ärgerte mich darüber, daß jemand meine Pferde-Verbotsschilder zerstört hatte.

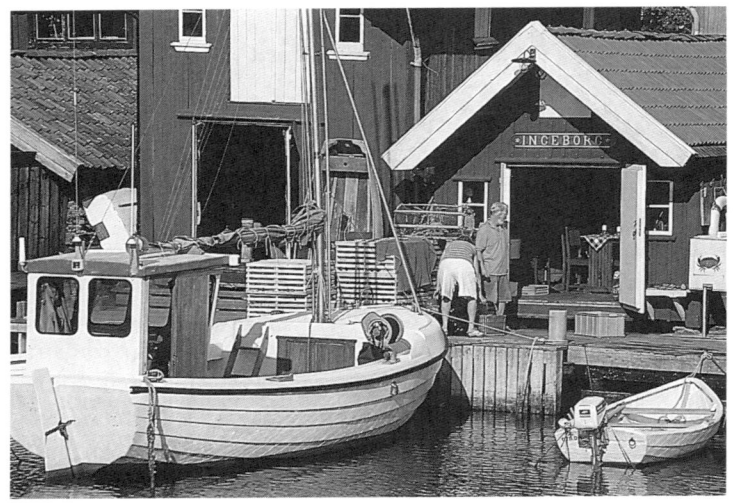

Kleine Fischerhäuschen auf Gullholmen

Nachbarskinder hatten unseren abschüssigen Rasen während meiner Abwesenheit gründlich als Rodelbahn mißbraucht, der Schneepflug des Bauern hatte meine kunstvoll konstruierte Drainage am Tor herausgerissen, und in unserer Schlucht hatte irgendeine Umweltwutz das Mobiliar seines Kinderzimmers entsorgt.

Als ich dann mit Mats unsere beiden Boote ins Wasser brachte, merkte ich, daß es für schwere Arbeit eigentlich noch viel zu früh war. Meine Narben begannen wieder zu schmerzen. Doch die Arbeit konnte nicht warten – ich mußte wohl oder übel ran.

Es dauerte drei Wochen, bis ich alles repariert hatte, alle Pflanzen in der Erde waren, und ich nahm mir vor, endlich einmal nach Göteborg zu fahren. Ich schrieb einen langen Einkaufszettel für diesen Tag. Wann kommt man hier schon einmal in die Großstadt!

Als Hund und Herr gegen Mittag ins Auto stiegen, prasselten Hagelschauer auf das Blech, und Sturmböen peitschten über unseren Berg. Die Hagelkörner waren so groß, daß ich um den Lack des Wagens bangte. Von Blitz und Donner jedoch keine Spur, und als erfahrener Seemann sagte ich mir, daß bei dieser Kälte auch nicht damit zu rechnen sei. Die Temperatur war innerhalb von zwei Stunden von fast 20 Grad am frühen Morgen auf nur 4 Grad gefallen. Doch als wir unten im Tal angekommen waren und Kurs aufs Festland nahmen, war der Hagelschauer vorbei.

Kurz vor der berüchtigten Tjörn-Brücke mußte ich schnell vom Gaspedal. Auf der Straße lag eine fast fünf Zentimeter hohe Schicht Hagelkörner. Zum Glück hatte ich rechtzeitig gemerkt, daß das Autoheck Ausbruchsversuche unternahm, der ungewohnte Straßenbelag wirkte wie ein Kugellager. Diese gefährliche Situation hatte ich zwar heil überstanden, doch hatte ich das unbestimmte Gefühl, daß dieser Tag nicht der meinige war.

Der *beslyt*, der Beschluß, der an diesem Morgen in unserem Postfach im Ort lag, jagte mir einen gehörigen Schrecken ein. Das Königreich forderte die Steuer für unser bescheidenes Anwesen ein. Und die war beträchtlich. Wir hatten vor zwei Jahren einen komplizierten Fragebogen ausgefüllt, da hatte der Staat nach höchst erstaunlichen Dingen gefragt. Die anonymen Raubritter in Sachen Steuern interessierten sich für die Beschaffenheit der Klosettbrille, die Qualität der Kacheln im Bad und das Vorhandensein eines Kamins genauso wie für das Baumaterial des Hauses und die Anzahl und Höhe von Herd und Kühlschrank in der Küche. Der Erfindungsreichtum der Steuerbehörde ist unglaublich. So ist der Partyraum im Keller ebenso steuerrelevant wie das Bidet im Bad und die Dusche. Uns wurde schnell klar, warum wir in vielen schwedischen Haushalten mit einem einfachen wasserdichten Kunststoffbelag ausgekleidete Badezimmer vorgefunden hatten, in denen man einfach auf dem Boden stehend duschte. Allmählich wurde mir klar, daß Deutschland in Sachen Steuern im Vergleich zu Schweden noch immer ein rückständiges Entwicklungsland war.

Als wir am Nachmittag zurückkehrten, schien die Sonne wieder. Ich stellte den Motor ab und hatte sofort das Gefühl, daß etwas anders war auf Kasen. Dann hörte ich es: Irgendwo auf dem Grundstück mußte es neuerdings einen Wasserfall geben!

Ich ging dem Rauschen nach, kletterte in unsere Schlucht hinunter und befand mich in einem Gebiet, das ich nur selten betrat. Hier war das Reich der Rehe und der Kreuzottern, der Kröten und des Dachses, und wir störten sie hier nie. Einen Weg, den Nachbarn quer durch diese wunderbare Wildnis geschlagen und getrampelt hatten, hatte ich längst brachial mit Stacheldraht und Dornenbüschen gesperrt. Dies war unser Mikro-Nationalpark – hier durfte sich alles entwickeln, wie es wollte. Der Mensch hatte hier keinen Zutritt, auch wir nicht. Offiziell pflegte ich die Sperrung mit der Gefahr durch die Kreuzottern, die sich hier tatsächlich sehr wohlfühlten, und der ungeklärten Haftung im Falle eines Unfalls zu begründen, denn meine Maßnahme war auf nur wenig Gegenliebe bei den Nachbarn gestoßen.

Im Dickicht der Schlucht fand ich noch ganze Haufen von Hagelkörnern und tatsächlich einen fast zwei Meter hohen Wasserfall. Ein winziges Rinnsal, das zu unserem Ärger manchmal auch den Überlauf aus den Sickergruben einiger entfernter Nachbarn mit sich führte, war zu einem rauschendem Bach angeschwollen, der in kleinen Kaskaden in unserer Schlucht verschwand.

Nach der Besichtigung unseres neuen Wasserfalls schaltete ich das Radio ein, weil ich beim Kartoffelschälen gern Musik und Informationen höre. Nichts, nur Rauschen. Mir schwante Böses. Ich schaltete auf Fernsehen um: Rauschen! Da stimmte etwas nicht!

Ich rannte nach oben und testete Telefonanlage, Anrufbeantworter, Fax, den automatischen Faxumschalter – alles kaputt! Mit zittrigen Fingern schaltete ich den PC an. Ein Datenverlust hätte mir gerade noch gefehlt. Ich hatte längere Zeit keine Sicherungskopien mehr gemacht. Doch diese Kiste wenigstens war in Ordnung. Ich atmete erleichtert auf. Dennoch war der Schaden beträchtlich, und ich hatte mich wohl oder übel mit dem Gedanken abzufinden, daß ich einiges investieren mußte, um die Dinge wieder zum Laufen zu bringen. Kein Fernsehen, kein Radio – das ging ja noch, aber ohne Telefon und Fax konnte ich keinesfalls bleiben, denn schließlich mußte ich auch Geld verdienen und ein paar Artikel oder Gutachten nach Deutschland faxen können. Auch die private Kommunikation mit Hamburg war eine liebe Gewohnheit, die den Aufenthalt hier in der Einsamkeit erleichterte.

Ich holte das Mobiltelefon aus dem Auto und rief Monika an, die Frau eines Nachbarn. »Dieses verflixte Gewitter! Bei uns hat es das Modem erwischt, und in der Deckenverkleidung im Flur klafft ein kreisrundes Loch mit merkwürdigen Rändern.«

»Ein Kugelblitz?« fragte ich vorsichtig.

»Ja. Der Typ von der Versicherung war schon da, so schnell wie noch nie«, erzählte Monika, »Der hat so etwas noch nie gesehen!«

Am Abend konnte ich mir ein Bild davon machen, was passiert war. Nach meiner Abfahrt hatte es ein kurzes, aber heftiges Unwetter gegeben. Tonnen von Hagel und ganze Kaskaden von Blitzen waren in nur wenigen Minuten über der Insel niedergegangen. Die Schäden waren beträchtlich. In vielen Häusern waren, wie auf Kasen, Fernseher defekt, Telefone ausgefallen, und so manche Datenverarbeitung war zusammengebrochen. In unserem Keller stand knietief das Wasser. Die Versicherungen würden's regulieren, wie immer.

Blitzeinschläge sind nichts Ungewöhnliches auf der Insel. Noch verlaufen die meisten Telefon- und Stromleitungen oberirdisch an hölzernen Masten. Sehr anziehend für einen Blitz. Da hat dann die Stromleitung eben nicht mehr 220, sondern für Sekundenbruchteile 300 x 106 Volt und mehr. Das hält kein elektrisches Gerät aus, erst recht keine moderne Mikroelektronik. Nur langsam ändert sich die Situation: Seit ein paar Jahren versuchen die Strom- und

Telefongesellschaften, die Kabel blitzsicher unter die Erde zu verlegen. Kein einfaches Vorhaben, denn ein Zehntel der Insel besteht aus blankem Fels.

Schon im letzten Sommer hatten wir eine eindrucksvolle Lektion über Gewitter erhalten. An einem schwülen, heißen Nachmittag saßen wir auf unserer Terrasse und verspeisten mit großem Appetit einen Rentierbraten. Wie so oft am Nachmittag zog über dem Festland eine schwarze Gewitterwolke herauf. Das war weiter kein Grund zur Aufregung, denn die nachmittägliche Gewitterfront schaffte es nie bis auf unsere Insel. Doch diesmal sah es so aus, als würde die schwarze Wand bald auch hier eintreffen. Gott sei Dank, denn wir hatten Wasser dringend nötig. Noch schien hier die Sonne, und wir nahmen uns vor, nach dem Mittagessen vorsichtshalber die Elektrogeräte aus den Steckdosen zu ziehen. Plötzlich gab es einen fürchterlichen Knall, wie die Peitsche eines Riesen. Aus unseren Fingerspitzen sprühten Funken. Es hatte eingeschlagen! Zitternd wie Espenlaub spürten wir noch immer den kribbelnden Strom am ganzen Körper, doch wir lebten. Wie versteinert saßen wir da. Wir wußten nicht, wo es eingeschlagen hatte, doch es mußte ganz dicht neben uns gewesen sein. Wahrscheinlich hatte es einen der Strommasten hinter dem Haus erwischt.

Erst nach einiger Zeit wurde uns klar, daß es vielleicht besser wäre, so rasch wie möglich im Haus zu verschwinden, denn es konnte ein weiterer Blitz folgen. Dinah und Mäuschen waren schneller gewesen, waren in hellster Panik ins Haus gestürzt und einen Tag lang nicht mehr zu bewegen, herauszukommen. In der oberen Etage gab das Faxgerät merkwürdige Geräusche von sich. Es hat nie wieder etwas anderes als piiieps gemacht und konnte nicht mehr repariert werden. Auch der Faxumschalter war dahin. Das Gewitter mit dem langersehnten Regen schaffte es auch diesmal nicht auf die Insel. Der Blitz, der unser Fax vernichtet hatte,

Unser Trecker, ein vielseitiges Vehikel. Zum Mähen und Schneeschieben gleich gut geeignet

war nichts als ein Ausrutscher gewesen mit bösen Folgen und der einzige, der an diesem Tag auf der Insel eingeschlagen hatte.

Nun, knapp ein Jahr später, hatte es noch mehr Geräte erwischt. Ich baute auch diesmal alle vom Blitz beschädigten Geräte ab, packte sie in einen großen Pappkarton und stellte sie vor die Tür. Den Schrott würde schon keiner klauen. Die Hightech-Reste wollte ich morgen zu Christer zum Reparieren bringen. Dann endlich widmete ich mich dem Trecker und der Montage der neuen Mäheinrichtung, die ich aus Göteborg geholt hatte. Morgen würde es sicher wieder trocken und warm werden, und da mußte ich endlich das Gras mähen.

Beim Anziehen einer alten Mutter rutschte ich ab und schlug

mit dem Handrücken gegen eine Rolle mit dickem Stahldraht, dessen Ende sich sofort in meinen Handrücken bohrte und auf der anderen Seite wieder herauskam. Es kostete mich einige Kraft und noch mehr Überwindung, den Draht wieder herauszuziehen. Die Hand schwoll bald an und tat höllisch weh. Siedendheiß fiel mir ein, daß die Tetanusimpfung wahrscheinlich längst für eine Auffrischung fällig war.

Der Tag war gelaufen. Das Glas mit dem kostbaren Bier, das ich mir zum Trost einschenkte, rutschte mir aus der kaputten Hand und zerschellte auf dem Küchenboden. Dinah zeigte reges Interesse für den Stoff und wenig Verständnis dafür, daß ich sie von dem mit Scherben vermischten Gerstensaft verjagte.

Als ich endlich mit einem Eisbeutel auf der Hand in den Sessel sank, spürte ich auch noch Schmerzen in meinem Rücken und sämtlichen Gelenken. Zu lange hatte ich verbissen auf dem eiskalten Boden unter dem Trecker gekniet. Ich war ganz einfach fertig! Einer der gar nicht einmal so seltenen Tage auf Kasen, an denen ich zu spät merkte, daß ich mich übernommen hatte. Die Anspannung und Schwerstarbeit der vergangenen Tage forderte eine Ruhepause. Ich nahm mir wieder einmal vor, langsamer zu treten. Diesmal blieb mir keine Wahl – die rechte Hand würde vorerst nicht mitspielen. Nicht einmal am PC konnte ich ein paar Aufträge abarbeiten. Nun bedauerte ich doch, daß der Fernseher nicht funktionierte.

Ich ging frühzeitig ins Bett, nachdem ich mir einen Eisbeutel mit Pflaster auf dem unförmig angeschwollenen Handrücken festgeklebt hatte. Im Wegdämmern nahm ich mir vor, morgen eine Blitzsicherung zu kaufen. Aber eine Sicherung gegen Unfälle und Verletzungen aller Art gab es nicht. Ich wollte in Zukunft umsichtiger und ökonomischer mit meiner Kraft umgehen. War nicht im letzten Sommer um diese Zeit Nachbar Anders vom Dach gefallen und hatte sich das Hüftgelenk gebrochen? Ein Wespennest hatte er dort oben aufgestöbert, und die Viecher hatten sich bitter gerächt. Fast ein Jahr ging er an Krücken, und er humpelt heute noch.

Mitten in der Nacht erwachte ich von einem merkwürdigen Bellen. Dinah hatte das eigenartige Geräusch längst gehört und knurrte unwillig. Ein Blick aus dem Fenster gab mir endgültig den Rest: Im rosa Dämmerlicht des frühen Morgens entdeckte ich zwei Rehe, die sich in aller Seelenruhe die frischen Kohl- und Salatpflanzen zu Gemüte führten. Der Rehbock war so von seiner Entdeckung entzückt, daß er hin und wieder ein helles, freudiges Bellen ausstieß.

»Haut ab, ihr Nassauer!« brüllte ich wütend und völlig entnervt in den stillen Morgen. Die Hand schmerzte wieder, ich war erschöpft. Kasen war mir total über, und ich verfluchte den Tag, an dem wir uns für das Haus entschieden hatten.

Ich machte das Fenster zu, zog den Vorhang vor, schüttete mir eine Handvoll Baldrianpillen in den Mund und zog mir die Bettdecke über die Ohren. Ich hatte keine Kraft mehr. Sollten sich die Viecher doch den Bauch mit unseren mühselig herangezogenen Pflänzchen vollschlagen. Guten Appetit!

Ein Unglück kommt selten allein

Am nächsten Morgen schien die Sonne wieder. Die Rehe waren fair gewesen und hatten die Hälfte der Anpflanzung stehenlassen. Der Rest würde wohl auch ausreichen, wenn ich die Pflänzchen mit einem alten Fischernetz abdeckte und damit vor weiteren nächtlichen Gelagen schützte. Meine Hand war abgeschwollen und schmerzte nur noch, wenn ich sie bewegte.

Ich setzte mich zu einem ausgiebigen Frühstück auf die Terrasse, vertilgte fast einen Liter Joghurt aus dem Supermarkt und einige Scheiben selbstgebackenen Brotes.

Mit der kaputten Hand konnte ich erst einmal keine vernünftige Arbeit leisten. Ich holte mir einen bequemen Liegestuhl, streckte mich darin aus und starrte mißmutig in den blauen Himmel. Ein paar weiße Wölkchen schwammen darin, und weit oben kreisten drei Möwen. Unten im Tal schipperten die ersten Sportboote der Saison durch die Schären. Hatte ich in diesem Jahr eigentlich schon einmal hier gesessen und gedankenverloren einfach nur in den Himmel geschaut?

Das Nichtstun war wunderbar und bekam mir ausgezeichnet. Die Sonne wärmte meine lädierten Knochen, und es war überhaupt nicht langweilig. Ich beobachtete das Spiel der Wolken, den Anflug der Spechte auf ihren Brutbaum und sogar einen Mord: Auf unserem Rasen brachten ein paar Elstern einen Artgenossen um und verspeisten ihn. Ein Zeichen dafür, daß es zu viele von diesen cleveren schwarzweißen Gesellen in unserem Tal gab.

Nun saß ich endlich einmal hier und hatte Zeit zum Nachdenken: Ich hätte den Rest meines Lebens ja auch als verbeamteter Wissenschaftler in meinem Fischereiinstitut verbringen und auf die Rente warten können. Statt dessen ging ich nach Surinam, anschließend zu Greenpeace und fuhr in der weiten Welt umher. Reisen erweitern den Horizont, heißt es. In den Wäldern der Wolga, auf den Inseln der Antarktis und im Regenwald Surinams hatte ich Einsamkeit, Stille und Frieden kennengelernt. Die Angst vor Schlangen, Vogelspinnen und Haien war allmählich verflogen, denn keines dieser »gefährlichen« Tiere hatte mir je etwas zuleide getan. Revolutionen in Surinam, Unruhen in Argentinien, ein Putsch in Moskau und Verhaftungen in Feuerland und Sibirien dagegen waren Erfahrungen, die ich mit Menschen machen mußte.

Ende der 80er Jahre hatte ich nach acht Jahren enttäuscht und desillusioniert Greenpeace verlassen. Die Organisation betrieb Nabelschau und vertrieb damals jeden Kritiker aus den eigenen Reihen. In den Jahren nach der politischen Wende im Osten erhielt ich eine Reihe von Aufträgen als Aufbauhelfer von Nationalparks in der ehemaligen DDR, in Rußland und in der Türkei. Es lag in der Natur der Sache, daß ich mehr in den dichten Wäldern Mecklenburg-Vorpommerns, in den sumpfigen Armen des Wolgadeltas und an den nächtlichen Bruststränden für Meeresschildkröten am Mittelmeer unterwegs war als in den Kneipen und Büros einer Großstadt. Und ohne daß ich es recht merkte, war's passiert. Ich war reif für die Insel!

Nun saß ich hier in Schweden auf der stillen Terrasse und sah den Möwen nach, die über den Fjord flogen – und war nahe daran, wieder einmal alles hinzuschmeißen.

Ich holte tief Luft. Nein, diesmal nicht!

Ich raffte mich auf, fuhr zum Rundfunkmechaniker und zur Versicherung. Christer wohnte einige Kilometer entfernt mitten im Wald und hatte gut und gerne 100 000 Quadratmeter Land um sein Haus herum. An diesem sonnigen Samstagmorgen war er ge-

Eine Dreizehenmöwe – nicht selten auf unserer Insel

rade ausgeritten. Ich stellte die kaputte Elektronik zusammen mit meiner Visitenkarte vor seine Tür und fuhr wieder nach Hause. Sein Rückruf am Abend gab mir die Hoffnung, daß all mein Elektronikschrott repariert werden könnte. Es blieb bei der Hoffnung, denn nach einigen Wochen erklärte Christer die Sachen für unreparierbar. Im Winter würde ich mir neue, preiswerte Geräte aus Deutschland mitbringen.

Allmählich stellten sich auch wieder Erfolgserlebnisse ein. Ich reparierte einen alten Satellitenreceiver, und der Probelauf mit dem neuen Grasfänger am Trecker verlief sehr befriedigend. Der Gedanke gefiel mir: Ich würde künftig nicht mehr mit einem Rechen einen fußballplatzgroßen Rasen abkratzen und ganze Wagenladungen duftendes, aber schweres Gras zum Kompostierplatz schleppen müssen, denn die Tage nach derlei Betätigungen waren erfüllt von Gelenkschmerzen und Muskelkater.

Allerdings regte sich mein Gewissen als Umweltschützer. Mich nervte der Gedanke, daß ich schon wieder eine Arbeit der Technik überlassen hatte, denn mit »grünem« Denken hatte die maschinelle Aufrüstung von Kasen sicher wenig zu tun. Aber wie sollte ich alter Knacker im fortgeschrittenen Stadium der Gelenkabnutzung die anfallende Arbeit noch schaffen?

Die »Ökos« unter meinen Bekannten hatten sofort eine Lösung parat, wenn sie in Hamburg am Kneipentisch zusammensaßen und von unserem grünen Paradies im Norden erfuhren: »Da kannste doch als Ausländer das angekratzte deutsche Image aufbessern, indem du Arbeitsplätze schaffst. Stell doch für solche Sachen ein paar Schweden ein. Die Arbeitslosigkeit dort ist ja auch groß!«

Gut, dachte ich, keine schlechte Idee. Einer meiner entfernten Nachbarn im Tal, der ganz offensichtlich nichts zu tun hatte, sollte mein Opfer sein.

»Hans«, sagte ich am nächsten Tag zu ihm. »Hans, du hast doch keine Arbeit. Möchtest du nicht ein bißchen Schwarzgeld dazuverdienen? Ich habe da eine Mauer trockenzulegen, und du könntest das Fundament abgraben. Du siehst ja, wie ich humpele. Ich schaffe das nicht allein!«

»*NEJ*!« sagte Hans so energisch, daß ich erschrocken zurückwich. »*Nej*!« sagte er erneut und starrte mich entsetzt an. »Ich kriege von der Gemeinde meine Miete bezahlt. Das sind 1 500 Mark und alles, was ich so zum Leben brauche. Ich laß mich doch nicht wegen ein paar Kronen erwischen! Und wenn ich ehrlich bin: Lust habe ich zu solcher Drecksarbeit auch keine. Wozu auch!«

»Aber ...«, hob ich an.

Doch Hans ließ mich nicht zu Worte kommen. »Ich hab einen Freund«, sagte er, »der vermietet kleine Bagger. Ich geb dir seine Adresse!«

Er verschwand in seiner Küche, und ich konnte durch die Tür sehen, daß Küchentisch und Regale mit Werkzeug und vor allem leeren Bierflaschen vollgestopft waren. Er hatte offensichtlich genug zu tun. Dann überreichte er mir einen Zettel mit der Telefonnummer und klang schon viel freundlicher, als er sagte: »Hol dir einen kleinen Bagger. Das ist viel billiger, und den Staat brauchst du dann auch nicht zu bescheißen.«

Es hatte keinen Sinn! Hans war mein letzter Versuch gewesen, in Schweden eine private Arbeitsbeschaffungsmaßnahme zu versuchen. Ich blieb ehrlich und Hans arm.

Die Straßenarbeiter, die gerade zwischen Uddevalla und Lysekil eine Straße mit klebrigem, stinkendem Teer bedeckten, hatten bei dem herrlichen sommerlichen Wetter saubere Sachen an: gelbe, knallige Shorts und eine rotgelbe Jacke, über und über mit reflektierenden Rallyestreifen verziert. Sie hätten auf jeder heißen Discoparty den übrigen Anwesenden die Show gestohlen. Es fehlte nur noch der passende Schlips. Ich war mir sicher, irgendein Gewerkschaftler würde auch das noch durchsetzen.

Nicht nur der staatliche Straßenbau ist ein arbeitnehmer-
freundlicher Arbeitgeber, auch die königlich-schwedische Post
sorgt sich wie eine Mutter um ihre Angestellten. Die Autos der
Landbriefträger haben Rechtslenkung, so wird sichergestellt, daß
sich die Staatsbediensteten bei der Arbeit nicht überanstrengen
oder womöglich beim Aussteigen aus dem Dienstwagen überfah-
ren werden. Warm und bequem sitzen sie in ihren gelben Autos,
fahren dicht an die Briefkästen an den Kreuzungen heran und füllen mit schleifender Kupplung durch das Autofenster die in einer
langen Reihe angebrachten Briefkästen der ländlichen Anwohner.
Die Besitzer der Briefkästen müssen im Gegensatz zu den Brief-
trägern zuweilen weite Wege bei Wind und Wetter in Kauf nehmen, um ihre Zeitung und die Post zu holen. Die Briefkästen auf
dem Land stehen nur an Straßenkreuzungen oder Abzweigungen,
manchmal bis zu einem Kilometer vom Wohnhaus entfernt.

Ich verstand Hans. Gegen so viel soziale Fürsorge konnte ich
beim besten Willen nicht anstinken.

Ich mietete also den Bagger, eine dieser praktischen, amerikanischen Erfindungen, klein und handlich und durchaus vertrauenerweckend. So, wie das Gerät da bei dem Verleiher in der Ecke stand,
wirkte es eher harmlos, wie ein übergroßer Rasenmäher, und so
war ich auch keineswegs beunruhigt, als sein Vermieter, der aus irgendeinem Grunde unter Zeitdruck stand, mir im Eiltempo die
Handhabung des Gerätes vorführte. Ich schwang mich in den harten Sattel und wiederholte alle Handgriffe an Dutzenden von Hy-
draulikhebeln. Alles schien logisch und nachvollziehbar. Um Geld
zu sparen, hatte ich den Bagger auf seinem überbreiten Anhänger
nach Kasen geschleppt, denn für den Transport hätte der Vermieter noch mehr Geld berechnet. Die Fahrt mit dem ausladenden
Anhänger war aufregend genug gewesen. Das Gespann neigte zum
Ausbrechen und schleuderte, und ich hatte so meine Zweifel, ob

Briefkästen sind beliebte Objekte kunstbeflissener Insulaner

auf der Strecke danach auch noch alle Straßenbegrenzungspfosten standen.

Als ich endlich auf unserem Gelände anlangte, war ich so aufgeregt, daß ich nicht mehr wußte, welche Hebel ich zu bedienen hatte, um den Bagger vom Anhänger zu fahren. Da saß ich nun völlig verzweifelt hoch oben auf dem »Digger«, der Motor rumorte laut, und ich probierte einen Hebel nach dem anderen aus. Der hydraulische Ausleger mit der Grabschaufel hob und senkte sich, knallte gegen das Auto und drückte eine Beule in das Heck. Das kleine Monster ruckte rückwärts und drohte vom Anhänger zu kippen, bis hydraulische Stützen unvermittelt aus seinem Boden herausfuhren und das Gefährt einen halben Meter hoch hoben. Mit den Stelzen glich es nun eher einem Mondlandefahrzeug als einem Bagger. Das Gerät stand so schräg auf dem Anhänger, als wäre es gerade dabei, einen Mondkrater zu erklimmen. Ich hatte große Mühe, mich in seinem Sitz zu halten, und geriet zusehends in Panik. Wo um alles in der Welt war denn der Hebel für die simple Fahrt vorwärts? Auch ein Steuerrad existierte nicht. Die Räder mußte man ebenfalls über einen der vielen Hydraulikhebel in die richtige Richtung drehen. Es dauerte tatsächlich gut eine Stunde, bis ich das ungeduldig röhrende Ding in Schlangenlinien knapp vor der Hauswand zum Stehen brachte und mit der Arbeit beginnen konnte.

Nach mehreren Fehlschlägen, die einem jungen Pflaumenbaum das Leben kosteten und unserem Pfingstrosenbeet endgültig den Garaus machten, fand ich endlich die richtigen Hebel für die Bedienung der Grabeschaufel. Das Loch an der Hauswand, in das ich eine professionelle Drainage verlegen wollte, wurde sichtlich größer. Jedesmal, wenn ich die mit Erde und schweren Findlingen beladene Baggerschaufel zur Seite schwenkte und den Abraum abkippte, machte der Bagger einen Freudensprung, der mich derart durchrüttelte, daß ich aufstehen mußte, um meine Knochen wieder in die richtige Lage zu bringen. Ein fast vergessenes Schleudertrauma von einem Autounfall, die Leistenbruchnarbe und Kopfschmerzen, die ich seit Jahren nicht mehr kannte, brachten sich wieder in Erinnerung. Ich glich einem menschlichen Wrack, als ich beschloß, Feierabend zu machen.

Der Bagger – so hatte ich am nächsten Morgen entschieden – sollte diesmal von seinem Besitzer abgeholt werden. Inzwischen hatte ich das Gerät soweit im Griff, daß ich seine zwölf Hydraulikhebel einigermaßen zu bedienen gelernt hatte. Ein kleiner Rest Erde war neben dem Haus am Rande des Plateaus, auf dem das Haus stand, übriggeblieben. Also bestieg ich mutig den harten Sitz und dirigierte das Gefährt dorthin.

Ich mußte einen Kaffee zuwenig getrunken haben an diesem Morgen, denn ich verwechselte zwei Hebel. Die Folgen waren fatal: Der Ausleger mit der Schaufel schlug gegen einen Baum, he-

Schwer angeschlagen liegt der »Digger« auf dem Rücken

belte den ganzen Bagger zur Seite, den Baum aus der Erde und den »Digger« vom Plateau. Ich konnte gerade noch abspringen, bevor er sich überschlug und mit laufender Maschine gut einen Meter tief auf den Rasen stürzte.

Ich rief den Besitzer des Baggers an, der alsbald kopfschüttelnd und mit einem riesigen Flaschenzug am Ort des Geschehens erschien. »Jaaaasoooo!« sagte er das eine um das andere Mal. Kein Vorwurf! Nichts! Die schwedische Gelassenheit in Person. Der Bagger lag kieloben. Sein Eigentümer schritt um den gestürzten Apparat herum und rieb sich das Kinn. »Jaaasoooo!«

»Hol einen Eimer für das Hydrauliköl und ein paar kräftige Bretter!« kommandierte er dann.

Wir ließen erst einmal das für die Umwelt schädliche Hydrauliköl ab und machten uns dann an das Aufrichten des Baggers. Das kostete einem weiteren Pflaumenbaum das Leben, der als Anker für den Flaschenzug diente, aber wir schafften es tatsächlich, den Apparat wieder auf die Räder zu stellen. Die Spätfolgen für die ungeheure Anstrengung, die ich mit meinem schlechten Gewissen bei der Rettung des Baggers mobilisierte, diagnostiziert gerade mein Orthopäde. Die Reparatur der beschädigten Teile am Bagger war mit 300 Kronen vergleichsweise billig. Die Arztrechnung steht noch aus.

Alles in allem hatte mich die preiswerte Selbsthilfe in Eigenleistung 2 466 Kronen und 75 Öre, eine verbeulte Heckklappe am Auto, einen Bluterguß, eine gequetschte Fingerkuppe, Schmerzen in der Wirbelsäule, drei Bäume und ein Pfingstrosenbeet gekostet. Das zerstörte Beet, da war ich mir sicher, würde mir den Zorn von Angela einbringen, und wegen der ausgefallenen Pflaumenernte würde Peters Familie das Pflaumenmus nun aus Deutschland importieren müssen.

Wie hatte denn der Bauer früher solche Arbeiten erledigt, ohne Bagger? Wie hatte er den sportplatzgroßen Rasen, der einst Acker

war, bestellt und alljährlich umgegraben, gejätet, geerntet und gedüngt? Hat er früher seine Kuh vor den Pflug gespannt oder beim
Bauern im Tal ein Pferd ausgeliehen? Später besaß er ja einen
Trecker, dessen Überreste nun in unserer Schlucht rosten. Ob er
damit auch solche Schwierigkeiten gehabt hatte? Wahrscheinlich
war auch er manchmal mit gequetschten Fingern und gebroche-
nen Zehen ins Bett gegangen, denn Kühe treten einem schon einmal auf die Füße, und Pferde sind auch nicht immer bei guter
Laune.

Ein anderes Projekt stand noch an: Wir wollten den Rasen ab-
schaffen. Diese Fläche langweiligen und pflegeaufwendigen Grüns
sollte allmählich verschwinden. Schon jetzt breiteten sich am Rand
ganz andere Dinge aus: Lupinen, Wiesenschaumkraut und wunderbare Kräuter und Blüten. Stellenweise würden wir wahrscheinlich nachhelfen müssen. Ich wußte, daß das Abtragen einer
zähen Rasenschicht eine mühsame Knochenarbeit ist. Mein Bag-
gerverleiher verlieh auch maschinell betriebene Bodenfräsen, doch
ich hatte meine Zweifel, ob er mir jemals wieder etwas leihen
würde.

Granitköpfe

Bald, so hatten wir beschlossen, sollten natürliche Rasenmäher die Arbeit unseres Treckers übernehmen: ein paar Schafe, zwei Pferde, Hühner. Unser kleiner künftiger Zoo, das war klar, würde uns in Schwierigkeiten stürzen, denn unsere Nachbarn hatten es bereits verkündet: Eine Schließung des Grundstücks für unsere Tiere würden sie nicht hinnehmen. Ärger war mit Sicherheit nicht das, was wir hier haben wollten – doch sollten wir deshalb auf das verzichten, was uns lebenswert erschien? Eine ganze muntere Tierbande! Wir hatten Kasen auch gekauft, um Tiere halten zu können. Nun forderten Nachbarn ihr Gewohnheitsrecht ein, jederzeit und ungehindert über unser weitläufiges Gelände laufen zu dürfen. Auch mit ihren Tieren. Unsere Vierbeiner dagegen sollten gar nicht erst das Recht bekommen, hier zu leben.

Lennart, der sympathische Bauer unten im Tal, hatte es mir deutlich gesagt: »Wenn du meine Tochter nicht durchreiten läßt, muß ich das Ganze vor das Landesvermessungsamt bringen. Die haben in einem Rechtsstreit deines Vorgängers vor Jahren zwar entschieden, daß der Weg durch Kasen euch als Privatweg gehört, doch uns als Nachbarn haben sie bei dieser Entscheidung nicht berücksichtigt. Da investiere ich schon die 15 000 Kronen, die mich das kosten würde!«

Ich gab mir einen Ruck: »Du kannst deiner Tochter sagen, daß sie immer bei uns durchreiten kann! Aber sag auch den anderen, daß ich ihre Pferde bei uns nicht sehen will!« Ich ließ mir für 1 000

Kronen von dem wunderbaren Grillfleisch einpacken, und wir schüttelten uns freundschaftlich die Hände.

Unser verbrieftes Recht war eine Sache, das Gewohnheitsrecht einiger Nachbarn eine andere.

Ich war nicht der einzige auf der Insel, der derlei Schwierigkeiten hatte: Mats III. hatte nur einen Baum gefällt, doch das hatte schwerwiegende Folgen. Der Baum stand zwar auf Mats' Grundstück, aber basierend auf irgendeinem Gewohnheitsrecht aus dem 16. Jahrhundert erhob Anders Antonsson Anspruch darauf. Nun sind beide spinnefeind und sprechen seit Jahren nicht mehr miteinander. Auf einer Länge von gut 500 Metern verläuft die unklare Grenze zwischen ihren beiden Grundstücken, und da gibt es viele Bäume, viele Berührungspunkte und viel neuen Zündstoff für weitere Konflikte. Die beiden hätten so manches zu besprechen und bei einem Bier zu regeln, doch ist Sprachlosigkeit eingekehrt. Ein typischer Fall auf unserer Insel. Man redet zwar viel miteinander, doch an Problemen redet man gern vorbei. Es gibt eine Menge ungelöster Probleme, die besonders auf dem Lande oft schon Generationen alt sind. Man hat sich an sie gewöhnt und lebt mit ihnen. Ja, man pflegt sie geradezu.

Magnus, der Besitzer der Antiquitätenscheune unten im Tal, kannte viele solcher Fälle: »Siehst du das Haus mit dem roten Dach dahinten? Das ist Antonsson der Ältere. Daneben das große gelbe Haus gehört der alten Nilsson. Ihr Großvater hatte einen Hund, der immer bei Antonsson aufs Grundstück machte. Seitdem kennen sich die Familien nicht mehr. Der Hund ist vor gut fünfzig Jahren gestorben. Der Streit schwelt noch immer!«

Unser friedliches Schweden entpuppte sich immer mehr als ein Land wie jedes andere auch. Das Image des Friedens beruhte offensichtlich darauf, daß die meisten Bewohner von Pippi Langstrumpfs schöner Heimat lieber in ihrer Villa Kunterbunt blieben und dort beim Bier über ihren Nachbarn herzogen als ihn, wie in

Magnus restauriert mit traditionellem Werkzeug alte Möbel

Deutschland üblich, über den Gartenzaun hinweg als Idioten zu beschimpfen. Es gab noch immer Platz genug, sich gegenseitig aus dem Weg zu gehen.

Fast immer.

Sechs Uhr! Die totale Stille der Nacht wurde in der Morgendämmerung von Motorengeräusch auf unserem Grundstück unterbrochen. Dinah spielte verrückt und kläffte mich aus dem Bett. Auf unserem Weg stand ein unbekannter Pickup, und ein finsterer Typ schleppte Metallrohre durch unsere Brombeerbüsche. Allerdings benahm er sich für einen Dieb ein wenig zu laut.

Nur eine Erklärung war möglich: Ich hatte schon vor Monaten mit Befremdung festgestellt, daß nebenan auf einem schönen Plateau, das nach Auskunft des Amtes *nie* bebaut werden darf, ein fahrbares Klo stand und unter einer Plane diverses Baumaterial lagerte. Ganz offensichtlich war etwas im Busch. Schon vor einigen Jahren hatte der Besitzer des Grundstücks angefangen, es zu planieren – ohne Baugenehmigung wohlbemerkt. Nachdem Sten Karlsson – so hieß der Typ – sehr zum Ärger aller Nachbarn ebenfalls ohne Genehmigung ein Dreifamilienhaus im Appartementstil hochgezogen hatte, war er bei allen Anwohnern hier oben schlecht angesehen, und so waren sie diesmal wachsamer gewesen und hatten ihn gestoppt. Das alles hatte stattgefunden, bevor wir Kasen übernahmen, und wir hatten die Geschichte erst allmählich von unseren Nachbarn erfahren. Nun sah es wieder nach Baubeginn aus.

Ich kletterte wütend aus dem Bett und ging zu dem Wagen, der auf unserem Weg stand. Sein Besitzer brach gerade mit einer Ladung Baumaterial durch unser Unterholz.

»Was machst du hier, das ist ein Privatweg!« schimpfte ich in einem wütenden Mischmasch aus Englisch und Schwedisch.

In meinem Schlafanzug und dem verpennten Gesicht machte ich auf ihn offensichtlich keinen großen Eindruck.

»Ich habe das Recht dazu – das ist ein offizieller Weg!« schrie er zurück.

Für einen Schweden war er einen Tick zu laut und aggressiv. Meine Nachbarn hatten mich bereits gewarnt – der Kerl sah tatsächlich nicht aus, als wäre mit ihm gut Kirschen essen.

»Das ist keineswegs ein offizieller Weg. Ich habe mich auf dem Amt erkundigt. Also geh runter von meinem Grund! Schließlich hättest du dich auch einmal vorstellen und fragen können, ob du das Stück Land für deine Einfahrt von uns kaufen kannst. Aber von mir kriegst du keinen Zentimeter! Sieh zu, wie du auf dein Grundstück kommst.« Ich drehte mich um und ließ ihn stehen.

Am nächsten Morgen weckte mich das bekannte Geräusch erneut. Das konnte doch nicht wahr sein! Es war sechs Uhr, und der rote Wagen stand schon wieder hinter der Einfahrt auf unserem Weg! Der Kerl war tatsächlich ein hartgesottener Bursche.

In mir erwachte der alte Greenpeace-Protestierer. Der Typ sollte sich noch wundern. Mit seiner Sturheit würde der nicht gegen das Repertoire eines ehemaligen Berufsumweltschützers ankommen!

Ich holte mir ein Buch, ein Mobiltelefon und zog mir eine warme Jacke an. Ein Kissen aus dem Wohnzimmer nahm ich ebenfalls mit. Dinah war bereits draußen und kläffte wütend um Sten herum, der sie wie eine lästige Fliege zu verscheuchen suchte. Ich sagte kein Wort, legte das Kissen mitten auf den Weg vor Stens Auto, setzte mich darauf und begann zu lesen. Sten blickte mich an, als hätte er einen Irren vor sich, und fuhr fort, Eisenstangen mit lautem Getöse auf seinen Anhänger zu werfen. Als er fertig war, ließ er den Motor an und rollte auf mich zu. Eine Handbreit vor meinem Gesicht hielt er an.

»*Satans jävla*! Hau ab!« brüllte er, hochrot im Gesicht.

»*Nej!*« sagte ich und las äußerlich ruhig weiter. »Ich kann doch auf meinem Grundstück lesen, wo ich will! Oder?«

Sten war kurz vor einem Nervenzusammenbruch und schrie für mich Unverständliches. Schwedische Schimpfworte hatte ich leider noch nicht gelernt. Eine unverzeihliche Nachlässigkeit, wie ich an diesem Morgen fand. Ich hätte zu gern gewußt, was mir mein Gegenüber alles an den Kopf warf.

»Du kannst gern die Polizei anrufen«, sagte ich und hielt ihm das Mobiltelefon hin. »*Var så god* – bitte schön!«

Sten verzog sich in sein Auto und knallte die Tür zu. Was er dort tat, konnte ich nicht sehen. Vielleicht rief er tatsächlich die Polizei an. Nach einer Stunde bekam ich Hunger und brach meine Blokkade ab. Sten verließ mit quietschenden Reifen den Kampfplatz. Auf unserem Weg blieben tiefe Rillen von seinen durchdrehenden Rädern.

Den Vorgang hatte Kalle beobachtet, der von einem morgendlichen Angelausflug zurückkam. Die Geschichte machte ihre Runde
in der Gegend und brachte mir die Sympathien vieler Anwohner
ein. Ich erntete in den nächsten Tagen meine ersten Komplimente,
wenn ich auf meinen morgendlichen Hundespaziergängen einen
Nachbarn traf. Bei einer kleinen Handvoll von Anhängern des bau-
wütigen Betonkopfes hatte ich allerdings für immer verloren.

Sten war es auch, der ohne es zu wissen, den Stoff für eine Geschichte lieferte, über die wir uns lange Zeit amüsierten. Sie war
das Resultat eines Probierabends mit einer Kiste Bockbier, die ich
nach einem Besuch in Deutschland mitgebracht hatte.

Der Anfang dieser Geschichte liegt weit zurück: 1973 hatte ich
zusammen mit meinen Freunden Gernot und Claus eine verwe-
gene Fahrt gewagt. Wir schifften uns mit meinem ausgebauten
VW-Bus in Frankreich auf einer Fähre ein und schipperten in fünf
Tagen nach Israel. Am Roten Meer gerieten wir unversehens in
den Jom-Kippur-Krieg. Die Ägypter wollten den Sinai zurückha-
ben, und so flogen in der Wüste bald viel zu viele Granaten herum.
So verließen wir die Einöde und quartierten uns an der Mittel-
meerküste ein. In Caesarea schossen täglich syrische und israeli-
sche Kampfflugzeuge im Tiefflug über unseren verlassenen Cam-
pingplatz, doch die Luft war hier weniger eisenhaltig. Weil wir
in dieser ausweglosen Situation von irgend etwas leben mußten,
gingen wir eben auf Unterwasserjagd und steckten die Fische in
unsere Kochtöpfe.

Bei einem dieser Ausflüge ins Reich der Tiefe entdeckte ich eine
alte, versunkene Stadtmauer, auch Reste römischer Amphoren und
anderer Gebrauchsgefäße aus längst vergangener Zeit. Als wir
nach einigen Wochen das Land wieder verlassen durften, nahmen
wir die Funde als Souvenir mit.

Viele Jahre später saß ich nun an einem warmen Sommerabend
auf unserer Terrasse. Gäste hatten sich eingestellt: Mats II., Bo und

Anders. Wie immer nach dem vierten, fünften Glas war der Küstenklatsch dran. Auch Sten Karlsson mit seinen rabiaten Baumethoden wurde nicht verschont. Sten, das wußten alle in der Runde, hatte Probleme mit seinem Grundstück. Er mußte verschiedene Auflagen erfüllen, unter anderem eine 15 000 Kronen teure archäologische Untersuchung. Schon die alten Wikinger hatten diesen Platz gemocht, und die Archäologen vermuteten reiche Funde im Boden. Sten hatte bisher die Ausgabe gescheut und die Untersuchung nicht durchführen lassen, aber das würde kommen, da waren wir sicher. Weil niemand wollte, daß der Möchtegernbaulöwe hier ein weiteres Haus hochzog, sann die Runde auf Abhilfe.

Ich balancierte gerade ein volles Maß Bier in der Hand, als mein Blick auf eine der Tonscherben aus Israel im Regal in der Veranda fiel. Da muß mich der Teufel geritten haben.

»Was«, sagte ich zufrieden grinsend, »was haltet ihr davon, wenn wir die alte römische Amphorenscherbe bei Sten auf dem Grundstück vergraben?«

Alle schauten mich erstaunt an.

»Stellt euch vor«, fuhr ich beschwingt fort, »die Archäologen kommen wirklich und stoßen bei ihrer Grabung auf diese Scherben. Eine archäologische Sensation ohnegleichen!« Es wurde ein lustiger Abend.

Bo verschüttete vor Lachen fast sein Bier, als er sagte: »Unser Kaff wird berühmt! Ganze Busladungen von bildungsbeflissenen Schweden, Deutschen und Engländern pilgern andächtig auf Sten Karlssons Grundstück, und bei dir bauen wir unsere Souvenirstände auf und verkaufen deutsche Bratwürste an schwedische Touristen.«

Mats war mehr für die Musik: »Nein, wir eröffnen hier die erste Disco der Insel: ›Zur Amphore‹.«

Und – ein Jahr nach dem amüsanten Abend kamen die Archäologen tatsächlich. Vor unserer Tür standen zwei Männer, deren Aufzug mich sofort den Zweck ihres Besuches erraten ließ: Gummistiefel, Knickerbocker, Schaufeln in den Händen. Höflich stellten sie sich vor und baten um die Genehmigung, ihre Fahrzeuge auf unserem Grundstück parken zu dürfen. Mir fiel der übermütige Abend wieder ein, und ich war neugierig, was nun geschehen würde.

Vorläufig passierte nicht viel. Die Wissenschaftler packten eine umfangreiche Brotzeit aus, ließen sich gemütlich auf der Klippe nieder und genossen kauend die schöne Aussicht. Ich dagegen machte mich ans Unkrautjäten auf dem Acker. Ich haßte diese Beschäftigung, aber von hier aus konnte ich genau beobachten, was nebenan vorging. Die beiden Männer hatten die Arbeit nicht gerade erfunden, und als ein halber Tag vergangen und all meine Unkräuter gejätet waren, wurde ich unruhig. Ich ging hinüber.

»Wir machen hier nur fünf Sondierungslöcher von einem halben Meter Tiefe. Wenn wir da nichts finden, hören wir auf, denn dann ist auf dem übrigen Gelände auch nichts. Die Wikinger waren nicht besonders ordentlich, mußt du wissen. Die haben ihren Abfall über weite Flächen verteilt!«

Vier Löcher waren bereits gebuddelt, das fünfte war in Angriff genommen worden, und die Chancen für eine kulturhistorische Aufwertung der Insel standen, wie ich feststellen mußte, bei dieser Art der Untersuchung schlecht.

Ich beschloß nachzuhelfen und grub unsere Scherbe heimlich aus, als die beiden in den Ort gefahren waren, um bei »Sybillas« ein paar Fleischklopse mit Preiselbeeren und Kartoffelmus zu essen. Als sie zurückkehrten, hatte ich eine Überraschung für sie parat.

Ich hielt den Jungs die Scherbe hin und sagte: »Ich habe ein wenig in euren Löchern gebuddelt, und schaut mal, was ich da gefunden habe!«

Ich blickte erwartungsvoll in die Gesichter der Fachleute. Einer

Zwischen den kargen Felsen haben die Inselbewohner mit viel Mühe hübsche Blumenbeete angelegt

der beiden drehte das kostbare Stück in den Händen, befühlte und beroch es ausgiebig und gab es mir dann bedauernd zurück.

»Das ist billige schwedische Gebrauchskeramik aus den dreißiger Jahren«, sagte er fachkundig, drehte sich um und begann gelangweilt in dem fünften und letzten Probeloch zu buddeln.

So ist unsere Insel nur knapp dem zweifelhaften Ruhm entronnen, ein bedeutender kultureller Vorposten Schwedens im Handel mit den trinkfesten Römern gewesen zu sein, und unser ungeliebter Nachbar seiner Baugenehmigung ein Stück nähergekommen. Die tausend Jahre alte Amphorenscherbe liegt wieder in ihrem Regal in der Veranda.

Ein anderer, weniger lustiger Vorfall gab mir zu denken. Eines Nachmittags kam Lennarts Schwiegersohn mit seinen Jagdhunden den Berg heraufgekeucht. Ich wollte Dinah mit den Hunden bekannt machen und ging ihm entgegen.

»Laß doch deine Hunde von der Leine. Die können hier ruhig frei herumlaufen und mit Dinah spielen!«

»*Nej!*« sagte der blonde Hüne stur.

Dann sah ich es: In seiner Jackentasche steckte eine Pistole. Mir lief es eiskalt über den Rücken. Da spazierte also ein Nachbar mit einer Waffe in der Tasche über unser Grundstück. Warum? Wollte er unseren Hund erschießen oder gar mich?

»Was machst du mit der Pistole?« fragte ich betont naiv.

»Ich jage damit Füchse«, antwortete er.

»Jaasooooo!« sagte ich ganz langsam, denn die Antwort befriedigte mich nicht. Auf unserem Grund und Boden durfte er nicht jagen, und in Schweden gibt es eine starke Bewegung gegen Gewalt und Waffen.

Ohne ein weiteres Wort zu verlieren, ging mein Nachbar weiter.

Bis heute weiß ich nicht, ob seine Macht demonstrieren oder wirklich Füchse jagen wollte oder ob er sonstwie auf dem Kriegspfad war oder vor irgend etwas Angst hatte. Aber wovor?

Vielleicht war ja auch ein Zeitungsartikel schuld. Darin hatte Astrid Lindgren, die Erfinderin von Pippi Langstrumpf, sich nicht gerade nett über die Deutschen geäußert: »Ich mag die Deutschen, aber nicht in schwedischen Stuben vor unseren Schären.«

Zu wissen, daß man nicht bei allen Schweden willkommen ist, nur weil man aus einem anderen Land kommt, stimmt einen nachdenklich.

Zeit für Sternschnuppen

Ich hätte den alten Anders gern gefragt, wie er es früher mit ähnlichen Problemen gehalten hat. Doch wahrscheinlich war er froh gewesen, wenn einmal einer seiner weit entfernten Nachbarn über sein Grundstück gelaufen war, um unten am Wasser zum Einkaufen zu gehen. Zu seiner Zeit hatte die Insel nur wenige Einwohner gehabt, und da war ein kleiner Schwatz am Wegesrand eine willkommene Abwechslung gewesen.

Überhaupt dachte ich oft an den alten Anders, der mir sicher mit manch nützlichem Tip hätte helfen können. Ich hätte ihn bestimmt gefragt, wo er auf Kasen seine Erdbeeren gepflanzt hat, mit denen wir auch im dritten Jahr wieder Pech hatten, während unsere Nachbarn Riesenexemplare ernteten. Auch hätte ich gern gewußt, an welcher Stelle des Grundstücks die Kartoffeln am besten gedeihen. Im Vorjahr hatte ich ein paar Schubkarren voll mit Erdäpfeln in den Keller gekarrt und sie kühl und trocken hoch über dem Boden auf einem Regal in Kisten gelagert. In diesem Jahr holte ich nur einen Sack mit walnußgroßen Winzlingen aus der Erde. Der Alte hätte mir bestimmt gesagt, daß man Kartoffeln nie mehrere Jahre nacheinander an derselben Stelle pflanzen soll. Das mußte ich durch Mißernten erst selbst erlernen.

Auf dem runden Tisch in der Veranda lag immer das Buch »Der Biogärtner«, doch wir hatten nur selten Zeit und Lust hineinzuschauen, denn der Text war breiig und mühsam, eben für umständliche Städter geschrieben, die sich eher theoretisch mit solchen Dingen befassen. Ich vermißte kurze und knappe Kapitel, zugeschnitten auf den gestreßten Landmann, der im Frühjahr Kartoffeln stecken, Salat pflanzen, den Rasen mähen, die Obstbäume beschneiden und mit dem Spaten einen Acker von der Größe eines städtischen Kinderspielplatzes umgraben muß. Statt dessen fanden sich dort schaurige, ausschweifende Beschreibungen der Kartoffel-»Ausbringung«, aus denen nur die Autoren klug wurden. Ich pflanzte viele Dinge einfach nach dem Gefühl, und im August waren Berge von Tomaten gereift, auf den Beeten lagen Zucchini von der Größe einer Posaune, nebenan wucherten Broccoli und Salat in solchen Mengen, daß ich ein gutgehendes Restaurant hätte versorgen können. Nur unser Blumenkohl war krank und verdarb. Alles andere wurde zur gleichen Zeit reif, und so mästeten sich Raupen, Rehe und unglaublich fette Nacktschnecken auf unserem kleinen Acker.

Ich hätte vom alten Anders gern erfahren, wo die Pfifferlinge wachsen, denn wir hatten im Küstenklatsch gehört, daß es die schmackhaften Pilze besonders bei uns in großen Massen geben sollte. Bislang hatten wir nur ein paar kümmerliche Exemplare entdeckt. Der Bauer hätte es sicher gewußt, denn Pilze wurden hier früher vor dem Haus auf langen Leinen für den Winter getrocknet, hatte mir Naemi erzählt.

Doch den alten Anders und seine Frau gab es nicht mehr. Ich verstand mehr und mehr, was für ein Leben die beiden hier geführt haben mochten. Manchmal, wenn ich abends todmüde mit schmerzenden Gliedern und rauhen Händen ins Bett ging, träumte ich von zwei alten verhutzelten Trollen, die auf meinem Rasen standen und in der Erde gruben. Sie waren mir oft genug erschienen, und ich kannte die Erbauer von Kasen ganz genau, obwohl ich sie noch nie gesehen hatte. Von Tag zu Tag lernte ich sie besser kennen. Ich sah im Traum ganz deutlich, wie sie das Haus bauten: Sie rollten zahllose Findlinge vom Grundstück heran und schichteten sie als Fundament aufeinander, ganz ohne Zement und Bindemittel. Und alle Nachbarn halfen, wie das hier so üblich gewesen war.

Die Kunst des Mauerbaus ohne Zement beherrschen heute nur noch wenige Handwerker

In den verschiedenen Nebengebäuden fand ich auch noch nach Jahren Dinge, die sich wie ein Puzzle zu einer Geschichte zusammenreimten. Der Geschichte eines harten schwedischen Bauernlebens, das nur wenig Gewinn aus der modernen Zeit zu ziehen vermochte. Als Schwedens Sozialstaat Wirklichkeit wurde, waren Hildor und Anders schon zu alt, um davon zu profitieren.

Drei Winter hintereinander erlebten wir wunderbare Schneewochen. Nachbar Kalle dagegen sprach von Schneekatastrophen. Die Lage der Insel am Meer, im Einflußbereich des Golfstromes, war immer ein Garant für milde und regnerische Winter gewesen. Doch irgend etwas stimmte nicht mehr auf unserer Insel. Seit wir hier lebten, waren die Winter kalt und schneereich und die Sommer heiß und trocken. Die »Meteorolügen« sprachen von einer globalen Klimaänderung durch den El-Niño-Strom vor Südamerikas Westküste. Wir hatten nichts dagegen, denn warme Sommer und schneereiche Winter gefielen uns. Erst in unserem vierten Winter verhielt sich das Wetter, wie es sollte: Es schneite und taute, goß in Strömen, und Nebel und Stürme suchten die kleinen Küstenorte heim. Der Wind jagte Wolkenfetzen über die riesige Scheibe des Vollmonds, und in unserem alten Kiefernwald rauschte es gespenstisch. Sogar den Ausläufer eines Nordlichts im fernen Eismeer konnten wir beobachten.

Schon im März mußte der Rasen ein erstes Mal geschnitten werden, die Bäume blühten, und im April brüteten die Vögel in ihren neuen Nistkästen. Es wurde schnell warm in diesem Jahr, und wir rechneten daher mit einem wechselhaften Sommer mit Regen, Sonnenschein, Gewitter und allem, was ein typisch nordischer Sommer so zu bieten hat.

Das Wetter hatte sich tatsächlich wieder normalisiert. Es war nordisch unbeständig, und Sonnenschein wechselte mit Regen und Gewittern. Wie als Belohnung für alle Mühen der letzten Jahre wurde dieser Sommer für uns ruhig und friedlich. Das Leben auf Kasen hatte dennoch seine kleinen Überraschungen für uns bereit.

Es war ein warmer, schwüler Sommertag Anfang Juni. Ich hatte den halben Vormittag damit verbracht, das Gästehaus zu reinigen und für die ersten Freunde, die uns ins Haus standen, bewohnbar zu machen. Dinah hatte mir dabei feste geholfen und immer wieder Stöckchen ins Haus geschleppt, das ich gerade schwitzend saubergewischt hatte. Sie wollte spielen und schwimmen gehen und zeigte wenig Verständnis für meine Arbeit. Gegen Mittag war ich fertig und beschloß, ein paar Fischfilets aus eigenem Fang in die Pfanne zu hauen. Dazu ein paar selbstgezogene mehlige Kartoffeln und einen Klacks *bregott extra saltad*, die gute Mischung aus Sahne und Rapsöl. Mir lief schon bei dem Gedanken daran das Wasser im Munde zusammen.

246

Der kurze Weg hinauf zum Haupthaus trieb mir erneut den Schweiß auf die Stirn. Es war tropisch schwül an diesem Sommertag. In den Birken am Rande der großen Wiese hörte ich ein merkwürdiges Brummen. Plötzlich flogen Tausende von Bienen auf uns zu, der Himmel war schwarz von den aufgeregten Insekten. Der blanke Horror! Voller Panik brüllte ich: »Dinah! Komm sofort!« und flitzte mit dem verwunderten Hund so schnell ich konnte ins Haus. Dort schlug ich in Windeseile alle Fenster zu und konnte nun aus dem Badezimmerfenster beobachten, was passierte: Ein prächtiger Bienenschwarm ließ sich auf dem Hausgiebel nieder, wo die fleißigen Insekten offensichtlich dabei waren, sich bei uns häuslich einzurichten. Der Gedanke behagte mir überhaupt nicht. Die Tierchen waren ja sicher ganz nützliche und wichtige Glieder des Ökosystems, aber mit einem Bienenschwarm unter einem Dach mochte ich denn doch nicht zusammenleben.

Ich zog eine Leiter aus dem Schuppen, stieg in mein Ölzeug und ein Paar Gummistiefel, wickelte mir ein Moskitonetz um den Kopf und kletterte hinauf, die Sprayflasche mit dem Insektengift drohend erhoben. Die meisten Bienen waren bereits ihrer Königin gefolgt, hatten sich unter das Dach verzogen und ignorierten das Wunder der Chemie, das da vor ihrem Schlupfloch laut zischend einen ekelerregenden Dampf ausspuckte. Ich wurde trotz meiner Vermummung ein paarmal gestochen. Schnell kletterte ich wieder hinunter und versorgte meine Bienenstiche, dann rief ich Marc an.

»Kein Problem. Kennen wir alle hier. Dein Haus mit seiner gelben Farbe ist bei Insekten besonders beliebt. Ich schick dir den zuständigen Bezirksimkermeister!«

In der oberen Etage breitete sich in den folgenden Wochen der süßliche Geruch von Bienenhonig aus, aber mir war klar, daß ich an den leckeren Stoff nicht herankommen würde. Dazu hätte ich das Dach abdecken müssen. Besonders wenn es warm wurde, hörte man die Bienen oben im Dach von meinem Arbeitsplatz aus ganz

Der alte Imker gibt auf – improvisierte Selbsthilfe ist angesagt

deutlich rumoren. Ich wußte, daß sie mit ihren Flügeln da oben für Ventilation und Frischluft sorgten. Das hörte sich an wie ein fernes Geschwader von Propellerflugzeugen.

Der Imker kam, sah und murmelte: »Das sind italienische Wildbienen. Die haben hier nichts zu suchen und müssen vernichtet werden. Ich werde mich bei Gelegenheit darum kümmern.« Dann verschwand er und ließ sich nicht mehr blicken.

Guter Rat war gar nicht teuer. Aus einem alten Gartenschlauch bastelte ich eine Art Schnorchel und hängte ihn an einen Nagel direkt vor das Einflugloch. Daran befestigte ich mit Klebeband das Saugrohr unseres Staubsaugers. Ein erster Probelauf von zwei Stunden Dauer dezimierte die fleißige Armee unter unserem Dach um einige Hundertschaften. Dann war der alte Staubsauger heißgelaufen. An den folgenden Tagen wiederholte ich die Prozedur. Nach einer Woche herrschte Ruhe unterm Dach. Ich hatte ein ganzes Bienenvolk ausgerottet und überlegte nun, ob ich meine Erfindung nicht beim schwedisch-königlichen Reichspatentamt anmelden sollte.

In diesem Sommer ging es voran in Kasens Umgebung, und die Gruppe der »Investoren« hatte erste kleine Erfolge: Der umstrittene Weg war nun doch begradigt und asphaltiert worden, und Mats III. war wegen überhöhter Geschwindigkeit samt Boot im Straßengraben gelandet. Sten hat uns sein Grundstück zum Kauf angeboten, und jetzt suchen wir einen Sponsor, der uns den Kauf ermöglicht. Unser Haus hat er fachkundig isoliert, und umtriebig wie er ist, hat er seiner Exfrau das illegale Apartmenthaus, das er bei der vorangegangenen Scheidung an sie verloren hatte, wieder abgekauft.

Die ersten 100 Liter »Kasener Sonnenberg«, Jahrgang 1997, waren auf Flaschen gezogen und im Keller hinter drei Vorhängeschlössern eingelagert worden. Der Rasen war renaturiert worden und sah vorläufig aus wie die kahle Steppe in Kasachstan. Und wir hatten endlich herausbekommen, was Kasen eigentlich bedeutet. Armin hatte uns einen Sprachwissenschaftler vermittelt, und der wußte Bescheid: »Kasen«, sagte er, »ist die bestimmte Form von *en kasa*, und das bedeutet Feuerplatz, Warnfeuer. Wahrscheinlich war euer Berg in dunkler Vorzeit einmal eine Art Leuchtturm für die Wikinger.«

Ich hatte einen neuen Bootsliegeplatz ganz in der Nähe, und Angela hatte bei der Kunstrunde der Insel ihre ersten Kreidebilder ausgestellt. Ihre nordischen Landschaften fanden großen Beifall.

Der schönste Monat war auch in diesem Sommer wieder der August. Das Wasser ist dann endlich richtig warm, die Urlauberschwärme sind abgezogen, die Makrelenschwärme in die Küstenregion gewandert und warten dort auf die Angler, und die langen Schlangen im Supermarkt und im *System* sind verschwunden. Nun kommen die Kenner, die richtigen Schwedenfans. Es ist die Zeit der ausländischen Autokennzeichen, der Rentner und der Studenten. Welcher normale Schwede hat ab 8. August noch Zeit, auf einem sonnendurchglühten Felsen der Westküste herumzulungern und sich braun brennen zu lassen? Die Betriebsferien sind vorbei, die Schulen haben ihre Pforten wieder geöffnet und die meisten Ferienhäuser ihre Fensterläden verrammelt. Es ist die Zeit derer, die es geschafft oder noch nicht nötig haben, oder einfach derjenigen, die wie wir jeden Pfennig und jede Krone zusammenkratzen, um hier leben zu können.

Wir saßen lange Abende auf dem Balkon und blickten in den dunklen Augusthimmel. Über unserem Tal ging ein Regen von Sternschnuppen nieder. Hier war die Luft klar, und es war dunkel genug, um auch den schwächsten Lichtschimmer aus dem All zu erkennen. Wir machten dann alle Lampen aus, nur eine alte Schiffslaterne verbreitete mit ihrem Petroleumbrenner etwas Licht.

Wir unternahmen so manche Bootsfahrt und schafften in zwei Tagen die Umrundung unserer Insel. Dabei entdeckten wir so manches stille und lauschige Plätzchen, das wir uns in den kommenden Jahren näher ansehen wollen. Orust hatte auch nach vier Jahren noch viele Überraschungen parat.

Es war ein ruhiger Sommer ohne Streß, endlich so, wie wir uns das Leben auf Kasen vorgestellt hatten. Doch schon werfen große Ereignisse ihre Schatten voraus: Ich war gestern auf dem Amt und habe eine Erweiterung des Hauses genehmigen lassen. Im nächsten Sommer wird Kasen vergrößert. Was Hildor und Anders wohl dazu gesagt hätten?

Epilog

Wir fühlen uns immer heimischer in unserer neuen Heimat. Auch Angela, die meinen Ausstieg anfangs eher skeptisch beobachtet hatte, freut sich von Tag zu Tag mehr auf die Zeit, wo auch sie ganz auf Kasen leben wird. »Da haben wir wirklich ein kleines Paradies auf einer der schönsten Inseln Schwedens gefunden«, sagt sie oft. Auch sie ist dem Zauber von Kasen erlegen, und manchmal rechnen wir ganze Abende lang hin und her, wie wir die finanzielle Seite des Ausstiegs in den Griff bekommen könnten.

Ganz unmerklich habe ich mich immer mehr von Hamburg und Deutschland gelöst. Auch von den Jägerzäunen und den ewigen Rechthabern dort. Auf unserer Insel habe ich viel Langmut und ein wenig mehr Toleranz kennengelernt. Ich hupe nicht mehr, wenn vor mir jemand den Verkehr blockiert, sondern warte geduldig ab. Ich trommle nicht nervös mit den Fingern, wenn die Kassiererin in unserem Insel-Supermarkt mit der Kundin vor mir einen kleinen Schwatz macht.

Auf Kasen schaue ich tagelang nicht auf die Uhr und weiß oft nicht, welcher Wochentag heute ist. Es gibt dort kaum etwas, das mich in ein System aus exakten Uhrzeiten und Terminen zwängt. Das Leben in unserem Haus am Fjord wird von anderen Prioritäten bestimmt: vom Pflanzen und der Ernte, von Seehunden, Bootsfahrten, Wetter und Wind. Die ganze moderne Technik mit PC und Internet nützt mir nichts, wenn ein schweres Gewitter über der Insel tobt. Dann muß ich schnell alle Stecker ziehen und abwarten. Der Verlag in Deutschland, der gerade schnell, schnell den Bericht über die Robbenbabys haben will, muß sich eben gedulden. Wir sind nun wirklich ausgestiegen in eine Welt, in der sich die Handwerker freie Tage für eine Segeltour nehmen und meine neuen Freunde Zeit für ihre Kinder und alte Traditionen haben. Obwohl auch Schweden dabei ist, ein ganz normales Gemeinwesen zu werden wie viele andere europäische Länder, ist doch die schwedische Gelassenheit noch nicht ausgestorben und bestimmt daher das Tempo.

Ich habe inzwischen genügend Freunde und Bekannte auf der Insel. Ein neuer Umkreis ist entstanden, und allmählich reißen die weniger festen Fäden in die Heimat ab. Wir sind dabei, uns von vielen Dingen zu trennen, die uns noch vor ein paar Jahren unverzichtbar erschienen: Bilder, eine Muschelsammlung, Möbel, Antiquitäten. Auf Kasen ist dafür nicht genug Platz, und der Blick aufs Meer ist der beste Ersatz für Bilder und sonstige Kunstschätze.

Ich gehöre nun ganz dem Hof Kasen und ich liebe jeden einzelnen Wacholderbusch, jede Birke und Eiche auf unserem Land. Wenn einer dieser über hundert Jahre alten Bäume stirbt und ein Grünspecht in dessen verwesendem Inneren eine neue Brut heraufzieht, ist das ein wichtigeres Ereignis als die Einladung zu einer Vernissage in Hamburg. Ich mache kilometerweite einsame Wanderungen im Schneesturm und sitze stundenlang auf einem Felsen, ohne etwas zu tun. Die Wertung vieler Dinge in meinem Leben hat sich verschoben, und wenn mein Nachbar mit mir nicht mehr spricht, weil ich aus Versehen einen seiner Bäume gefällt habe, weiß ich, daß ich endlich ernst genommen werde, daß ich dazugehöre zu der etwas verschrobenen, liebenswerten Gemeinschaft der Insulaner.

Eines ist aber bis heute noch nicht zum Alltag geworden. Noch immer schauen wir täglich bei Sonne und Mond, bei Regen und Sturm über den Fjord und freuen uns darüber, daß wir an einem der schönsten Fleckchen auf der Erde leben dürfen.

Die Erkundung der Welt

Dieter Kreutzkamp
YUKON RIVER
Im Kajak allein zum Beringmeer

Yukon River – der Name weckt
Erinnerungen an den Goldrausch
und die Romane von Jack London.
Über 3000 Kilometer legt der
Abenteurer mit dem Kajak auf
diesem reißenden Strom zurück.

Carmen Rohrbach
IM REICH DER KÖNIGIN VON SABA
Auf Karawanenwegen im Jemen

Nach Erfahrungen auf allen Konti-
nenten beschließt Carmen Rohrbach, sich den großen Traum ihrer
Kindheit zu erfüllen: Allein durch
den geheimnisvollen Jemen, mit viel
Intuition und wachem Blick.

Fergus Fleming /Annabel Merullo
LEGENDÄRE EXPEDITIONEN
50 Originalberichte

Die großen Entdecker der Geschichte in Originalberichten und
-illustrationen: eine buntgemischte
Gruppe aus Forschern, Seefahrern,
Wanderern und Abenteurern,
die Außerordentliches leisteten.

MALIK NATIONAL GEOGRAPHIC